최고가 되라

최고가 되라

초판 1쇄 발행 2014년 4월 30일
초판 7쇄 발행 2021년 6월 21일

지은이 에릭 라르센 / **옮긴이** 김정희
펴낸이 조기흠
편집이사 이홍 / **책임편집** 유승재 / **기획편집** 유소영, 정선영, 임지선, 박단비
마케팅 정재훈, 박태규, 김선영, 홍태형, 배태욱 / **디자인** 표지 엔드디자인, 본문 디자인결 / **제작** 박성우, 김정우

펴낸곳 한빛비즈(주) / **주소** 서울시 서대문구 연희로2길 62 4층
전화 02-325-5506 / **팩스** 02-326-1566
등록 2008년 1월 14일 제 25100-2017-000062호
ISBN 978-89-94120-79-3 13320

이 책에 대한 의견이나 오탈자 및 잘못된 내용에 대한 수정 정보는 한빛비즈의 홈페이지나
이메일(hanbitbiz@hanbit.co.kr)로 알려주십시오. 잘못된 책은 구입하신 서점에서 교환해드립니다.
책값은 뒤표지에 표시되어 있습니다.

홈페이지 www.hanbitbiz.com / **페이스북** hanbitbiz.n.book / **블로그** blog.hanbitbiz.com

Original title: Bli best med Mental Trening (No Mercy) by Erik Bertrand Larssen
Copyright ⓒ 2012 by Erik Bertrand Larssen
Photography ⓒ Jeton Kacaniku
Korean translation rights arranged with Erik Bertrand Larssen c/o Stilton Literary Agency, Norway,
through The Danny Hong Agency, Seoul.
Korean translation copyright ⓒ 2014 by HANBIT BIZ, Inc.
이 책의 한국어판 저작권은 대니홍 에이전시를 통한 저작권사와의 독점 계약으로 한빛비즈(주)에 있습니다.
저작권법에 의해 한국 내에서 보호를 받는 저작물이므로 무단전재와 복제를 금합니다.

지금 하지 않으면 할 수 없는 일이 있습니다.
책으로 펴내고 싶은 아이디어나 원고를 메일(**hanbitbiz@hanbit.co.kr**)로 보내주세요.
한빛비즈는 여러분의 소중한 경험과 지식을 기다리고 있습니다.

당신의 가능성을 폭발시키는 감정의 힘

BLI BEST
최고가 되라

에릭 라르센 지음 | 김정희 옮김

한빛비즈

그건 거의 신비롭다는 느낌에 가까웠다.
그토록 성취하기 힘들고, 험하고, 불가능에 가깝다고 느꼈던 일들을
내가 해냈다는 것.

강렬한 감정은 발끝에서부터 온몸으로 퍼져나가는 통증과 같은 감각에 가까웠다.
그 일이 일어난 것이다.

<u>온몸으로 느껴졌다.</u>
<u>결심은 내게 안도감을 불러왔다. 영혼에 의심이라고는 티끌만큼도 없었다.</u>

≫ 저자의 말

**당신의 능력은
항상 당신의 상상을
초월한다**

그 느낌, 그 좋은 느낌을 놓치지 마라.

육군 공수부대 사관학교 장교가 칠판에 세로로 선을 죽 그었다. 선 맨 아래에 0을 표시한 뒤 오름차순으로 10까지 숫자를 적어나갔다. 그리고 나서 손가락으로 '4'를 짚으며 말했다.

"제군들은 스스로 이 정도쯤 감당할 수 있다고 생각할 거다."

이번에는 '2'를 가리키며 말했다.

"제군들 어머니는 여러분이 이 정도 감당할 수 있다고 생각할 거고."

그가 집게손가락을 천천히 위로 움직여 '7'에서 멈췄다.

"우리 장교들은 제군들이 이 정도는 너끈히 감당할 수 있다고 확신한다."

그가 진지한 눈빛으로 우리를 바라보며 말했다.

"그런데 사실은 여기다. 제군들은 제군들 생각보다 훨씬 많은 걸 감당할 수 있단 얘기다."

그가 가리키고 있는 숫자는 '10'이었다.

"제군들의 능력은 제군들의 상상을 초월한다!"

1992년 공수부대원 선발 서바이벌 코스 첫 수업이 시작되었다. 당시 열아홉 살이던 나는 노르웨이 사관학교에 갓 입학해 동기들과 함께 힘들기로 유명한 공수부대 서바이벌 코스를 시작한 참이었다. 이것은 우리가 받은 첫 번째 훈련 중 하나였다. 난 여기서 나 자신에게 이렇게 물었다.

'내가 정말 내 능력 이상을 발휘할 수 있을까?'

동기들은 하나같이 건장하고 기운 넘쳐보였다. 지금 우리 앞에 서 있는 장교는 우리가 자신의 한계를 뛰어넘어 그 이상의 능력을 발휘하길 기대한다고 말하고 있었다! 사관학교 훈련생인 우리는 정찰 임무를 수행할 때에 대비해 허허벌판에서 살아남는 법을 배울 예정이었다. 정찰 임무는 적의 전선 너머에서 작전을 수행한다. 작전은 빈틈없이 진행돼야 하기 때문에 조금이라도 일이 틀어지는 날엔 혼자 남겨지기 십상이다. 포로로 붙잡혔다가 운 좋게 탈출에 성공하면 나침반 없이 방위를 파악해 조금도 지체 없이 요령껏 아군이 있는 곳으로 돌아올 수 있어야 한다. 난 두려웠지만 동시에 흥분으로 몸이 떨렸다.

서바이벌 코스에서 나는 내 자신을 한계까지 밀어붙였다. 아무것도 먹지 않고 그렇게 오래 걸은 건 그때가 처음이었다. 경험은 없었지만 별을 보고 방위 파악하는 법을 터득했다. 막대기 두 개와 끈만 가지고 불을 피웠다. 직접 만든 텐트에서 자고 불구덩이에 넣어둔 돌로 몸을 따뜻하게 했다. 내 생각보다 훨씬 많은 것을 감당할 수 있다는 사실도 깨달았다. 이것은 나에게 중요한 깨달음이었다. 나는 한숨도 안 자고 거의 일주일을 버틸 수 있었고, 얼음장 같이 차가운 물속에서 먼 거리를 헤엄칠 수 있었으며, 허기를 채울 만한 먹거리를 찾아냈고, 한밤중에 혼자서 먼 길을 걸을 때는 잠깐씩이었지만 즐거운 기분까지 들었다.

"제군들은 제군들 생각보다 훨씬 많은 걸 감당할 수 있다."

나는 그때 가슴에 새긴 이 말을 그 후로도 수없이 되새겼다. 나 자신뿐 아니라 다른 사람들한테도 이 말을 되풀이했다. 그해 가을 노르웨이 동부에서 보낸 며칠 동안 나는 거기서 배운 것보다 훨씬 많은 걸 얻었다.

나는 인간을 신뢰한다. 우리는 삶에서 우리가 생각하는 것보다 훨씬 많은 걸 얻을 수 있다고 확신한다. 우리는 삶을 더 강렬하게 살 수 있고, 성공을 더 많이 경험할 수 있으며, 멋진 순간을 더 많이 즐길 수 있다. 끊임없이 발전하고 쉼 없이 배울 수 있다. 꿈을 쫓는 것은 좋은 것이다. 꿈꿔온 삶을 사는 건 불가능한 일이 아니다. 과거에도, 지금 이 순간에도 자기가 꿈꾸던 삶을 사는 사람들이 있다. 우린 더 잘할 수 있다. 더 많은 것을 할 수 있다. 삶을 정말 잘 살 수 있다. 잘 산다는 게 어떤 사람에는 여러 분야에서 균형을 잘 잡고 사는 것일 테고,

또 어떤 사람에게는 제한된 분야 몇 개, 혹은 한 분야에서 잘 하는 걸 의미할 것이다. 우린 인생의 승자가 될 수 있다. 최고가 될 수 있다!

나는 승자, 그것도 남들 눈에만 승자가 아니라 자기 기준으로 판단해도 승자인 사람들이 항상 궁금했다. '저 사람들이 우리와 다른 게 뭘까?' 나는 체계적으로 이 질문에 답을 찾기 시작했다. 그렇게 찾아낸 답은 정말 놀라웠다. 그 차이라는 게 깜짝 놀랄 만큼 작은 것이었기 때문이다. 이때 찾아낸 답은 지금도 나에게 굉장한 동기를 부여한다.

월등한 성과를 내는 사람들은 모든 것에 세심한 주의를 기울이고 아주 사소한 것 하나도 절대 놓치지 않는다. 대다수 사람들이 고질적인 나쁜 습관에서 벗어나지 못하는 반면, 성과를 내는 사람들은 좋은 습관을 키운다. 그들은 일상의 수많은 자잘한 결정에서도 우리보다 옳은 판단을 훨씬 잘, 그리고 많이 내린다. 재능 얘기를 하는 게 아니다. 선택 얘기다. 일상에서 숱하게 내리는 옳은 판단은 얼핏 하루만 놓고 보면 거의 차이가 없는 듯 보이지만, 그런 날들이 누적돼 며칠, 몇 달, 몇 년씩 쌓이면 그 효과는 실로 엄청나다. 선택의 문제는 재능처럼 특정 능력을 타고나는 것과 무관하다. 누구나 자기 안에 기회가 있다는 얘기다. 당신도 예외는 아니다.

나에게는 멘탈 트레이너로서 기본적인 가설이 몇 가지 있는데, 그 중 하나가 우리는 우리 스스로 무얼 해야 하는지 알면서도 그 일을 하지 않는다는 것이다. 나는 자기가 처한 상황이나 성과를 개선하려면 어떻게 해야 하는지 전혀 감을 잡지 못하는 사람은 거의 본 적이 없다. 사람들은 대부분 상황이나 성과를 개선하기 위해 필요한 지식과 자원을 가지고 있다. 그럼에도 가장 쉽고 편한 해결책을 선택한다. 이 태도를 바꾸려면 어떻게 해야 할까?

운동선수를 예로 들어보자. 운동선수라면 누구나 건강에 좀 더 도움이 되는 음식을 먹어야 하고, 훈련이 고되더라도 조금 더 힘을 내서 노력해야 하며, 낮에 비는 시간을 인터넷 서핑으로 보내는 대신 낮잠을 자두는 게 좋다는 걸 안다. 기업 관리자는 어떨까? 관리자라면 좀 더 조직적으로 일하고, 좀 더 치밀하게 계획을 세우고, 회의를 알차게 이끌기 위해 좀 더 맑은 정신으로 준비를 철저히 해서 생각을 분명하게 전달해야 한다는 걸 모르는 사람은 없다. 자, 이제 스스로에게 물어보라. 아는 걸 행동으로 옮기는 사람과 그렇지 않은 사람의 차이는 뭘까?

멘탈 트레이닝이 다루는 게 바로 이것이다. 시간이 어느 정도 지난 미래에 당신의 성과를 놀라운 수준으로 변화시키기 위해 오늘 당신의 습관을 조절하는 것. 그리고 실력 발휘를 할 순간에 대비해 미리 준비하고 기회가 왔을 때 최선을 다할 수 있게 하는 것.

일상에서 마주치는 사소한 결정이란 어떤 것들일까? 우리는 아침에 눈을 떠서 밤에 잠자리에 들 때까지 다음과 같은 수많은 결정을 한다.

- 아침에 눈뜨자마자 일어날까, 아니면 이불 덮고 조금만 더 누워 있을까?

- 샤워 전에 10분이라도 짬을 내서 운동을 할까?
- 건강한 식단으로 아침식사를 할까, 아니면 먹다 남은 피자로 대충 때울까?
- 아이들이 학교에 가기 전에 잠깐이라도 같이 시간을 보낼까?
- 출근 전에 구두를 닦을까?
- 오늘은 중요한 회의가 있다. 버스를 타고 가는 동안 머릿속으로 회의 내용을 검토할까, 아니면 멍하니 차창 밖 풍경을 바라보며 생각이 떠오르는 대로 내버려둘까?
- 건강한 식단으로 점심을 먹을까, 아니면 맥도날드에 가서 아무거나 먹을까?
- 출장비 내역서를 작성할까, 아니면 동료들과 커피나 한 잔 더 마시면서 잡담이나 나눌까?
- 난 운동선수다. 그렇다면 점심식사 후에 비디오를 보면서 기술을 연구할까, 아니면 비디오 게임을 할까?
- 힘든 훈련 기간이다. 모든 걸 뒤로하고 최선을 다해 훈련에 임할까, 아니면 90퍼센트만 노력할까?
- 훈련이 끝나는 대로 당장 허기를 채울까, 아니면 조금 기다렸다가 집에 가서 제대로 된 식사를 할까?
- 다음 훈련 계획을 세울까, 아니면 그때 가서 그냥 트레이너가 시키는 대로 할까?
- 시시한 텔레비전 채널이나 돌리며 밤늦게까지 깨어 있을까, 아니면 내일을 위해 일찍 잠자리에 들까?

어떤 사람들은 다른 사람들보다 옳은 선택을 더 많이 한다. 이건 아주 단순한 사실이다. 그들이 옳은 선택을 더 많이 하는 건 옳은 선택이 자기에게 어떤 의미인지를 깨닫고 있기 때문이다.

인간은 본능적으로 가장 편안한 해결책을 선택하는 경향이 있다. 우리는 가능한 한 많은 시간을 '안전지대'에서 지내고 싶어한다. 여기서 말하는 안전지대란 우리가 안전하다고 느끼고 심신의 안녕과 행복을 느끼며 모든 상황을 통제할 수 있는 상태를 의미한다. 우리 감정은 우리를 끊임없이 안전지대 쪽으로 끌어당긴다. 하지만 성과를 향상시키고 싶은 사람은 무조건 이 안전지대에서 나와야 한다. 이것이 절대적인 전제조건이다. 안전지대를 벗어나 혼신의 힘을 다해 노력할 때 당신 내면에서 뻗어나가는 그 다양한 긍정적인 감정의 에너지를 당신은 아마 상상도 못할 것이다. 안전지대 밖으로 나오려면, 그리고 그것을 습관으로 바꾸려면 먼저 자신에게 질문을 올바르게 던져야 한다.

자, 힘들었던 하루 일과가 끝났다. 늘 그렇듯 오늘도 몸이 피곤하다. 이럴 때 자신에게 이런 질문을 던져 보라. 달리기를 할까, 아니면 그냥 소파에 누워 텔레비전이나 볼까? 대답은 뻔하다. 당신은 지금 너무 피곤하다. 감정은 당신에게 그냥 소파에게 누우라고 부추길 것이다. 이성이 당신에게 뭐라고 말하든 상관없이 말이다. 그리고 언제나 승자는 감정이다. 하지만 같은 질문도 표현을 달리 하면 대답이 달라질 수 있다. 한 시간 동안 소파에 뒹굴면서 등이 아프도록 게으름을 피우는 게 좋을까 아니면 기분 좋게 달리기를 한 다음 따뜻한 물로 개운하게 샤워를 하는 게 좋을까?

내가 이 책을 쓴 이유는 세 가지다. 첫째, 당신이 자의식을 높이고 사고방식을 개선하도록 돕는 것. 둘째, 당신의 실행 능력에 해가 되는 사고의 특정 패턴을 바꾸도록 돕는 것. 셋째, 내가 '좋은 기분'이라고 부르는 것들을 당신이 더 많이 경험하도록 돕는 것.

좋은 기분을 느끼게 해주는 건 수없이 많다. 이른 봄 얼굴에 쏟아지는 따뜻한 햇살, 햇볕에 잘 마른 깨끗한 린넨 이불, 늦은 여름 밤 테라스에 앉아 사랑하는 이와 함께 마시는 와인 한 잔. 물론 이런 것들이 주는 좋은 기분이 중요하지 않다는 말이 아니다. 이런 좋은 기분도 당연히 중요하다. 하지만 멘탈 트레이너는 햇볕에 잘 마른 린넨 이불이나 와인을 마시는 분위기 같은 것과는 아무런 관련이 없다. 내가 말하는 '좋은 기분'이란 당신이 뭔가를 성취할 때, 가장 결정적인 요인이 바로 자기 자신이라는 사실을 자각할 때 느끼는 좋은 기분을 두고 하는 말이다.

이런 좋은 기분은 언제나 외적 요인이 아닌 내적 요인에 의해 생겨난다. 단순히 운이나 우연의 일치가 아니라 당신의 의지력과 목표 지향적 행동의 결과로 생겨난다. 유산으로 물려받은 백만 달러와 열심히 일해서 번 백만 달러의 차이를 생각하면 이해가 빠르다. 적당히 공부해서 보통 성적으로 학업을 마치는 것과 몇 년 동안 팔을 걷어붙이고 열심히 노력해서 최고 성적으로 졸업하는 것을 비교해도 좋다. 직장에서 늘 하던 대로 이냥저냥 또 한 해를 흘려보내는 것과 업무에 최선을 다해 한 해 동안 가장 실적이 좋은 직원으로 인정받는 것의 차이는 어떤가? 국가대표팀에 들어갔으니 이제 목적을 달성했다고 안주하는 것과 장기적인 안목으로 최선을 다해 올림픽에 출전해 메달을 따고 시상식 연단에 올라 경기장에 울려퍼지는 국가를 듣는 것의 차이는?

좋은 기분은 오롯이 자신의 노력으로 얻은 성과의 결과물이며, 그래서 언제나 성취감이 뒤따른다.

어느 정도의 갈등을 무릅쓰면서까지 할 수 있는 모든 걸 다 해서 결국 무언가를 달성하고 나면 자기 자신을 인정하는 방식으로 좋은 기분이 찾아온다.

좋은 기분을 쫓는 건 일상에서는 물론 경쟁을 하는 상황에서도 우리에게 힘찬 동력을 제공한다. 당신도 멘탈 트레이닝을 통해 이런 좋은 기분을 더 많이, 더 자주, 더 강렬하게 느낄 수 있다. 문제는 당신에게 이런 식의 좋은 기분을 느끼게 해주는 것이 정확히 무엇인지 알아내는 것이다. 물론 그 대답은 당신이 어떤 사람인지, 원하는 게 정확히 무엇인지, 어디에 가치를 두는지에 따라 달라진다. 이 답을 알아내는 것이 바로 이 책의 핵심 메시지 중 하나이자 멘탈 트레이닝에서 당신이 끼워야 할 첫 단추다.

그런데 이걸 알아내기 전에 먼저 당신은 당신의 이전 습관들을 끊고 자기 자신을 들여다볼 마음의 준비가 되어 있어야 한다. 그런 다음 일정 기간 동안 체계적으로 신중하게 노력을 기울여 더디지만 꾸준하게 새로운 습관을 만들어가야 한다. 이런 식으로 좋은 습관을 들이다

보면 일상에서 옳은 결정을 하는 횟수가 점점 늘어난다. 그리고 운동선수로서든, 전문 직업인으로서든, 사적인 일에서든 결국 그 보상이 향상된 성과로 돌아올 것이다. 무엇보다 당신은 당신 안에 잠들어 있는 진정한 잠재력에 성큼 다가선 느낌을 경험하게 될 것이다.

이 책은 그동안 내가 해온 가장 효과적인 멘탈 트레이닝을 집약한 것이다. 여기에는 진정한 의미의 승자들과 나머지 사람들을 가르는 차이, 좋은 기분을 만끽하며 꿈꿔온 인생을 사는 사람들의 특징에 대한 연구를 통해 내가 25년 동안 열정적인 호기심으로 수집한 지식이 담겨 있다.

멘탈 트레이닝 분야에는 거창한 이론이 셀 수 없이 많다. 수많은 코치와 멘탈 트레이너가 공식을 찾았다고 믿는다. 하지만 나는 아니다. 난 특정 학설이나 철학, 방식을 고수하지 않는다. 내가 늘 정답을 알고 있다고 믿지도 않는다. 나는 되도록 나와 함께 멘탈 트레이닝을 하는 사람들의 성향, 포부, 목표에 맞추려고 노력한다. 나는 갖가지 상황에 놓인 다양한 유형의 사람들과 작업을 해왔다. 그렇기 때문에 내 경험에 비추어 이 책이 수많은 사람에게 유용하게 쓰일 수 있을 거라고 믿는다. 이 책이 많은 사람들에게 난관을 돌파하는 해법을 제공해주고 끝내 다시 일어설 수 있는 동기를 부여해주길 바란다.

멘탈 트레이너로서 내 일과는 말하는 게 대부분이다. 강연을 하고 개별 면담을 하는 게 주된 활동이다. 그래서 내 생각과 경험을 이 한 권의 책에 담는 작업은 새롭고 흥미로운 경험이었다. 말하자면 말을 글로, 실천을 이론으로 변환하는 과정이었는데, 이 과정에서 내 작업의 틀과 체계를 차근차근 재점검해보지 않을 수 없었다. 나는 그것을 하나의 일관된 철학으로서 접근하는 대신, 수많은 벽돌로 이루어진 건축물처럼 대했다. 나는 벽돌 하나하나가 중요하다고 생각한다. 각 장의 순서는 내 고객들과 작업하는 순서를 거의 그대로 따랐다. 나는 멘탈 트레이닝은 개인별 맞춤식으로 이루어져야 한다고 생각한다. 그래서 나에게 불특정 다수의 독자를 만족시킬 만한 책을 쓰는 일은 특별한 도전이었다.

    책의 구성은 두 부분으로 나눴다. 1부에서는 일상생활, 깨달음, 결심하기, 목표 정하기, 좋은 습관 만들기를 중심으로 다룬다. 이 단계의 핵심 개념은 인내, 끈기, 의지력이다. 2부에서는 일을 실행하는 구체적인 상황을 다루면서 유용하게 사용할 수 있는 정신적 도구들을 살펴본다. 결정적인 순간에 최고의 성과를 올리는 건 누구에게나 가능한 일이다.

    마지막으로 이 책에는 나와 작업했던 고객 몇 분의 배려로 준비 단계와 실행 단계에서 정신적인 측면에 주의를 집중해 성과를 높인 경험담을 포함했다.

    이 책의 주제는 더 나아지는 것이다. 목표를 찾고, 자기 자신을 발전시키며, 행동을 변화시키는 것이다. 자기 안에 잠들어 있는 잠재력을 일깨워 그 기량을 마음껏 펼치며 꿈꾸는 인생을 살기 위해서!

    당신은 당신이 생각하는 것보다 더 많은 걸 해낼 수 있다!

진정으로 원하면, 당신은 할 수 있다!
당신이 알아야 할 건 단 하나, 당신이 정말 원하는 게 무엇이냐다!

에릭 라르센

>> 목차

저자의 말 당신의 능력은 항상 당신의 상상을 초월한다 8

0 멘탈 트레이닝은 감정을 폭발시키는 기술이다 23

1부 폭발하는 감정만이 삶을 변화시킨다

1 시작: 삶은 언젠가 끝난다는 사실을 기억하라 45
언젠가 나는 죽는다 48
모든 것이 끝나는 시점을 상상하라 52
당신만 불가능한 이유는 없다 55
타인이 아니라 당신 자신과 비교하라 58
지금 가치 있는 일을 하고 있는가 61
인생은 단 한 번의 선물이다 67
[멘탈 캠프] "당신이 틀렸다는 걸 증명해야겠군요." 73

2 두려움: 그것은 쓸데없는 본능일 뿐이다 75
두려움은 원래 인간의 생존본능이다 79
두려움이 당신의 에너지를 좀먹는다 82

3 목표 : 당신의 심장이 반응하는 목표를 세워라 87
목표 수립은 생존의 시작이다 91
좋은 목표는 당신을 흥분시킨다 94
대담한 목표는 삶의 태도를 바꾼다 101
작은 목표들을 소홀히 하지 말라 105
희생할 각오도 없이 목표가 무슨 소용인가 109
[멘탈 캠프] "목표가 명확하면 시간낭비를 하지 않는다." 113

4 결심: 뱃속 끝에서 나오는 감정으로 결심하라 115
모든 결심에는 감정이 결부되어 있다 120
고통과 기쁨 사이의 쾌감을 즐겨라 126
[멘탈 캠프] "단 20분만에 생각을 뒤흔든다" 129

5 극복: 극한의 감정이 최고의 추진력이다 131
- 무엇이 당신을 계속 싸우게 하는가 134
- 깜짝 놀랄 아이디어는 인내에서 나온다 136
- 시련은 당신의 강인함을 보여줄 무대다 140
- 치명적인 사고, 극한의 감정에서 깨닫다 143
- [멘탈 캠프] "시련은 모든 성공의 본질적인 요소다" 156

6 노력: 재능은 체계적인 노력을 이길 수 없다 159
- 왜 훈련하는지 늘 의식하라 167
- 자신의 모든 것을 관찰하고 평가하라 175
- 리더는 사람들의 감정을 움직여야 한다 182
- [멘탈 캠프] "표범을 겨냥하는 사냥꾼의 준비 자세" 190

7 습관: 핵심은 생각을 통제할 수 있다는 것이다 195
- 당신이 쓰는 단어가 당신의 행동을 결정한다 199
- 무엇이든 열네 번 반복하면 습관이 된다 201
- 야성적인 인간이라고 강력하게 선언하라 205

2부 최후의 승자는 어떻게 결전을 맞이하는가

8 결전의 순간을 치밀하게 상상하라 217
- 디테일한 시각화로 게임의 결과를 바꿔라 221
- 치밀하고 섬세하게 결전의 날을 시각화하라 228
- [멘탈 캠프] "승리의 상황은 이미 너무 익숙했다" 257

9 생각을 바꾸는 힘은 행동에서 나온다 259
- 사소한 행동의 차이가 성공을 가른다 267
- [멘탈 캠프] "나 자신을 방패로 만들어야 하는 이유" 271

10 승부를 가르는 것은 결국 준비의 차이다 275
- 실전에서는 행위 자체를 신경쓰지 마라 280
- 당신만의 최적의 전투태세를 찾아라 291
- [멘탈 캠프] "전투태세를 갖추면 아무 소리도 들리지 않는다" 297

11 야성은 살아있다는 가장 확실한 증거다 303
- 당신의 느낌은 야성에서 자란다 309

가르데르모엔에 위치한 트란둠 캠프 남쪽 끝 막사 근처에 소규모 소대가 정렬했다. 억수같이 퍼붓던 비가 이제 막 그친 참이었다. 자갈로 된 바닥 곳곳에 작은 물웅덩이가 생겨 있었다. 남은 인원은 스무 명 남짓이었다. 4주 전 시작할 때만 해도 300명이었다. 우리는 전원 무기와 기본 장비를 갖춘 야전복 차림으로 정렬했다.
　　우리 앞에는 노르웨이 공수부대 및 공수부대 사관학교 지휘관이 서 있었다. 그는 낮은 목소리로 앞으로 우리에게 어떤 도전들이 기다리고 있으며 우리가 스스로 공수부대원이라고 부를 수 있을 때까지 어떤 과정과 훈련을 거쳐야 하는지 설명했다. 설명을 마친 그는 공수부대 교관 그로에루드 소령에게 다가갔다. 두 사람의 대화는 우리가 있는 곳까지 들리지 않았다. 그때 그가 일렬로 정렬한 줄 맨 왼쪽 첫 번째 생도에게 다가갔다. 그로에루드 교관이 진홍색 벨벳으로 감싼 판을 들고 그의 뒤를 따랐다.

얼마 안 있어 지휘관이 내 앞에 섰다. 나는 곧바로 차려 자세를 바로잡았다. 진홍색 판에서 날개 달린 낙하산 모양의 배지를 집어 들며 그가 말했다.

"이번 훈련을 정말 열심히 해냈네, 라르센."

그 날개는 자유낙하 훈련을 통과했으며 아직 탈락하지 않고 남았다는 증거였다. 그 배지가 공수부대 지원자 훈련 과정에 중요한 이정표임은 너무나 분명했다.

그는 날개 뒤에 달린 단추를 분리해 내 오른쪽 가슴 주머니에 배지를 고정시켰다. 그가 내 손을 힘주어 잡고 악수하며 말했다.

"축하하네."

나는 한시름 놓은 편안한 마음으로 앞에 있는 건물에 쓰인 커다란 글씨를 바라보았다. 하얀 바탕에 진홍색으로 이렇게 씌어 있었다.

"공수부대 사관학교."

나는 나 자신에게 미소지었다. 난 자유낙하 군사훈련 코스에 합격했다. 입학시험을 통과해 공수부대원 교육과정을 시작할 수 있는 자격을 얻은 것이다.

나는 이따금 그때 일을 떠올리곤 한다. 1995년이었고, 그해 낙하산 소대에 합격한 신병은 내가 유일했다. 난 훈련을 무사히 마치고 시험을 통과했을 뿐 아니라 두 번이나 그것을 해냈다. 1년 전 그 코스에 지원했을 때는 3등이었다. 그런데 안타깝게도 정원은 두 명뿐이었다. 내가 다시 도전할 수밖에 없었던 이유가 그 때문이었다.

공수부대 사관학교 입학 코스를 두 번이나 치러내는 사람은 그렇게 많지 않다. 그래서 가슴에 배지를 달고 거기 서 있을 때 나는 나 자신이 두 배로 자랑스러웠다. 성취하기가 그토록 힘들고, 험하고, 거의 불가능하다고 여겨왔던 일을 거의 신비롭다고 느낄 정도로 내가 해냈기 때문이었다.

아무도 내가 성공할 거라고 믿지 않았다. 나는 학창시절 내내 몸집이 작은 아이였으며 늘 소외감을 느꼈다. 축구팀에도 항상 맨 마지막에 가서야 간신히 명단에 이름을 올렸다. 나는 강한 아이가 아니었다. 사실 공수부대원이 될 재목이 아니었다. 그런데 내가 그날 우중충한 잿빛 하늘 아래 가슴 주머니에 날개 배지를 달고 선 것이다.

합격하기 전까지 사람들은 하나같이 내가 해내지 못할 거라고 입을 모았다. 고등학교에서 힘 좀 쓴다는 녀석들은 내가 너무 작고 약하다고 생각했다. 난 사람들과 잘 어울리지 못했다. 우리 가족은 이사를 많이 다녔기 때문에 학교도 자주 옮길 수밖에 없었고, 그래서 친한 친구를 사귈 만한 시간이 없었다. 사실 초등학교부터 중학교 때까지는 좋은 기억이 거의 없다. 사교성이 없는데다 다른 지방 사투리를 쓰고 늘 제일 작은 축에 속했던 나에게 학교 생활은 그리 만만한 것이 아니었다. 물론 집에는 늘 나를 아껴주는 가족이 있었지만 혼자 맞서야 하는 바깥세상은 얘기가 달랐다. 그곳은 힘들었다. 하지만 나이가 들어가면서 나는 나 자신에게 말했다.
'젠장, 네가 어떤 녀석인지 사람들한테 보여줘!'
나는 사람들에게 있는 그대로의 나 자신을 보여주고 싶었다.

사관학교 입학시험을 치르기 전에 나는 시험에 포함될 거라고 예상되는 활동들을 연습했다. 옷을 입은 채로 언 강을 헤엄쳤다. 등에는 배낭을, 손에는 무거운 짐을 들고 숲속을 달렸다. 한밤중에 산에서 방향을 가늠하고 길 찾는 연습을 했다. 어깨에 통나무를 짊어지고 언덕을 올랐다. 달리기와 온갖 고된 훈련으로 죽을 듯이 피곤한 상태에서도 생각이 날카로움을 잃지 않도록 수학 문제를 풀었다. 세상에 보여주고 싶었다. 나 자신을 있는 그대로 드러내고 싶었다.

요즘 나는 자신의 한계를 끝까지 밀어붙이고 자기 일을 탁월하게 해내는 수많은 사람들에게서 그때 내가 가졌던 마음가짐을 본다. 그들은 자기에게 부족한 점을 보완한다. 그들은 자신의 안전지대 밖에 있는 게 어떤 건지 잘 안다. 그건 마치 오래 전부터 안전지대 밖에서 지내면서 스스로 채찍질하는 데 익숙해진 것과 비슷하다. 무언가에 익숙해지면 감정적으로 도전하는 기분이 줄어드는 법이다. 제대로 인정받지 못한 경험이 있는 사람은 그게 얼마나 안 좋은 기분인지 안다. 반대로 자기 삶에 만족하는 사람은 아마도 그 만족감을 이어가려 할 것이다. 이런 사람에게는 자신의 한계를 넘어서기 위해 필요한 동기가 부족하다. 그렇지만 성공을 하기 위해 꼭 비참한 경험을 해야 하는 건 아니다. 정반대 사례도 얼마든지 많다.

사관학교 1학년 때는 내가 약골이라고 느낀 게 한두 번이 아니었다. 하지만 소위 '지옥 주간'을 보내면서 내가 얼마나 강한지 깨달았다. '지옥 주간'이란 1학년 끝 무렵 젊고 희망에 가득 찬 신입생들이 정신적으로나 육체적으로 그들의 한계를 시험받는 주를 말한다. 나는 물론 나와 같은 팀 생도들도 무척 힘든 시간을 보냈다. 대다수 생도들이 중간에 무릎을 꿇고 말았다. 그 전까지만 해도 나는 다소 존재감이 없는 생도였다. 하지만 마지막에 가서 내 육체와 정신의 강인함을 증명했다.

　앞서 설명했듯, 나는 지옥 주간을 보내기 전에 육체적으로뿐만 아니라 정신적으로도 나 자신을 준비시켰다. 나는 준비가 되어 있었다. 들것에 실려 병원으로 후송되기 전까지는 절대 포기하지 않겠다고 굳게 다짐했다. 한 발짝도 물러서지 않았다. 모든 정신적 에너지를 그 일에만 집중했다. 죽는 것도 두렵지 않았다.

　나는 하사 때 노르웨이 북부에 배치 명령을 받았다. 공수부대 사관학교에 지원해보라고 조언해준 사람이 바로 거기서 만난 소대장이었다. 사관학교에 관한 생각이 머릿속에서 점점 무르익었다. 나는 입학을 목표로 훈련을 시작했다. 그건 대단히 구체적인 목표였다. 나는 멘탈 트레이너로 활동하는 지금도 구체적인 목표의 중요성을 늘 강조한다. 당시 나는 멘탈 트레이닝에 대해 아는 게 거의 없었지만 철저한 준비의 중요성은 충분히 이해하고 있었다. 뿐만 아니라 공수부대 사관학교의 금언 중 하나인 "철저함이 안전을 보장한다."라는 말도 이미 가슴에 새기고 있었다.

얼마쯤 지난 뒤에는 내가 해낼 거라고 어느 정도 마음을 편하게 먹었지만 처음부터 그랬던 건 아니었다. 우린 거의 탈진 상태로 연병장에 섰다. 훈련이 끝난 건지 어쨌는지도 모른 채였다.

"시험 주간이 끝났다."
사관학교 교장이 말했다.
"이제 이 교육을 계속 받을 생도 이름을 호명하겠다."
그는 두 명의 이름을 불렀다. 거기에 내 이름은 없었다. 호명이 끝나고 곧바로 교장실로 불려가 면담을 했다. 그는 내 기분을 풀어주려고 몇 마디 말을 했지만 나는 그의 눈을 똑바로 쳐다볼 수조차 없었다. 고개를 숙인 채 탁자를 노려보며 소리 없이 울었다. 탁자 위로 눈물이 뚝뚝 떨어졌다. 몸도 마음도 기진맥진한 상태였다. 공수부대원이 되기 위한 교육을 계속 받을 수 없다는 사실이 믿기지 않았다. 머리를 한 대 세차게 얻어맞은 것처럼 충격적이었다. 교장은 내 성적이 좋았고 입학 사정관 다수가 나를 뽑고 싶어했지만 종합 평가 결과가 3등이었기 때문에 어쩔 수 없었다는 말로 면담을 마무리했다.

"내년에 다시 도전해보게."
현 노르웨이 합참의장인 교장 하랄 순데가 말했다. 나는 절망의 늪에 빨려 들어가는 기분이었지만, 그래도 한 치의 망설임 없이 힘주어 말했다.

"내년에 다시 오겠습니다."

이듬해 입학 정원은 한 명이었다. 그 한 명이 나였다. 그 자리를 차지했다는 건 기나긴 여정이 끝났음을 의미했다. 꿈이 실현된 것이었고, 할 수 있다고 믿고 목표에 집중해서 하루하루 자신을 향상시켜 나가면 못할 게 없다는 확실한 증거였다. 뿌듯했다. 자신감이 넘쳤다. 내면에 좋은 기분이 충만했다. 난 이미 한동안 멘탈 트레이닝을 해온 셈이었지만 그런 사실은 전혀 몰랐다. 내가 그 일을 해낼 수 있었던 것은 내 강인한 정신력 덕분이었다.

나는 노르웨이 군에서 8년간 복무했다. 그동안 수행한 해외 파견 임무도 셀 수 없이 많았다. 해군과 연합 작전 차 보스니아와 코소보에 갔고, 노르웨이 육군 공수부대HJK와 함께 마케도니아와 아프가니스탄에서도 활동했다. 그 기간 동안 지금 멘탈 트레이너로서 활용하는 많은 것들, 특히 스트레스, 예기치 못한 상황, 두려움, 불안 같은 것들을 다루는 법을 배웠다.

나는 늘 사람들과 대화를 나누는 게 좋았다. 그들의 열정을 불러일으키는 게 뭔지, 꿈은 무엇인지, 살면서 이루고 싶은 건 무엇인지 같은 얘기가 너무나 흥미진진했다. 또 인생에서 승리한 사람들 이야기만 나오면 귀가 솔깃했다. 놀랄 만한 성과를 거두고 자신의 잠재력을 최대한으로 활용할 줄 아는 사람들에게 매료당했다.

올림픽에서 왜 누구는 금메달을 따고 누구는 동메달로 만족할 수밖에 없을까? 우리는 모르고, 최고의 성과를 내는 사람들만 아는 비결이라도 있는 걸까? 내가 이런 문제를 궁금해 하는 걸 알아챈 한 친구가 앤서니 로빈스의 《네 안에 잠든 거인을 깨워라》를 추천했다. 난 그 책에 홀딱 반했다. 로빈스는 미국의 유명한 코치였는데 내가 보기에는 지나치게 미국적이었다. 그래도 그가 자기가 다루는 주제에 정통하다는 건 의심의 여지가 없었다. 그는 빌 클린턴과 아이스하키 계의 전설 웨인 그레츠키, 테니스 코트의 전설 안드레 애거시 같이 자기 분야에서 최고의 성과를 거둔 인물들과 함께 멘탈 트레이닝 작업을 했다. 그의 책은 코치와 멘탈 트레이너들 사이에 고전으로 통했다. 무엇보다 내 마음을 사로잡았던 건 책 내용보다 그가 멘탈 트레이너라는 전문 직업인이라는 사실이었다.

'와우! 정말 그런 걸로 밥벌이를 할 수 있는 거야?'

누군가 불쑥 눈앞에 나타나 당신이 오랫동안 생각만 해오던 것을 말로 표현하는 걸 들었을 때가 아마 이런 기분일 것이다. 나는 충격과 흥분에 휩싸였다. 존재하는 줄도 몰랐던 가능성을 보았기 때문이었다.

이 가능성을 본 날 나에게 완전히 새로운 세상이 열렸다. 그때부터 나는 코칭, 멘탈 트레이닝, 심리학, 그밖에도 온갖 종류의 테라피에 관해 구할 수 있는 책을 모조리 찾아 읽었다.

당시 나는 노르웨이 경제경영대를 졸업하고 피난스반켄 사에 2년째 다니는 중이었다. 6개월 뒤, 나는 앤서니 라빈스의 강연을 들으러 런던으로 날아갔다. 주머니 사정은 어려웠지만 이 강연을 들어야 한다는 생각이 나를 강하게 사로잡았다. 게다가 난 그를 반드시 만나야 했다. 은행 잔고를 탈탈 털어 런던행 비즈니스석을 예매하고 강연이 열리는 센터 근처에서 정장을 빌렸다. 곧 엄청난 일이 일어날 것 같은 예감이 들었다. 경제적으로 무리를 한 것도 이런 예감 때문이었다. 내면의 목소리가 내게 말했다. 이 여행이 내 인생에 중요한 전환점이 될 거라고.

만여 명의 인파가 그의 강연을 듣기 위해 몰려들었다. 모두 돈을 내고 표를 구입한 사람들이었다. 내 표는 제일 비싼 무대 바로 앞자리였다. 강연은 거의 종교집회에 가까웠다. 청중이 그의 이름을 외치고 진정한 깨달음을 갈구했다. 그야말로 생생한 집단암시의 현장이었다. 난 이 점이 마음에 들지 않았다. 하지만 투덜거리는 대신 이유를 분석했다.

'이 남자가 하고 있는 것은 무엇인가?'

'이 남자가 하는 어떤 말이 사람들의 관심을 끄는가?'

'이렇게 많은 사람들이, 그것도 이렇게 강인해 보이는 사람들이 그에게 조언을 구하는 이유는 무엇인가?'

강연이 끝났다. 나는 용기를 내 무대 뒤로 가서 그와의 면담을 요청했다. 경호원들을 따라 밖으로 나오기 전 그에게 질문을 던졌다. 그의 대답은 지금 내가 고객들에게 하는 것과 같았다. 난 이렇게 물었다.

"당신처럼 되려면 어떻게 해야 합니까?"

그가 내 눈을 똑바로 보고 말했다.

"훈련, 훈련, 훈련입니다."

노르웨이로 돌아오는 비행기에 올랐다. 난생 처음 느끼는 강렬한 감정에 휩싸인 채였다. 이 감정은 결심으로 이어졌다. 내 인생을 뒤바꿔놓을 일생일대의 결정이었다. 그것은 마치 머릿속에서만 일어나는 일이 아니라 쿡쿡 쑤시는 것 같은 통증이 발끝에서부터 온몸으로 퍼져 나가는 듯한 신체적인 감각에 가까웠다. 그 일이 일어난 것이다. 온몸으로 느낀 것이다! 까짓것 한번 해보는 거야! 그 순간 나는 세계 최고의 멘탈 트레이너가 되기로 결심했다. 굳게 다짐했다. 멘탈 트레이너야말로 내 꿈 아닌가! 나는 사람들에게 영감을 주고, 최선을 다하도록 돕고, 꿈과 믿음을 쫓도록 격려하는 일이 언제나 즐거웠다.

마음이 그렇게 편할 수 없었다. 그런 안도감은 평생 처음이었다. 영혼에 의심이라고는 티끌만큼도 없었다.

고객들이 이런 경험을 하도록 돕는 게 지금 내가 하는 일이다. 이 경험은 반드시 거쳐야 하는 과정이다. 이 경험을 하는 순간 결심이 서기 때문이다. 이 순간 당신은 목표를 발견했다는 사실을 깨닫는다. 어떤 대가라도 치를 각오가 된 중요한 목표 말이다. 몸은 죽도록 피곤했지만 마음은 이루 형언할 수 없을 만큼 행복했다. 앞으로 일이 어떻게 되든 이 결심을 후회하는 일 따윈 결코 없을 거라는 걸 알고 있었다.

가만히 앉아서 기다리기가 힘들었다. 방금 정한 목표를 향해 당장 뛰어들고 싶었다. 결심이 서는 그 순간은 마치 마법 같았다. 삶을 극적으로 변화시킬 결심을 하고 나니 인생이 완전히 다르게 보였다. 영화로 만들어도 손색이 없을 것 같았다. 하지만 그 다음은? 그 순간이 지나고 나면 어떻게 할 것인가? 큰 결심을 한 다음에는 어떻게 해야 할까? 다음 단계는 뭘까?

당시 나는 머큐리 우르발이라는 헤드헌팅 회사에 다니고 있었다. 내 업무는 특정 직책에 알맞은 리더를 고르는 일이었다. 나는 상사에게 원래 내 업무 대신 리더들을 코칭하는 일을 새로 시작하게 해줄 수 있냐고 물었다. 그는 내 아이디어에 긍정적이었다. 코칭 교육을 받은 이력이 큰 도움이 됐다. 난 그 회사에서 일 년 간 코칭 업무를 했다. 그러다 문득 깨달았다. 내 사업을 시작할 때가 되었다는 것을.

이런 일은 사실 예정된 수순이었다. 중대한 결심을 하고 나면 그에 따르는 다른 결정들은 더 쉬워지는 법이다. 저절로 이루어지는 경우도 적지 않다. 모든 결정을 함에 있어서 마음이 편안하고, 자신만만하며, 명확한 태도를 갖게 된다. 하나같이 목표를 향한 결정이기 때문이다. 내 경우, 이 결정은 내 사업을 시작하기 위해 다니던 직장에 사표를 던지는 것이었다.

나의 목표는 멘탈 트레이너가 되는 것 아닌가!

가고 싶은 곳을 정확히 알면 이런 결정이 훨씬 쉽고 자연스럽다.

마침 60세 생일을 맞은 아버지에게 생일 선물로 올림픽 조정 종목에서 메달을 땄던 올라프 투프테와 함께 훈련 받을 기회가 생겼다. 아버지는 파타와 할덴 두 지역 조정 팀에서 상당히 좋은 성적을 거둔 실력 있는 조정 선수였다. 아버지는 나에게 아버지를 따라 투프테와 함께 훈련에 합류할 생각이 있는지 물었다. 질문을 듣자마자 나에게 첫 번째 기회가 왔다는 생각이 번쩍 들었다. 평상시에 나는 찬찬히 단계를 밟는 성격이지만 이번 일은 달랐다. 기회를 포착한 것이다. 나는 내가 정한 목표에 모든 걸 걸기로 결심했다. 그리고 나니 온갖 두려움이 깨끗이 사라졌다. 그런데도 목표에 차근차근 접근해야 할까? 아니, 이번에는 그냥 밀어붙이는 게 훨씬 옳다는 확신이 들었다.

나는 훈련에 합류했다. 아버지와 올라프 투프테가 배 위에서 노를 저었고, 조정 국가대표팀 훈련 코치가 부두 한쪽에 물러서서 그들을 지켜보았다. 나는 그를 한눈에 알아보았다. 이제 나에게는 두 가지 선택지가 있었다. 그에게 가서 나를 멘탈 트레이너라고 소개하거나 아무것도 하지 않거나. 그렇게 느닷없이 멘탈 트레이너라고 자칭하는 게 좀 거북하긴 했지만 이미 결심은 서 있었다. 나는 나 자신에게 말했다. '난 최고가 될 거야. 근데 그렇게 말하는 게 뭐 그리 어렵다고 그래? 누가 알아? 노르웨이 최고 조정 선수들 중에 멘탈 트레이너가 필요한 사람이 있을지?'

나는 국가대표 조정 팀 훈련 코치 비에른 잉게 페테르센에게 다가가 말을 걸고 대화를 시작했다. 대화를 나누는 동안 그는 내 아이디어와 경력에 관심을 보이더니 국가대표 조정 팀 전원이 참석한 자리에서 강연을 해달라고 나를 초대했다. 2주 뒤, 나는 오룬겐에서 강연을 했다.

강연에서 나는 공수부대 군인들 이야기를 했다. 그들은 피곤함을 어떤 식으로 생각하고, 고통을 어떻게 다루며, 결정적인 순간에 어떻게 임무를 수행하는지 설명했다. 강연은 한 시간 동안 이어졌다. 나는 내가 적절하다고 판단한 정도의 열정과 에너지를 담아 강연에 임했다. 내가 바라는 건 그 자리에 있는 선수들 중 한 명이라도 나를 멘탈 트레이너로 쓰고 싶게 만드는 것이었다. 그런데 놀랍게도 비에른 코치 자신이 나를 고용하고 싶어했다. 자기를 더 뛰어난 코치로 이끌어 줄 스파링 파트너, 대담자가 필요하다면서 말이다. 그는 나중에 나와 함께한 멘탈 트레이닝에 대해 이렇게 말했다.

"성난 파도에서 잔잔한 바다로. 에릭 라르센은 거의 알아챌 수 없는 방식으로 나를 성가시게 만들었고, 그런 식으로 문을 몇 개 열어젖혀 성난 파도를 잔잔한 바다로 변화시켰다. 나는 에릭 라르센을 통해 마음의 안정을 찾았고, 그 효과가 지속되어 사적인 삶이나 직업인으로서의 삶 양쪽 모두에서 긍정적인 효과를 보았다."

2008년 베이징 올림픽 출전 팀 선발 기간 동안, 나는 비에른과 아주 밀접하게 대화를 나눴다. 조정 협회 대표 셸 엠블렘은 나를 노르웨이 올림픽 및 장애인 올림픽 협회인 올림피아토펜에 추천했다. 올림피아토펜의 잘레 옴베와 미카엘 죄위엔센은 멘탈 트레이닝에 대한 내 접근법을 상당히 마음에 들어했고, 덕분에 나는 레슬링 선수 스티그 안드레 베르게와 태권도 선수 니나 솔하임을 도울 기회를 잡았다. 이들 두 선수가 내 첫 번째 고객인 셈이었다.

노르웨이 레슬링 챔피언 스티그 안드레 베르게의 꿈은 베이징 올림픽 출전 자격을 따내는 것이었다. 니나는 노르웨이 최고의 태권도 선수였다. 그녀는 멘탈 트레이너로서 내 경력에 첫 번째 성공 사례였다. 나와 작업을 시작할 무렵 그녀는 은퇴를 고민하고 있었다. 나는 올림픽 개막 전 마지막 여덟 달 동안 그녀와 바짝 붙어다녔다. 니나와 스티그 두 사람 모두 올림픽에 출전했으며, 니나 솔하임은 은메달을 획득했다.

스티그 안드레 베르게와 니나 솔하임, 두 사람 모두 준비 단계에서 나와 작업했던 멘탈 트레이닝이 그들의 성공에 큰 도움이 되었다고 언급했다. 스티그는 지금도 나와 함께 훈련을 한다.

처음 멘탈 트레이너 일을 시작했을 때는 뚜렷한 전략이 없었다. 믿을 건 나 자신, 그동안 쌓은 지식, 다른 사람의 욕구를 이해하는 내 능력뿐이었다. 그때 나는 나 자신에게 이런 질문을 자주 던졌다.

'이 사람은 정말 어떤 사람인가?'

'이 사람이 자기 꿈을 이루고 목표를 달성하려면 무엇을 해야 하는가?'

'이 사람이 자신의 잠재력을 최대한 발휘하려면 어떻게 해야 하는가?'

질문에 답을 찾고 나면 상대방을 자극할 수 있는 요인을 건드리기 시작한다. 이때도 군 생활 경험이 중요한 역할을 했다. 당시 나는 사람의 감정을 휘젓는 것이나 심리적 압박이 심한 상황에서 임무를 수행하는 것에 대해 많은 걸 배웠다. 또 어떤 상황에서도 옳은 선택을 하고 무슨 일이 닥쳐도 유연하게 대처할 수 있는 여유를 잃지 않기 위해서는 평상시에 긴장을 늦추지 않는 것이 얼마나 중요한지도 잘 알았다. 지금도 멘탈 트레이너로서 내 업무의 상당 부분은 순수한 동기에 관한 것이다. 누군가를 목표에 도달하고 싶게 만들려면 그들 스스로 준비가 돼 있어야 하기 때문이다.

내 생각에 '멘탈 트레이닝'이라는 개념은 지나치게 신비화되어 있다. 스포츠 심리학자들은 자기 일을 잘 드러내지 않는 경우가 많다. 멘탈 트레이닝을 특정 유형의 정신적 충격에서 회복하거나 결점을 보완하는 일 정도라고 생각하는 사람도 많았다. 하지만 내 관점에서 멘탈 트레이닝, 즉 정신 단련은 금융업에 종사하는 사람이 수학 문제를 풀거나 기업 관리자가 직원들에게 열정을 불어넣는 것, 혹은 스키 선수가 평소에 훈련 일정을 잘 소화하는 것과 마찬가지로 하나의 기술일 뿐이다. 따라서 다른 어떤 기술과 마찬가지로 멘탈 트레이닝 기술 역시 훈련을 통해 실력을 향상시킬 수 있다.

나는 니나 솔하임과 스티그 안드레 베르게와 멘탈 트레이닝을 하면서 그들이 다방면에서 조금씩 발전하는 모습을 관찰했다. 그들은 자기 팀 다른 선수들과 비교해보아도 기량이 눈에 띄게 좋아졌다. 덕분에 두 사람은 팀 동료들을 뒤로 하고 올림픽 출전 자격을 얻었다. 여기에 멘탈 트레이닝이 적지 않은 기여를 했음은 물론이다.

아무리 작은 차이라도 5년에서 15년 정도 쌓이면 결정적인 차이를 만든다. 경쟁이 치열한 환경에서는 이런 작은 차이가 승패를 가르기 마련이다. 스포츠 분야에서 이런 차이를 정확히 짚어내는 건 그리 어렵지 않다. 스티그와 니나는 둘 다 '연중무휴'라고 단언할 만큼 뼛속까지 프로다운 생활을 실천했다. 두 사람은 시합에서 최상의 실력을 발휘하기 위해 컨디션을 최상으로 유지하는 데 집중하며 밤낮을 보냈다. 컨디션 회복을 위해 최적으로 잠을 자고 휴식을 취했으며, 활동 수준을 유지하고 생체 에너지를 보충하기 위해 언제나 최적의 식단으로 영양을 섭취했다. 평상시나 훈련 기간 전과 후, 훈련 기간 도중, 시합 전이나 후 모두 마찬가지였다. 그들은 다른 동료들보다 하루나 주 단위 계획을 조금 더 잘 세웠다. 계획을 잘 세워 둔 것이 일의 우선순위를 정하는 데 도움이 됐다. 그들은 훈련 전에 다른 선수들보다 몸을 좀 더 잘 풀었다. 심지어 여러 주 동안 계속되는 훈련도 상당히 높은 수준으로 해냈다. 모든 훈련에 대한 그들의 접근법과 태도는 정말 환상적이었다.

스티그와 니나는 둘 다 훈련을 받는 동안 긍정적이고 저돌적인 어조로 자기 자신과 대화를 했다. 몸에 강한 타격을 입으면 통증이 느껴지는 부위에 재빨리 얼음주머니를 가져다 댔다. 훈련이 끝나면 곧바로 마른 옷으로 갈아입어서 체온이 떨어지는 걸 막았다. 그들은 몸이 하는 얘기에 귀를 기울여 훈련 프로그램을 조정했다. 그들은 할 수 있다고 여겨지고 더 잘해야 하는 것들을 죽도록 열심히 했다. 운동과 무관한 활동도 편안히 즐겼다. 그런 활동들이 앞으로 다가올 고된 훈련에 대비해 몸과 마음의 긴장을 풀고 부족한 에너지를 충전하는 데 중요한 역할을 한다고 판단했기 때문이었다. 그들은 훈련 코치와 지원팀의 충고를 새겨들었다. 입수한 정보를 면밀히 검토하고 분류해서 합리적이고 가치 있다고 판단한 것들은 철저히 따랐다. 이런 식의 차이는 한둘이 아니다. 열거하자면 한도 끝도 없을 것이다. 운동선수는 누구나 자기가 무엇을 해야 하는지 안다. 스티그와 니나는 자기가 아는 걸 했다. 두 사람은 정신력이 강했다.

　멘탈 트레이닝 과정에서 내가 할 일은 여러 가지인데, 고객이 일상에서 단편적으로 하는 일들에 주의력을 날카롭게 유지하게 하는 것도 그중 하나다. 나는 사소한 일상에서 정신을 흩트리지 않는 것이 얼마나 중요한지 일깨우기 위해 주 중에도 여러 번 문자 메시지를 보냈다. 기록을 몇 퍼센트라도 향상시킬 수 있을지 가능성을 가늠하려고 훈련에도 참관했다. 나는 두 사람에게 그들의 꿈과 목표를 끊임없이 상기시켰다. 그들을 칭찬하며 한 사람의 개인으로서, 운동선수로서 그들의 자질에 대해 이야기했다. 경기 도중 위기에 처했을 때 자신이 더 강하고, 더 빠르며, 더 영리하고, 기량도 더 뛰어나다는 걸 경험하는 것이 얼마나 강렬한 느낌인지 상기시켰다. 훈련이 고되고 힘들수록 잠재력을 그만큼 더 발휘할 수 있고, 최선을 다해 승기를 거머쥐는 순간, 그 환상적인 기분이 훨씬 커진다는 점을 상기시켰다.

　1부에서는 하루 일과를 다룬다. 1부로 넘어가기 전에 나는 먼저 이 점을 강조하고 싶다. 위에서 열거한 니나와 스티그가 다른 선수들과 다른 여러 가지 차이는 핵심을 명확하게 보여준다. 많은 사람들이 멘탈 트레이닝을 특정 과업을 실행에 옮기는 상황하고만 연결 짓지만 내 생각에 멘탈 트레이닝은 준비 단계와 더 밀접한 관련이 있다. 준비 단계에서의 핵심은 대다수 사람들이 거의 주의를 기울이지 않는 하루 일과에 있다.

즉, 경기의 승패는 일상에서 판가름 난다. 1등과 2등의 차이, 자신의 잠재력을 최대한 발휘하는 사람들과 그렇지 못하는 사람들 사이의 차이는 아주 사소하고 대수롭지 않게 넘기기 쉬운 것들이다. 1부에서 여러분은 이 사실을 깨닫게 될 것이다.

크로스컨트리 선수인 페터 노르투그는 일상에서 올바른 선택을 하는 것이 얼마나 중요한지 잘 알고 있었다. 그는 큰 시합을 치르기 전에 나한테 이렇게 말하곤 했다.

"라르센, 난 지금 마음이 아주 차분해요. 이 순간을 위해 최선을 다해 준비했다는 걸 아니까요."

1부
폭발하는 감정만이
삶을 변화시킨다

숲속에서 갈림길을 만났습니다.
나는 사람들 발길이 드문 쪽을 택했지요.
그리고 그것이 모든 걸 바꿔놓았습니다.

로버트 프로스트, 〈가지 않은 길〉 중에서

너 자신을 알라.
소크라테스

이렇게 가정해보자. 당신은 일을 더 잘하고 싶다. 숨은 잠재력을 끌어내 능력을 발휘하고, 목표를 정해서 그것을 달성하기 위해 뭐든지 열심히 할 준비가 되어 있다. 그런데 도대체 어디서부터 시작해야 할지 모르겠다. 시작도 못 해보고 흐지부지될 것만 같다. 당신이 이런 고민을 들고 나를 찾아온다면 내가 해줄 말은 이거다.

"삶을 넓은 관점에서 바라보라!"

자기만의 세계에서 벗어나 당신 자신과 당신이 살고 있는 삶을 바라보는 거다. 밖에서 보는 당신, 그리고 당신의 삶은 어떤 모습인가?

전략적인 사고를 하려면 대상을 조금 떨어져 바라볼 필요가 있다. 그런데 일상에서는 좀처럼 이 거리를 확보하기가 힘들다. 혼자만의 시간을 내는 건 말할 필요도 없다. 일상은 해야 할 일로 가득 차 있다.

아침상을 차리고, 아이들을 유치원에 데려다주고, 청구서를 지불하고, 가족 모임에 참석하고, 집 안 청소를 하는 것 같은 일이 전부다. 직장에서는 이메일에 답장을 보내고, 전화를 걸고, 서류 더미를 처리하고, 줄줄이 잡혀 있는 회의에 참석한다. 운동선수라면 훈련 기간 중에는 짐을 싸고, 먹고, 훈련하고, 쉬고, 코치와 상의하고, 훈련 일지를 기록한다. 훈련이 끝나면 기껏해야 현 상태를 유지하는 정도로 하루가 끝난다. 그리고 나서 밤에 침대에 누우면 당신도 잘 안다. 내일도 오늘과 똑같이 별 진전 없는 그렇고 그런 하루가 될 거라는 사실을.

제대로 못한 일도 있고, 해야 하는데 하지 않은 일도 있을 것이다. 많은 일을 제대로 했지만 최선을 다하지 않았을 수도 있다. 당신은 당신이 가고자 하는 곳과는 거리가 먼 길 위에 서 있다. 그 길을 벗어나는 게 쉬운 일은 아니다. 하지만 불가능한 것도 아니다.

언젠가 나는 죽는다

어느 정도 거리를 두고 자기 삶을 관찰할 때는 자신을 거대한 세계에 둘러싸인 한 개인으로 봐야 한다. 여기서 자극 요인으로 선택할 수 있는 것은 사람마다 다르다. 내 경우, 언젠가 내가 죽는다는 점을 떠올리는 것이 도움이 됐다. 인생은 짧다. 우리가 지구에서 살다 가는 시간은 지극히 찰나에 불과하다. 너무 극단적이라고? 하지만 내가 보기에 내 관점에는 부정적인 면이 전혀 없다. 아니, 오히려 그 반대다.

난 내가 언젠가 죽는다고 생각하면 현재 상황을 최대한 활용해야겠다는 의지가 솟구친다.

나는 입학의 설렘, 자식들의 어린 시절, 시험 기간, 경력 등 끝나 버린 모든 것을 떠올리며 죽음을 맞는 나 자신을 상상한다. 바라는 대로 나이가 들어 죽음을 맞는다면 침대에 누워 나 자신에게 무슨 말을 할까? 자랑스러운 삶을 살았나? 최선을 다해 값진 삶을 살았나?

몇 해 전, 셸 잉아 뢰카라는 사업가 이야기를 들은 적이 있다. 그의 컴퓨터에는 카운트다운 프로그램이 설치돼 있어서 인간의 평균 수명부터 시작해 연, 월, 일, 시간, 분, 초 단위로 뢰카에게 남은 시간을 센다는 것이다. 어쩌면 근거 없는 이야기일 수도 있다. 하지만 나는 이 이야기가 중요한 핵심을 잘 지적하고 있다고 생각한다. 거리를 두고 자기 삶을 보는데 이보다 더 효과적인 방법이 어디 있겠는가?

어떤 사람들은 자기에게 주어진 시간이 끊임없이 흐른다는 사실을 떠올리는 것만으로 동기를 부여받는다. 삶에 위기의식을 느끼는 것이다. 주어진 시간은 제한되어 있다. 지금이 유일한 기회다. 인생은 짧다. 1분, 1초를 상기하는 것이 값진 이유가 바로 이 때문이다.

인생은 넓은 관점에서 봐야 한다. 젊을 때는 누구나 순간에 충실하고 삶을 당연한 것으로 받아들인다. 그러다 나이가 들수록 경험에 대한 보상이 많아진다. 80대 때는 20대에 보지 못했던 것을 보고 자기 자신과 이 세상에서 자신의 위치를 더 잘 이해할 것이다. 그런데 문제가 있다. 여든이 되기 전에 그런 지혜를 깨닫지 못하면 어떻게 될까? 많은 것들이 당신 옆을 스쳐 지나가버릴 것이다. 이것이 내가 고객들에게 그들의 삶을 넓은 관점에서 보라고 요구하고 그것을 훨씬 이른 시기에 경험하도록 이끄는 이유다. 그러고 나면 그들은 이 경험을 자신의 행동을 바꾸고 올바른 목표를 정하는 데 활용할 수 있다.

이것을 잘 보여주는 예가 바로 소위 '중년의 위기'라고 부르는 것이다. 몇몇 사람들은 이 말을 들으면 코웃음을 치며 형편이 넉넉해서 더 이상 무얼 해야 좋을지 모르는 중년의 배부른 소리라고 일축해버린다. 하지만 나는 이 말에 훨씬 많은 의미가 담겨 있으며, 멘탈 트레이닝 분야에서 다루는 중요한 개념을 잘 보여준다고 생각한다. 행복을 연구하는 사람들은 이때가 사람들이 스스로 가장 불행하다고 생각하는 시기라고 주장한다. 사람들이 생전 처음으로 자기를 옭아매고 있는 책임의 양을 깨닫기 때문이라는 게 그들의 설명이다.

40대인 당신에게는 자식이 있고 점점 연로해지는 부모님이 있다. 앞뒤로 진을 친 두 세대가 당신의 도움을 요구하며 당신을 향해 착착 다가온다. 책임감이 당신을 압도한다. 게다가 삶이 이 단계에 접어들면 이제는 모든 것이 끝나고 나이 먹는 일만 남았다는 생각이 진지하게 들기 시작한다. 당신이 도전을 기대하고, 도전을 필요로 하는 유형의 사람이라면 아마도 이 시기가 당신 삶의 결정적인 순간이 될 것이다! 만약 당신이 오늘과 똑같은 동기, 성향, 태도로 살아간다면 앞으로 10년 뒤 당신은 어떻게 변해 있을까? 아마 오늘과 똑같은 모습일 것이다. 당신은 정말 그런 모습을 원하는가?

10년이 지나도록 자식들과 제대로 된 관계를 못 맺고 있는 당신? 10년 뒤에도 여전히 경영진, 시장 상황, 월급봉투에 불평하는 당신? 이 관점에서 보면 중년의 위기를 초래하는 원인은 분명하다. 중년이 되면 자신의 삶을 넓은 관점에서 바라보게 되기 때문이다. 그것도 태어나서 생전 처음으로 말이다. 어릴 때는 마음을 짓누르는 짐 따위 없이 순간을 산다. 청소년기에는 미래에 대한 계획을 세운다. 사회 초년생 때는 비전과 자신감이 넘친다. 그러다 40대가 되면 시간이 거침없이 무자비하게 흐른다는 사실을 깨닫고 마음이 조급해지기 시작한다.

삶을 넓은 관점에서 바라보는 건 스포츠계 현실을 떠올리면 이해가 빠르다. 운동선수의 경력은 짧고 정의하기도 쉽다. 기껏해야 몇 년이면 끝이다. 직장인도 주어진 시간이 제한적이기는 마찬가지다. 40대라면 심각하게 은퇴를 고려하기 전까지 아직 20년 정도 남아 있다. 나는 고객에게 이런 문제를 직시할 것을 충고할 때 약간 극단적인 상황을 가정하고 앞으로 남은 20년도 지금까지와 똑같은 식으로 흘러갈 거라고 말한다. 일상에 변화를 만들지 않는 한 달라질 건 나이를 먹는 것뿐이라고 강조하면서 말이다.

내가 이런 식으로 말을 하는 건 사람들 내면에 불편한 감정을 자극하기 위해서다. 이것은 이 책에서 다룰 중요한 원리이자 이 책의 모든 장을 관통하는 원리다. "내가 당신의 습관을 바꾸려면 당신의 감정을 이용할 수밖에 없다."

모든 것이 끝나는 시점을 상상하라

자기 삶을 넓은 관점에서 보는 것도 한 가지 방법이다. 내 경우 효과적이었던 것은 언젠가 내가 죽는다는 사실을 떠올리는 것이었다. 하지만 우리는 여기서 시야를 훨씬 더 멀리까지 확장해보자.

지구의 나이는 45억 4천만 년이다. 당신이 지구에 사는 건 그중 80년이다. 그것도 운이 좋았을 때 말이다. 기나긴 지구 역사에서 그렇게 짧은 시간 동안 살다갈 운명인데, 일단 태어났으면 제대로 한번 살아봐야 하지 않을까? 지구 나이를 3미터짜리 줄자로 나타낸다면 당신이 지구에 머무는 시간은 아마 보이지도 않을 것이다.

왜 당신은 꿈을 이루려고 하지 않는가? 내가 이렇게 물으면 원하는 삶을 살기 위해 반드시 거쳐야 할 과정이 엄두가 안 난다고 대답하는 사람들이 있다. 정신 차려라! 우리가 사는 지구는 2천억~4천억 개의 항성과 행성으로 이루어진 은하계에 속한 한 행성이다. 그것도 태양과 적당히 떨어져 있고 대기에 질소와 산소가 풍부해서 생명체가 살기에 적합한 환경을 갖춘 행성 말이다. 이런 행성에 태어나다니! 우리 같은 행운아들이 어디 있단 말인가? 그런데도 당신은 어떻게 꿈을 추구하며 사느냐고 푸념이나 해대고 있는 거다!

그래도 나는 삶과 죽음의 문제를 얼마든지 펼쳐보일 수 있다. 당신이 '현 시점! 바로 이 순간! 지금 당장!'이 중요하다는 것을 진정으로 깨달을 때까지 말이다. 자기 삶을 내팽치는 건 지독하게 창피한 짓이다. 게다가 인생은 정말 짧다.

원래 우리 인간은 기존의 방식을 바꾸는 데 저항하는 경향이 있다. 인간은 습관의 동물이고, 알지 못하는 것에 불편함을 느낀다. 변화에는 고통이 따른다. 사람들이 변하지 않고 현 상태를 유지하려고 계속 변명을 하는 것도 이런 이유에서다. 이럴 때 삶을 어느 정도 떨어져서 보는 게 효과적인 방법이다. 정확하게 말하면 그렇게 하는 것이 옳은 결정을 하는 데 도움이 된다. 삶을 넓은 관점에서 보면 한시라도 빨리 변해야 한다는 기분이 든다. 아마 이런 생각이 떠오를 것이다.

'내 경력은 기껏해야 10년이면 끝이야.'

'아이들이 어린 건 잠깐이야. 그러니까 일부러라도 아이들과 함께 보낼 시간을 만들어야 해.'

'운동선수로서 내 경력은 길어야 5년이야.'

'인생은 한 번 뿐이야. 기회는 한 번 뿐이라고. 내 인생을 제대로 살아볼 기회는 단 한 번이야.'

'내가 10년 밖에 못 살지 누가 알겠어!'

로마인들은 상당히 특별한 방법을 썼다. 로마의 원로원은 장군이 전쟁에서 승리하고 돌아오면 개선식을 열어주었다. 개선식은 개선장군이 받을 수 있는 최고의 명예였다. 이 행사의 메인 이벤트는 장군과 그의 병사들이 거리를 가득 메운 군중의 환호를 받으며 고대 로마의 정치, 경제, 사법, 종교의 중심지였던 포룸 로마눔 Forum Romanum 까지 행진하는 것이었다. 이때 장군은 전쟁터를 누볐던 자신의 전차를 타고 행진했는데, 그의 뒤에는 노예 하나가 승리의 표시로 월계관을 높이 들고 서 있었다. 그런데 이 노예에게는 한 가지 임무가 더 있었다. 장군의 귀에 두 단어를 속삭이는 거였다. 비록 전쟁에서 승리하기는 했으나 그 역시 언젠가 죽음을 맞을 필멸의 인간임을 상기시켜 주는 단어, 바로 '메멘토 모리 Memento mori'였다. 당신도 언젠가 죽는다는 뜻이다.

내가 죽는 장면을 상상하면 모든 것에는 끝이 있기 마련이라는 사실을 새삼 깨닫는다. 하루, 한 주, 한 달, 한 해, 시간을 세는 이런 단위에는 전부 끝이 있다. 경력에도 끝이 있고 어쩌면 사랑에도 끝이 있다. 인생, 인생도 당연히 언젠가는 끝난다.

그런데 모든 것에 끝이 있다는 이 자명한 사실이 동기부여의 원천이 될 수 있다. 나는 공수부대 사관학교 '지옥 주간' 동안 시험이 곧 끝날 거라는 사실을 떠올리며 더더욱 힘을 냈다. 나는 매순간 내가 간절히 기다리는 한 마디를 들을 수 있는 시점에 조금씩 다가가고 있었다. 바로 "지옥 주간이 끝났다."는 말이었다.

오늘 당신에게 중요한 도전이 기다리고 있다고 상상해보라. 아침에 눈을 떴다. 몇 시간 후면 회사 이사진 앞에서 중요한 프레젠테이션을 해야 한다. 이럴 때 모든 것에는 끝이 있다는 생각이 동기를 부여할 수 있다. 당신은 안다. 그 날은 끝난다는 것을. 그리고 밤이 되면 프레젠테이션도 어떤 식으로든 끝나 있을 것이다. 그럼 당신은 긴장을 풀고 편안한 마음으로 침대에 누울 수 있다. 결과에 상관없이 말이다.

탐험가들은 언젠가는 틀림없이 집으로 돌아간다는 생각을 하며 동기를 얻는다. '절대 여기서 포기하면 안 돼. 언젠가는 끝나. 그럼 집으로 돌아가는 거야.' 당신은 바로 여기에 초점을 맞춰야 한다. 모든 것이 끝나는 시점. 시시각각 다가오는 끝. 사람들은 대부분 고통스럽거나 사는 게 힘들 때 부정적인 생각을 한다. 하지만 삶을 넓은 관점에서 보고 모든 것에는 끝이 있다는 생각을 하면 거기서 의지력과 힘을 얻어 습관을 바꾸고 일을 더 잘 하는 데 도움이 될 것이다.

당신만 불가능한 이유는 없다

인생이 짧다는 깨달음은 삶을 넓은 관점에서 바라볼 때 떠올릴 수 있는 수많은 생각 중 하나다. 나와 함께 멘탈 트레이닝을 했던 수많은 고객이 활용한 또 한 가지 생각은 다른 사람들과의 관계 속에서 자신을 바라보고 자기 자신에게 이렇게 말하는 거다.

"저 사람이 할 수 있으면 나도 할 수 있어!"

어렸을 때 즐겨 읽던 위인전집이 있었다. 특히 토마스 에디슨, 퀴리 부인, 루이 파스퇴르, 라이트 형제와 존 F. 케네디 같은 인물들의 이야기를 그야말로 게걸스럽게 탐독했다. 그때 그 책들을 읽으면서 깨달은 사실이 있다. 위인들 대부분이 나보다 훨씬 열악한 환경에서 자랐다는 점이다. 그리고 얼마 지나지 않아 그런 사람들 대다수가 실제로 빈곤층 출신이라는 걸 알게 되었다.

자신의 잠재력을 깨닫고 눈부신 업적을 세운 사람들은 대부분 별충해야 할 무언가를 가지고 있었다. 내가 공수부대원 시험에 합격한

당신은 바로 여기에 초점을 맞춰야 한다. 모든 것이 끝나는 시점.
시시각각 다가오는 끝.

당신은 언젠가 죽음을 맞이할 필멸의 인간이다. 기억하라.
메멘토 모리.

일을 얘기할 때 가장 강조하는 부분이 바로 이 점이다. 나는 이 사실을 깨닫는 것만으로 엄청난 동기부여가 됐다. 당신의 성공을 결정짓는 건 당신의 IQ도, 성적도, 부모님의 재산도 아니다. 중요한 건 당신이 하는 생각의 방향이다. 그래서 이런 질문들이 효과적이다.

'저 사람이 저 일을 해냈잖아! 그렇다면 나도 할 수 있어. 어떻게 하면 될까?'

'저 사람(세일즈맨, 변호사, 매니저, 분석가, 정치인, 예술가) 성과가 좋아졌어. 난 어떻게 하면 될까?'

'저 사람은 세계 챔피언이 됐어. 그렇다면 나도 할 수 있어. 어떻게 하면 되지?'

타인이 아니라 당신 자신과 비교하라

자신의 처지를 세계 인구 대다수와 비교하면 당신도 멘탈 트레이너인 내가 노르웨이에서 부닥친 시련 중 하나를 겪게 될 것이다. 노르웨이는 세계에서 가장 살기 좋은 나라 중 하나다. 노르웨이는 부자 나라다. 이건 우리가 늘 듣는 얘기다. 그런데 이 말 뒤에는 불평하지 말라는 무언의 경고가 숨겨져 있다. 어쨌든 지구상에는 먹을 것과 따뜻함, 안전함 같은 기본적인 욕구에 대한 만족도가 결코 우리를 넘어서지 못하는 사람이 셀 수 없이 많지 않은가.

나는 노르웨이에서 태어난 덕분에 잘 사는 것에 감사할 필요 없다는 말을 하는 게 아니다. 그건 물론 감사할 일이다. 하지만 늘 우리보다 형편이 안 좋은 사람과 비교하며 살 수는 없는 노릇이다. 그건 너무 힘들다. 맞다. 이렇게 비교하는 것도 삶을 넓은 관점에서 보는 방식임은 틀림없다. 하지만 이런 식의 비교는 대다수 사람들에게 동기를 부여하지 못한다. 오히려 정반대 효과를 내기 일쑤다. '넌 행복한 거야. 네가 가진 걸 봐. 너보다 훨씬 못한 사람이 세상에 얼마나 많은데!'

어떤 사람이 이런 사실을 깨닫고 월급에서 반을 떼어 필요한 사람에게 주거나, 의사를 목표로 의대에 진학해서 아프리카의 가난한 아이들을 돕는 데 평생을 바친다면, 그건 완전히 다른 이야기가 될 것이다. 하지만 "난 오늘 잘해낼 거야. 난 저 수많은 사람들보다 형편이 훨씬 낫잖아!"라고 말하는 사람은 없다. 이런 말은 동기를 부여하지 못한다. 늘 자기를 다른 사람과 비교하며 살 수는 없다. 대신 우리는 자신을 스스로 정한 기준에 비교한다. 이 기준에 맞게 살기를 바라고, 자기가 정한 목표 달성을 꿈꾼다. 우리가 이야기해야 할 건 바로 이 기준이다. 이 기준이 바로 우리에게 동기를 부여하기 때문이다.

가령, 어떤 고객이 당신을 찾아와 자기 인생에 대해 불평을 늘어놓기 시작한다고 해보자. 일은 치여 죽을 만큼 많고, 생활의 균형은 못 잡겠고, 상사는 전혀 도움이 안 된다는 식이다. 이런 고객에게 세상에 그보다 형편이 못한 사람이 얼마나 많은지 상기시키는 건 전혀 도움이 안 된다. 이 사람에게는 자기 인생이 전개될 수 있었던 이상적인 그림이 있다. 그리고 지금 그가 불행한 이유가 바로 이 그림 때문이다. 그는 스스로를 자기 자신 또는 자신의 출발점과 비교한 것이다. 경쟁심이 강한 사람일수록 스스로를 자기 기준과 비교하는 게 자연스럽다. 사실 이건 성공을 위한 좋은 출발이다. 승자는 스스로 기준이 되고 다른 방식으로 생각한다. 예를 들어 바이애슬론 선수인 올레 아이나르 뵈른달렌은 한 인터뷰에서 자신의 흥미진진한 성공 뒤에 숨은 공신은 자신의 성과를 자기만의 잣대로 재고 성과를 향상시킬 수 있는 방법을 연구한 것이었다고 밝혔다.

자기 삶을 어느 정도 떨어져서 보는 것은 태도의 문제다. 목표가 최고가 되는 것인 사람은 현재 처한 상황에 관계없이 삶을 넓은 관점으로 볼 줄 안다는 의미다.

야구계의 전설 조 디마지오가 은퇴를 하고도 한참 뒤에 뉴욕에서 열린 시범 경기에 참가했다. 경기 전에 그는 혼자서 과정이 복잡한 일련의 몸 풀기를 한 뒤 연습에 임했다. 디마지오가 실전과 다름없이 강도 높게 연습하는 모습을 본 그의 동료 선수가 물었다.

"조, 뭐 하러 아직도 시합 전에 그렇게 몸을 혹사시켜?"

디마지오가 대답했다.

"누가 알겠어. 관람석에 내가 경기하는 모습을 한 번도 못 본 사람이 있을지."

유명한 헤비급 챔피언 무하마드 알리는 권투 선수가 되지 않았다면 청소부로 생을 마감했을 거라고 말한 적이 있다. 그랬다면 그는 아마 세계 최고의 청소부가 되었을 것이다. 쓰레기를 내놓은 집에서 쓰레기차까지 한 번에 네 개씩 쓰레기통을 옮기면서 말이다.

나는 고객 면담이나 강연에서 이런 예를 자주 활용한다. 비서든,

사장이든, 청소부든, 일류 운동선수든, 목표가 언제나 최선을 다하는 것인 사람은 좋은 기분을 훨씬 많이 느낄 수 있다. 나를 나 자신과 비교하라.

지금 가치 있는 일을 하고 있는가

교통사고 같은 끔찍한 경험을 하고 나면 누가 시키지 않아도 자기 삶을 넓은 관점에서 바라보게 된다. 직접적이든 간접적이든 이런 실존적인 경험은 자기 삶을 돌아보게 만든다. 이런 유형의 사고를 당한 뒤 삶의 우선순위가 완전히 바뀌었다는 보고도 수없이 많다. 몸이 건강하게 제 기능을 잘 유지하는 것이 무엇보다 중요해지는 것이다. 사고를 당하기 전에는 신경도 안 쓰던 문제였는데 말이다. 가까운 친구가 세상을 떠나면 아마 맨 먼저 드는 생각이 친구와 가족이 그동안 생각했던 것보다 훨씬 더 소중하다는 사실일 것이다.

우리는 지금 삶을 넓은 관점으로 보는 것의 중요성에 대해 이야기하고 있다. 삶을 넓은 관점에서 보면 다른 것들에 비해 훨씬 중요한 몇 가지 이슈가 확연히 드러난다. 당신이 가치 있다고 생각하는 것과 당신이 바라는 것을 정확하게 깨닫게 되는 것이다. 가치와 바라는 것, 즉 욕구는 이 책에서 앞으로 계속 다룰 개념일 뿐 아니라, 특히 이 장에서 반드시 기억해야 할 핵심어다.

새 고객을 만나 그가 자기 삶을 넓은 관점으로 바라보도록 도와야 할 시점이 되면 나는 늘 이렇게 묻는다.

"당신은 어떤 사람입니까?"

"당신 어머니는 당신을 어떤 사람이라고 말씀하시나요?"

"당신과 가장 친한 친구는 당신을 어떻다고 묘사하나요?"

"당신은 당신의 정체성이 뭐라고 생각합니까?"

그들은 이런 질문에 답을 하면서 자기가 중요하게 생각하는 가치와 자신의 욕구를 스스로 깨닫는다.

"모든 걸 고려했을 때 당신에게 가장 중요한 게 무엇인가?"

나는 이 질문의 답이 바로 당신이 가장 중요하게 생각하는 가치라고 믿는다. 당신이 조화롭고 온전한 삶을 사는 데 필요한 핵심 요소 말이다. 심하게 아파본 경험이 있는 사람은 대개 건강이라고 답한다. 건강 외에 사람들이 가장 많이 언급하는 가치는 가족, 발전, 지식, 사랑, 안전성, 성취감 등이다. 가치는 이른바 행동에 대한 사회적 강화물이다. 사회적 강화물은 특정 행동의 빈도를 증가시킨다. 당신이 건강을 최고로 꼽는 사람이라면 건강에 좋은 음식을 먹고 규칙적으로 운동을 해야 한다고 믿을 가능성이 높다. 지식이 제일 중요한 가치라면 책을 많이 읽고 양질의 교육을 고려할 가능성이 매우 높다.

기업은 대부분 기업의 가치를 문서로 만들어 놓는다. 반면 개인은 대부분 그렇게 하지 않는다. 지금껏 내가 중요하다고 생각하는 가치를 종이에 적어놓았느냐고 물었을 때 곧바로 그렇다고 대답한 사람은 한 명도 없었다. 물론 누구나 가치 있다고 생각하는 것들이 있지만 의식적인 수준에서 명확하게 콕 집어내는 사람은 극히 드물다.

내가 좀 더 꼬치꼬치 캐묻기 시작하면 그제서야 서서히 윤곽을 드러낸다. 하지만 이렇게 가치를 명확하게 정의하고 나면, 나아가 종이에 적고 나면, 가치는 삶이 나아갈 방향에 대한 유용한 틀과 명확한 지침을 제시한다.

가치는 당신이 가야 할 경로를 알려주는 지도다. 가치는 당신이 해야 할 일뿐만 아니라 하지 말아야 할 일까지 알려준다. 자기가 어떤 가치를 중요하게 여기는지 정확하게 알고 있으면 스스로 질문을 던질 수 있다.

"내가 지금 하려는 일이 내 가치와 일치하는가?"

답이 "그렇다."면 하려던 일을 하면 되고 "아니다."면 그만두면 된다.

어느 날 한 고객이 나를 찾아왔다. 그는 개인 사업을 시작하는 게 꿈이라고 말했다. 나는 그의 말에 흥미를 느꼈고, 우리는 그 꿈에 대해 이야기를 나누기 시작했다. 한동안 대화를 이어가다가 내가 그에게 가장 중요하게 생각하는 가치가 무엇인지 물었다. 그는 잠깐 생각해보더니 안전성이라고 대답했다. 사실 안전성은 그에게 대단히 중요한 가치였다. 나는 그에게 그가 자기 사업을 꿈꿔왔다는 사실을 상기시켰다.

그는 곧바로 깨달았다. 자기 사업을 하면 경제적 불확실성 외에도 리스크를 감수하고 돌발 상황에 대처해야 하는 경우가 허다하다는 사실을. 그의 목표는 가치와 충돌했다. 이것을 확인함으로써 그는 한 가지 의문을 해결했다. 자기가 늘 큰 결심을 미뤄왔던 이유 말이다. 그는 목표를 수정해야 하며 안전성을 가장 중요한 가치로 여기는 한, 사업을 목표로 추구해봐야 소용없다는 사실을 이해했다.

이 일화는 실제로 상당히 교훈적이다. 목표를 정할 때 자기가 중요하게 여기는 가치를 전혀 고려하지 않는 사람이 그만큼 많기 때문이다. 하지만 목표는 반드시 가치를 고려해 정해야 한다. 일반적으로 개인이 가장 중요하게 생각하는 가치는 목표나 꿈보다 더 확고하다. 삶을 넓은 관점에서 바라보고 자기가 어떤 가치를 중요하게 여기는지 명확하게 정의하고 나면 늘 그 가치를 의식하게 된다. 그럼으로써 좋은 목표를 분명하게 세우는 일이 더 쉬워진다. 이 문제는 2장에서 자세히 다룰 것이다.

삶을 어느 정도 떨어져서 바라보면 당신이 가장 중요하게 여기는 가치가 명확하게 드러난다. 그리고 또 하나, 당신의 욕구가 무엇인지 파악하는 데도 도움이 된다. 욕구는 여러 면에서 가치와 다르다. 욕구는 보통 더 강렬하고 지속 기간이 짧다. 흔히 말하는 먹을 것, 마실 것, 입을 것, 잠 같은 기본적인 욕구들은 인간이 살기 위해 반드시 충족되어야 한다. 한편 인간에게는 자존감이나 자아실현처럼 심리적인 욕구도 있다. 심리학에서는 인간에게는 누구나 채우고 싶어하는 기본적인 심리적 욕구가 있다고 이야기한다. 이런 욕구들의 정확한 분류는 관점이나 이론에 따라 다양하지만 나는 다음과 같은 순서로 범주화하는 것을 선호한다.

- 사랑
- 사회적 관계
- 다양성
- 안전성
- 무언가가 되기/무언가를 의미하기
- 성장과 발전
- 주위 사람들에게 베푸는 삶

이 욕구들은 누구에게나 있는 것들이지만 정도와 중요도에서 사람마다 차이가 난다. 안전이 무엇보다 중요한 사람이 있는가 하면 다양성이 더 중요한 사람도 있다.

안전성은 기본적인 욕구지만 다양성이 본질적으로 중요한 욕구라고 단언하기는 어렵다. 먹을 것과 마실 것에 대한 욕구는 완전히 잠재울 수 있고, 따라서 일정 시간 동안 완전히 사라지지만 자아실현의 욕구는 좀처럼 잠재울 수 없다.

자신의 잠재력을 온전히 깨닫고 있다고 생각하는 사람은 아무도 없다. 그건 전적으로 환영할 만한 일이다. 만약 그렇지 않고 자신의 잠재력이 어느 정도인지 확신한다면 동기가 순식간에 사라져서 아마 삶에 의미가 없는 것처럼 보일 것이다.

삶을 넓은 관점에서 바라볼 때는 주변의 잡음을 없애야 한다. 그런 뒤에 자기가 자기 자신에 대해 좋은 기분을 느끼려면 어떻게 해야 하는지 고민해보는 거다. 그래야 특정 가치가 제자리를 찾고, 특정 욕구가 보인다. 자기 삶의 온전한 핵심이 보이기 시작한다.

내 고객 중 한 명은 실리콘 보형물 삽입과 얼굴 리프팅 시술을 전문으로 하는 성형외과 의사였다. 그녀는 나에게 더 능률적인 의사 되기가 너무 힘들다고 하소연했다. 그 핑계로 쓸데없이 인터넷 서핑을 하거나 동료들과 잡담을 하는 것으로 시간을 많이 허비했다. 심지어 환자를 보는 시간도 너무 적었다. 그녀는 더 짧은 시간 안에 더 많은 일을 처리할 수 있어야 돈도 더 많이 벌고 주변도 살필 수 있다고 주장했다.

면담 초반에 내가 그녀의 핵심 가치와 욕구를 확인하려고 의사가 된 이유를 묻자 그녀는 서슴없이 대답했다. 다른 사람들을 돕고, 사회에 기여하고, 다른 사람들에게 유용한 사람이 되는 것이 중요하기 때문이라고. 그리고 얼마 지나지 않아 그녀는 자기가 의사가 된 뒤로 애초에 의사의 길을 선택한 동기들로부터 서서히 멀어졌다는 사실을 분명히 깨달았다. 그녀는 더 이상 자기가 중요하다고 생각하는 가치에 따라 살고 있지 않았다. 그녀는 자신의 가장 큰 욕구가 이타심과 박애정신이라고 정의했다. 가장 중요한 가치는 가난한 사람들을 돕는 것이다.

이 여성과의 면담은 세 번으로 끝났다. 이미 하고 있는 일을 더 잘하고 싶어하는 다른 수많은 고객들과 달리, 그녀는 직장을 그만두는 극적인 결정을 내렸다. 그녀는 지금 자선단체에서 일하며 위기에 처한 사람들을 돕기 위해 세계 곳곳을 누빈다. 의사로서 가진 기술을 사고, 총격, 폭탄 공격 피해자들을 응급 처치하는 데 사용한다. 얼마 전 그녀에게 전화를 받았다. 지뢰가 터져 심한 부상을 입은 아이를 치료했는데, 그 순간 그녀의 마지막 면담이 얼마나 의미 있는 시간이었는지 새삼 깨달았다는 내용이었다. 그녀는 하루도 빠짐없이 자기가 중요하게 생각하는 가치를 자기 자신에게 상기시킨다. 그리고 그걸 휴대전화 바탕화면으로 사용한다.

어떤 의사는 돈과 지위를 중요하게 생각하고, 고급 주택가에 살며, 랜드로버를 몰고, 잉글리시 세터를 키우는 자신의 라이프스타일에 행복해 한다. 또 어떤 의사는 봉급도 적고 근무 환경도 열악하며 개인의 안전도 장담할 수 없지만 중동에 가서 활동하며 자기 일을 즐긴다. 이들 두 부류의 욕구와 가치는 서로 다르다. 하지만 어느 쪽이든 자신의 욕구와 가치를 따른다면 일도 잘하고 좋은 기분도 많이 느낄 수 있다.

인생은 단 한 번의 선물이다

우리는 특정 상황이나 환경에서 삶을 넓은 관점으로 보는 경향이 있다. 한 해의 마지막 밤 시계가 열두 시를 칠 때나 늦은 밤 혼자 운전하는 차 안에서, 혹은 여름 아침 바닷가에 앉아 수평선을 응시하며 이런 생각을 한다.

'난 내가 바라는 삶을 살고 있나?'

'난 제대로 가고 있는 걸까? 여기가 내가 있을 자리인가?'

'어떻게 해야 좀 더 균형 잡힌 삶을 살 수 있을까?'
'난 지금 내 일에 최선을 다하고 있는 걸까?'
'내 경력을 최대한 빛내기 위해 할 수 있는 모든 걸 다 하고 있나?'
'내 목표와 꿈에 한 걸음 다가가기 위해 내가 다뤄야 할 문제에 제대로 접근하고 있나?'

문제는 우리 대부분이 이런 문제들에 대해 진지하게 고민해보지 않는다는 점이다. 우리는 한 해의 마지막 밤, 열두 시를 알리는 종소리가 멈추면 곧바로 이런 생각들을 깨끗이 잊는다. 그 고민을 발전시키거나 깊이 탐구해볼 시간이 없다.

나를 찾아오는 사람이 그렇게 많은 이유도 바로 이 때문이다. 그들은 나와의 면담을 통해 자기 자신에게 초점을 맞출 기회를 얻어 체계적으로 자기가 바라는 효과를 얻고 싶어한다.

자기 삶을 넓은 관점에서 바라보는 작업은 한두 번으로 끝낼 게 아니라 여러 번 반복해야 효과적이다. 더욱이 이 효과는 또 다른 효과를 낳는다. 이 문제는 '5장 극복: 극한의 감정이 최고의 추진력이다'에서 자세히 다루기로 하자. 어느 정도 거리를 두고 삶을 바라보는 게 습관이 되고 위와 같은 질문들에 대해 고민하는 것이 완전히 몸에 배면 그 생각들이 실제 행동으로, 몸에 밴 습관으로 바뀐다. 일부러 떠올리지 않아도 저절로 그런 문제에 대해 고민하게 된다.

삶을 넓은 관점으로 보는 것은 일상에서 사소한 문제에 부딪혔을 때 올바른 결정을 내리는 것과도 밀접한 관련이 있다. 지금쯤 당신은 내가 '결정'의 문제를 얼마나 강조하는지 눈치챘을 거다. 앞으로도 이 문제는 이 책 여기저기서 자주 언급할 것이다.

고객들과 멘탈 트레이닝 작업을 하다보면 가장 재능 있는 사람들이 어느 정도 거리를 두고 자기 삶을 보는 것도 제일 잘한다는 생각을 하게 된다. 생기 넘치고, 꿈꾸는 삶을 살고, 늘 기분 좋고, 항상 목표를 향해 가는 사람들은 남들에 비해 더 자주 어느 정도 떨어져서 자기 삶을 볼 줄 아는 사람들이다. 실제로 그런 사람들은 적어도 한 주에 한 번은 자기 삶을 넓은 관점에서 살핀다. 그들은 자신이 누구고, 지금 어디에 있으며, 어디로 가고 있는지 그리고 지금 살고 있는 삶이 단 한 번뿐인 기회라는 사실을 되새긴다. 비즈니스 업계에서도 마찬가지다. 기업은 현재 자기 위치에 대한 다음과 같은 본질적인 질문을 개인보다 더 잘 던진다.

- 우리는 누구인가?
- 우리는 어떤 기업이 되기를 바라는가?
- 우리는 무엇에 가치를 두는가?
- 우리의 정체성은 무엇인가?
- 우리의 비전은 무엇인가?

어떤 방식으로 삶을 넓은 관점으로 볼 것인가는 당신이 선택할 몫이다. 인생이 짧다는 사실을 떠올리겠는가? 아니면 현재 당신이 거둔 성공에도 못 미친 사람들이 있다는 사실? 그것도 아니면 당신이 스스로 정한 내적 기준과 비교할 텐가? 어떤 방식을 택하든 중요한 건 그 도구의 목적을 이해하고, 사용법을 익히고, 무엇보다 꾸준히 사용하는 습관을 들이는 것이다.

삶을 넓은 관점에서 보고 철저하게 습관으로 굳히면 결국 이런 통찰에 이르게 될 것이다.

"인생은 당신에게 주어진 선물이다. 다만 이 선물은 1회용이다."

이 장의 마무리는 애플의 설립자인 스티브 잡스가 2005년 6월 12일 스탠퍼드 대학 졸업식에서 했던 연설 일부를 인용하는 것으로 대신하겠다. 유튜브를 검색하면 연설 전체를 볼 수 있는데, 이미 백만 번 넘게 재생되었다. 삶을 넓은 관점에서 보는 그의 접근법은 이 주제와 관련해 내가 들었던 것 중에 가장 지혜로웠다. 잡스는 이 연설을 할 당시 암에서 막 회복한 뒤였다. 하지만 그가 결국 암을 이기지 못하고 얼마 뒤에 세상을 떠났다는 사실이 지금 읽는 연설 내용에 더더욱 힘을 실어주는 것 같다.

열일곱 살 때 이런 글귀를 읽었습니다. "매일 생애 마지막 날처럼 살면 틀림없이 언젠가는 바른 곳에 서 있을 것이다." 이 말이 제 가슴 깊이 와닿았습니다. 전 그때부터 33년 동안 매일 거울 앞에 서서 제 자신에게 이렇게 물었습니다. "오늘이 생애 마지막 날이라면 오늘 내가 하려는 일을 할 것인가?" 여러 날 "아니."라는 대답이 이어지면 전 그것을 변화가 필요하다는 신호로 받아들였습니다.

큰 결정을 내려야 할 때마다 내가 곧 죽는다는 사실을 떠올리는 것이 결정적인 계기를 만들어주었습니다. 죽음 앞에서는 외부의 기대나 자존심, 수치심, 실패에 대한 두려움 같은 온갖 것들이 떨어져 나가고 진정 중요한 것들만 남기 때문입니다. 제가 아는 한 죽음을 떠올리는 것은 무언가 잃을지 모른다는 두려움의 덫을 피하는 최선의 길입니다. 여러분은 이미 죽음이 예정돼 있습니다. 그러니까 반드시 가슴이 시키는 대로 사십시오.

저는 1년 전쯤에 암 진단을 받았습니다. 아침 7시 30분에 검사를 했는데 췌장암이라는 결과가 나왔지요. 그때까지 전 췌장이 뭔지도 몰랐습니다. 의사들은 치료가 불가능한 암이 거의 확실하다고 말했습니다. 주치의가 저에게 석 달에서 여섯 달 정도 시간이 남았으니 집으로 돌아가 신변을 정리하는 게 좋겠다고 말했습니다. 죽을 준비를 하라는 의미였지요. 앞으로 10년 동안 아이들에게 해줄 말들을 몇 달 안에 해야 한다는 의미였고, 내가 죽고 나서 가족이 힘들지 않도록 모든 걸 정리하라는 의미였습니다. 작별 인사를 하라는 의미였습니다.

전 그날 하루를 사망 선고와 함께 보냈습니다. 저녁 때 조직검사를 했는데, 입으로 내시경을 넣어 위와 장까지 내려가 췌장에서 암세포 조직을 떼어내는 검사였지요. 저는 마취 상태였는데 검사실에 같이 있었던 아내 말이, 의사들이 현미경으로 조직을 살펴보더니 울먹이기 시작하더라는 겁니다. 수술로 치료할 수 있는, 정말 얼마 안 되는 종류의 암이었던 겁니다. 그래서 전 수술을 받았고 지금은 완치되었습니다.

이때가 제가 죽음에 가장 가까이 갔던 때였고, 앞으로 몇 십 년 동안은 계속 그렇기를 바랍니다. 이 경험을 한 덕분에 저는 지금 여러분에게 죽음이 유용한 도구라는 말을 머리로만 알 때보다 좀 더 자신 있게 말할 수 있습니다.

죽고 싶은 사람은 없습니다. 천국에 가고 싶다는 사람들도 죽어서 가기를 바라는 건 아닙니다. 그럼에도 우리는 누구나 죽습니다. 죽음이라는 숙명을 피할 수 있는 사람은 아무도 없지요. 그리고 그래야 합니다. 삶의 최고의 발명은 바로 죽음이니까요. 죽음은 삶을 변화시킵니다. 죽음을 통해 구세대는 신세대에게 길을 터 줍니다. 지금은 여러분이 신세대이지요. 하지만 머지않아 여러분도 구세대가 되어 다음 세대에 길을 터주게 될 것입니다. 너무 극적으로 들렸다면 미안합니다. 하지만 이건 엄연한 사실입니다.

여러분의 시간은 한정되어 있습니다. 그러니 다른 누군가의 삶을 사느라 인생을 낭비하지 마십시오. 다른 사람들이 생각해낸 결과물에 따라 사는 도그마에 빠지지 마십시오. 다른 사람들의 목소리가 여러분 내면의 목소리를 삼켜버리지 못하게 하십시오. 그리고 무엇보다 중요한 것은 여러분의 가슴과 직관에 따라 살 수 있는 용기를 내는 것입니다. 여러분의 가슴과 직관은 여러분이 진정으로 되고 싶어하는 모습을 이미 알고 있습니다. 그 외에 모든 것은 부차적인 문제입니다.

[멘탈 캠프]

"당신이 틀렸다는 걸 증명해야겠군요."

크리스티안 루스는 아스케르 요트 연합 소속 선수다. 그는 2008년 베이징 올림픽에 출전해 레이저 클래스에서 10위를 기록했고, 세계 선수권 대회 수준의 대회에 여섯 번 출전했다. 세계 순위 최고 기록은 2009년 8위다. 같은 해 월드컵 대회에서는 12위를 기록했다. 내가 이 책을 쓰고 있는 시점에 그는 또 다시 올림픽에 출전해 믿음직한 성과를 거뒀다. 그는 세계 최고 요트 선수 중 한 명이다.

2010년, 라르센과 작업을 시작할 무렵 나는 내 경력을 통틀어 가장 힘든 시기를 겪고 있었다. 시간을 전부 요트 타는 데 쏟아부었다. 모든 것을 희생하면서 대단히 강도 높은 훈련을 이어갔다. 그런데도 원하는 결과가 나오지 않아 속이 타들어갔다. 이런 시기에 만난 라르센은 나한테 아주 중요한 역할을 했다. 내가 고를 수 있는 대안들을 보여준 것이다. 대안은 결국 두 가지로 요약됐다. 그만두든가 계속하든가. 그는 내가 요트에 전력을 다하고 싶어한다는 사실을 깨닫게 해주었다. 사실 난 무엇보다 요트 선수로서 성공하고 싶었다.

  세계 선수권 대회를 마치고 돌아온 직후 그와 했던 면담을 잊지 못한다. 그 대회에서 내 성적은 아주 형편없었다. 난 그에게 대회에서 있었던 일과 은퇴를 고려하고 있다는 사실을 털어놓았다. 그러고 나서 그에게 의견을 물었다. 그는 잠깐 생각을 하더니 이렇게 물었다.

"그거 알아요, 크리스티안? 사실 난 당신이 은퇴를 해야 한다고 생각해요."

그러고 나서 한참 있다가 이렇게 덧붙였다.

"어떻게 생각해요, 크리스티안?"

"아니오." 내가 대답했다. "솔직히 말하면, 당신 얘기를 들으니까 당신이 틀렸다는 걸 증명해 보여야겠다는 생각이 강하게 드네요."

라르센이 웃으며 말했다.

"농담이었어요. 물론 당신은 포기할 수 없어요. 당신도 알잖아요, 크리스티안. 기운내고 조금만 더 열심히 해봐요. 곧 당신이 원하는 결과를 얻을 거예요. 확신해요."

두려움은 언제나 무지에서 샘솟는다.
랄프 왈도 에머슨

얼마 전 한 골프 선수가 사무실로 나를 찾아왔다. 그녀는 다른 대안들을 내려놓고 골프에만 전념하기가 두렵다고 고민을 털어놨다. 강의도 몇 개 듣고 다른 진로도 고려해봤지만 결국 그녀가 정말 하고 싶은 일은 프로 골프 선수였다. 그녀는 골프에 전념할 마음가짐이 돼 있었다. 하지만 그녀의 발목을 잡는 게 한두 가지가 아니었다. 골프 선수들 사이의 경쟁은 우리가 상상도 못할 만큼 치열하다. 그녀 자신은 물론이고 친구들과 부모님까지도 안전하게 갈 수 있는데 굳이 험한 길에 도전하는 것은 너무 힘든 일이라고 생각했다. 이런 상황에서 두려움을 느끼는 건 그녀뿐 아니라 다른 수많은 사람도 마찬가지다.

이럴 때는 한 발짝 물러서서 생각하는 게 큰 도움이 된다. 나는 종종 고객들에게 뭐가 두려운지 묻는다. 그런데 대답을 듣고 보면 크게 고개를 끄덕일 만큼 그럴듯한 대답을 하는 사람은 극히 드물다. 그제야 고객들은 자기가 뭘 두려워하는지조차 모르고 있다는 사실을 깨닫고 사실 두려울 게 아무것도 없다는 사실을 이해한다.

두려움은 순전히 상상의 산물이다. 어릴 때 숱하게 들었던 침대 밑의 악어 이야기와 다를 바 없다. 허리를 숙여 침대 아래를 들여다보면 거기에 악어 따윈 없다는 사실을 알게 된다. 하지만 무서워서 들여다보지 않으면 악어에 대한 두려움을 떨칠 수 없다.

두려움은 자연스러운 감정이다. 우리는 만사가 잘 풀리는 것을 두려하고, 잘 안 풀리는 것도 두려워한다. 삶을 두려워하고, 죽음을 두려워한다. 다른 사람들이 나를 어떻게 생각하는지, 무슨 말을 하는지도 두려워한다. 그런데 이 두려움이 우리에게 동기를 부여하기도 한다. 두려움은 우리가 통제할 수 있는 감정이다. 심지어 일을 순조롭게 해내거나 성과를 향상시키는 데 활용할 수도 있다. 등반가들은 일상에서도 약간의 두려움에 의지한다는 말을 자주 한다. 두려움이 성취감을 강화하고 삶의 대비를 극명하게 드러내준다는 것이다. 일이 잘못될 가능성이나 할 수 없는 일에 초점을 맞추면 대다수 사람들이 침체에 빠지거나 벽에 가로막힌 기분을 느낄 것이다.

수잔 제퍼스는 대표작 《도전하라 한번도 실패하지 않은 것처럼》에서 두려움을 세 단계로 구분했다. 첫 번째는 나이가 들거나 혼자되는 것, 경제적 안정을 잃는 것, 전쟁, 불의의 사고나 죽음 등 외적인 요인으로 생기는 두려움이다. 두 번째는 내적인 마음 상태에서 비롯된 두려움이다. 이런 두려움은 상황에서 비롯되는 것이 아니라 일반적인 두려움이다. 더욱이 이 두려움은 자아와 연결되어 있다. 거절당하는 것, 실패하는 것, 인정받지 못하는 것에 대한 두려움이 대표적인 예다. 세 번째는 저자가 일부러 대문자로 강조해놓았다. "난 감당할 수 없어!" 다시 말해 아무것도 할 수 없다는 두려움, 즉 무기력이다. 그녀는 이렇게 적고 있다. "하지만 진실은 우리가 느끼는 모든 두려움의 근원은 오직 삶이 우리를 어떤 방향으로 이끌든 우리가 할 수 있는 일은 아무것도 없다는 두려움이라는 사실이다."

나는 고객들에게 이런 질문을 자주 한다.

"당신에게 일어날 수 있는 최악의 일이 뭔가요?"

하지만 그들이 생각해내는 대답은 대개 그렇게 끔찍한 것들이 아니다.

두려움은 원래 인간의 생존본능이다

인류는 생존본능을 타고나는데 심지어 현대에 사는 우리 호모사피엔스 종에게서도 이 본능이 심심치 않게 발현된다. 수천 년 전 인류는 야생동물, 적대적인 부족, 자연환경 등 주위의 온갖 것들로부터 생명에 위협을 받았다. 우리가 그런 위협들로부터 살아남은 것은 바로 이 생존본능 덕분이다. 이유를 알 수 없는 두려움이 우리에게 중요한 생존 메커니즘이었던 셈이다.

하지만 오늘날에는 대부분의 사람들이 비교적 안전한 환경에서 생활한다. 그래서 내재된 두려움의 발현이 오히려 개인의 성장과 꿈의 실현에 커다란 걸림돌이 된다. 지금 우리가 느끼는 두려움은 근거 없는 감정인 경우가 많다. 두려움이라는 본능은 우리에게 그런 본능이 필요했던 시절의 잔재일 뿐이다. 지금 우리가 사는 환경은 자유롭게 하고 싶은 일에 마음껏 도전할 수 있는 곳이다.

우리가 느끼는 두려움이 현실에 뿌리를 둔 것이 아니라는 사실을 깨닫고 나면 우린 훨씬 잘할 수 있다. 게다가 일이 잘못될 가능성에 대비해 계획을 세우고 철저히 준비한다면 마음에 안정과 평화가 자리잡을 것이다.

위에서 언급한 골프 선수에게 나는 이렇게 말했다.

"지금까지 면담을 네 번 했지요. 그런데 매번 이 주제가 언급되네요. 인간은 안전을 추구해야 한다고 믿도록 진화했어요. 두려운 건 자연스러운 겁니다. 인류가 지금까지 살아남은 것도 그 감정 덕분이니까요. 우린 안전한 걸 선호합니다. 하지만 이 안전함에 대해 더 생각해보죠. 당신은 골프를 선택했어요. 그래서 마음이 시키는 대로 세계에서 손꼽히는 골프 선수가 되기로 결심했다고 해봅시다. 그리고 당신은 최선을 다했어요. 근데 실패로 끝났다. 그럼 어떻게 될까요?"

난 조금 기분 상할 수도 있는 점을 지적하면서 흥분되었다. 그녀의 대답은 모호했다. 그동안 시간을 많이 들인 것과 몇 가지 다른 직업적 대안을 놓친 것, 친구들과 보낼 수 있는 시간을 놓친 게 유감스러울 것 같다고 중얼거렸다.

"탕!"

난 날카롭고 커다란 목소리로 이렇게 외치며 의자에서 벌떡 일어섰다. 그녀는 정말 깜짝 놀라 겁먹은 얼굴이 되었다. 내가 다시 외쳤다.

"탕!"

그녀가 정신이 번쩍 들게 만들어야 했다. 그녀의 중추신경계를 깨워야 했다. 그녀가 여러 가지 결과를 고려할 때 느끼는 감정 패턴을 뒤흔들어야 했다. 머릿속에 두려운 생각이 떠오를 때마다 다른 방향으로 생각하도록 만들어야 했다.

"당신은 골프를 사랑합니다. 자기가 하고 있는 일을 사랑하는 건 굉장히 멋진 출발이에요. 당신은 오랜 기간 동안 고된 훈련을 견딜 수 있어요. 그건 사랑하는 일을 하기 때문에 가능한 겁니다. 사랑하는 일을 하고 있으면 아무리 힘들어도 그게 희생처럼 느껴지지 않으니까요. 당신은 앞으로 살아갈 그 많은 세월을 다른 사람들의 기대에 따라 살 겁니까? 지금 선택할 수 있는 기회가 있는데, 좋아하지도 않는 일을 하면서? 당신도 그냥 다른 사람들이 사는 대로 살 거예요? 일흔 살쯤 되어 흔들의자에 앉아서 '난 일도 좀 했고, 공부도 좀 했고, 골프도 좀 쳤어.'라는 생각을 하면서?

이렇게 말하고 싶지 않아요? '난 정말 생기 넘쳤어. 아주 어릴 때 세계 챔피언을 향해 첫발을 내디뎠지.' 이봐요! 당신은 이렇게 말할 거예요. '난 정말 거침이 없었어. 이런 식이었거든. 하든지 말든지 둘 중 하나야. 내 꿈을 쫓는 거야!'

그러니까 지금부터 당신은 달라지기를 바라는 마음에 집중해야 합니다. 당신이 바라는 행동과 결과에 집중하는 거예요. 주변 사람들한테 골프에 대해 농담처럼 얘기하지 말아요! 골프로 일이 잘 안 풀리더라도 나중에 다른 분야를 공부할 수 있고 다른 일을 할 수도 있어요. 그건 확실해요. 중요한 건 뭐든 어중간하게 하면 실패한다는 겁니다. 세상엔 죽기 살기로 덤비는 사람이 수두룩해요. 인생은 한 번 뿐입니다. 기회는 단 한 번뿐이에요! 그러니까 실패할까봐 두려워서 인생을 낭비하지는 맙시다! LPGA든 올림픽이든, 큰 대회 장면을 머릿속에 그려요. 성공을 그리는 겁니다. 당신이 최고의 경기를 펼치는 모습을, 하루도 빠짐없이 기쁨과 열정으로 훈련에 임하는 모습을, 세계 최고 수준의 골프 선수들의 삶을 사는 모습을 그려요!

당신의 성공을 미리 준비해요. 빌어먹을, 당신한텐 능력이 있어요! 당신은 이미 놀라운 결과를 냈어요! 골프선수가 되는 거예요! 해보는 겁니다! 겁먹지 말고!"

네 번의 면담으로 나는 그녀가 원하는 게 이거라고 확신했다. 그러니까 나는 그저 그녀가 삶을 넓은 관점으로 볼 수 있게 도우면 되는 것이었다. 그녀는 해보기로 결심했다.

두려움이 당신의 에너지를 좀먹는다

군 시절 우리는 일이 잘못될 가능성을 염두에 둬야 한다는 말을 자주 했다. 하지만 우리가 계속 주의를 기울여야 할 초점은 그게 아니었다.

우린 작전을 준비할 때마다 '만약 ~라면'이라는 질문을 던졌다. 군인들의 안전을 조금 더 확보하고, 일이 틀어졌을 경우에 대비해 행동방침을 정하기 위한 것이었다. 위에 언급한 골프 선수는 골프에 전념하는 길을 택했다. 하지만 그녀는 결국 실패해서 목표를 달성하지 못할 경우에 선택할 수 있는 대안들을 종이에 적었다. 그 시점에서 시작할 수 있는 연구나 경력에 대한 세부적인 계획을 세웠다. 이 계획을 세운 뒤에야 그녀는 자신의 목표와 꿈을 향한 길로 나아가는 데 모든 에너지를 쏟아부을 수 있었다.

사업가든 운동선수든, 일의 규모가 크든 작든, 사람들은 늘 최악의 상황에 대비하는 걸 잊는다. 그러면서 한편으로는 일이 잘못될지 모른다는 생각을 억누르지 못한다. 자꾸만 부정적인 생각이 떠오르고 시도 때도 없이 혼란스러워지는 것이 다 이 때문이다. 일이 잘못될지 모른다는 생각은 판단력을 마비시키고 목표로 가는 길을 방해한다. 준비 단계에서부터 자신감을 잃게 만든다. 또 실행 단계에서 일이 계획대로 되지 않을 때 능란하게 대처하지 못하고 우왕좌왕하게 만든다.

일이 잘못될지 모른다는 생각은 우리 에너지를 좀먹는다. 당신이 운동선수라면 당신이 추구하는 성공에 끼어들 수 있는 다양한 시나리오를 고려해야 한다. 시합이 예정보다 한 시간 앞당겨진다면? 심판이 불공정하다면? 경기장이 평소보다 더 시끄럽다면? 출발이 좋지 않다면? 날씨가 내 편이 아니라면?

기업의 관리자라면 이런 가능성을 떠올려볼 수 있다. 시장 상황이 돌연 급격히 나빠진다면? 몇 군데 경쟁 기업에서 더 좋은 상품을 출시한다면? 내 평판이 나쁘다면? 가장 친한 동료들이 회사를 그만둔다면? 다음 주로 예정된 중요한 회의에서 시작이 좋지 않다면?

가령 내가 비행기에서 뛰어내렸는데 낙하산이 펼쳐지지 않는다면? 그 경우 나는 줄을 자르고 보조 낙하산을 펼치는 연습을 해야 한다. 군에서 우리는 성공을 가정한 훈련에 8할을 할애했다. 하지만 나머지 2할은 이런 안 좋은 상황을 가정한 훈련이었다. 준비 과정에서 가장 중요한 것은 일을 어떻게 성공시키느냐다. 당신은 이미 당신이 하려는 일을 성공시키려면 어떻게 해야 하는지 안다. 일을 진행하는 동안 무엇을 해야 하는지도 알고 일이 언제쯤 궤도에 오를지도 안다.

나는 고객들에게 이렇게 말한다. 관심의 초점이 당신이 바라는 결과에 맞춰져 있다면 실제로 그 결과를 얻을 가능성이 훨씬 높다. 관심의 8할은 바라는 결과를 얻기 위해 매일, 매 순간, 일을 어떻게 해나갈지, 어떻게 해야 가능성을 높일지에 대한 생각에 할애해야 한다. 이렇게 하려면 훈련이 필요하다. 의도적으로 성공을 떠올려야 한다. 성공에 대해 생각하겠다고 결심해야 한다.

이 책은 장기적인 꿈과 목표에 관한 것이지만 단기적인 목표나 내일 혹은 모레 당신을 기다리고 있는 구체적인 상황에서도 크게 다를 바 없다. 큰 대회를 준비하는 운동선수나 중요한 협상을 앞둔 리더에게 나는 늘 그 일에 성공하는 방법을 간단명료하게 정리하라고 주문

한다. 그리고 나중에는 혼자서라도 이 훈련을 계속하라고 요구한다. 매일, 매 순간!

잊지 마라. 당신에게는 당신이 생각하는 것보다 훨씬 큰 힘이 있다. 자기 안에 큰 힘이 있다고 믿는 사람이 가장 크게 성공한다. 두려움에 맞선 사람, 두려움을 향해 당당히 나아가 그것을 정복한 사람의 예는 무궁무진하다. 그런 사람들은 자기 관심을 잘못될지 모르는 일들이 아니라 저 멀리에 있는 중요한 목표에 둔다. 유명인이든 주변 사람이든 이런 사람들의 이야기를 찾아 영감을 얻어라.

달을 향해 쏴라.
달은 못 맞히더라도 수많은 별 중 하나는 맞힐 테니.

레스 브라운 (정치인, 동기부여가)

이제 적절한 목표를 찾을 차례다. 이건 좀 쉽다. 앞서 찾은 가치와 욕구가 당신을 적절한 목표로 이끌어주기 때문이다. 목표를 찾으면 자신의 에너지를 적절하게 사용할 수 있다. 자연스럽게 동기부여가 되고 목표에 집중할 수 있다. 그리고 이런 것들이 모여 다시 목표 달성의 가능성을 높인다.

하나 혹은 그 이상의 목표를 정의하려고 진지하게 노력한다고 해서 그 목표에 영원히 매달릴 필요는 없다. 포기하지 않는 한 목표를 바꾸거나 수정하는 건 문제될 게 없다. 목표라고 해서 다 좋은 목표는 아니다. 목표는 공식처럼 명확해야 하며 가급적 종이에 쓰는 게 좋다. 목표를 정할 때 무엇보다 중요한 것은 그 목표가 당신에게 강렬한 감정을 불러일으켜야 한다는 점이다. 좋은 목표는 그 목표를 떠올리기만 해도 동기부여가 돼야 한다.

그렇다면 좋은 목표는 어떻게 찾을까? 이 점을 궁금해 하는 사람이 많다. 앞에서 다룬 주제들이 이 질문과 직결된다. 자기 삶을 어느 정도 거리를 두고 바라보고, 자기가 중요하게 생각하는 가치가 무엇인지, 어떤 욕구가 있는지 정의하고 나면 자기에게 가장 좋은 목표를 정하기가 훨씬 쉽다. 정한 목표가 당신에게 도움이 되는지 판단하려면 그 목표가 당신에게 끊임없이 동기부여를 하는지, 일상에서 다르게 행동하도록 이끄는지를 보면 된다.

좋은 목표는 그 목표를 생각만 해도 기분이 좋아져야 한다. 좋은 목표는 당신에게 동기를 부여해야 한다. 좋은 목표는 일상에서 당신이 올바른 결정을 더 쉽게, 더 많이 내릴 수 있게 해야 한다! 좋은 목표는 당신이 되돌아갈 다리에 불을 지르고 앞에 있는 목표에만 집중할 수 있게 해야 한다!

J. R. R. 톨킨의 3부작 《반지의 제왕》에서는 주인공 프로도에게 임무가 주어진다. 그의 목표는 명확하다. 사우론의 절대반지를 오로드루인까지 가져가 애초에 그 반지를 탄생시킨 펄펄 끓는 용암에 집어던지는 것이다. 반지를 파괴하는 방법은 그 길뿐이다. 대안은 없다. 그 임무는 프로도만 완수할 수 있고, 그것도 프로도 혼자 해내야 한다. 그가 임무를 성공적으로 완수하면 세상은 구원받는다. 실패하면 멸망한다. 프로도의 목표는 명확하고 분명하다. 게다가 실패에 따르는 결과가 너무나 압도적이어서 그는 기꺼이 모든 것을 희생할 각오가 돼 있다. 한편 그 목표로 난 길은 길고 험난하다. 평화를 사랑하는

작은 호빗족이 감당하기에는 너무나 벅찬 위험과 놀라운 일투성이다. 그가 최종 목표에 도달할 수 있을지 어떨지는 그가 내려야 할 크고 작은 결정들에 달렸다. 프로도 이야기는 목표 지향적 사고의 훌륭한 본보기다. 한 가지 목표에만 집중하고 늘 자기 자신에게 그 목표를 상기시키는 게 얼마나 중요한지를 잘 보여준다.

목표를 향한 여정을 지나치게 단순화한 책이 너무 많다. 생각만 열심히 해도 꿈이 이루어진다는 식의 책들 말이다. 나는 그런 말을 믿지 않는다.

그런데 그런 책들이 제대로 짚어낸 핵심이 한 가지 있다. 당신이 얻은 결과는 당신이 집중한 대상과 상관관계가 있다는 점이다. 뻔하게 들리겠지만 우리는 이 뻔한 사실을 너무 쉽게 잊는다. 가령 어떻게 하면 수입이 늘지, 어떻게 하면 날씬해질지, 어떻게 하면 더 뛰어난 금융 분석가가 될지 궁리하는 데 에너지를 쏟았을 때 얻는 결과는 최악의 상황이 두려워서 아무것도 하지 못할 때 얻는 결과와 완전히 다를 것이다. 이는 자기가 무얼 할지 아는 것이 중요한 이유 중 하나다.

목표 수립은 생존의 시작이다

비즈니스 업계는 목표를 정하는 데 선수다. 회사는 구체적인 목표를 정해야 한다. 그래야 자원을 효율적으로 사용하고 적절한 곳에 에너지를 쏟을 수 있기 때문이다. 구체적인 목표만 정하는 게 아니다. 어떻게 해야 그 목표에 도달할 수 있는지 알려주는 전략과 계획도 세운다. 회사는 경쟁 업체들을 분석하고 영업활동을 펼치는 시장을 평가한다. 그리고 그들이 바라는 목표 매출액, 성장률, 흑자, 시장 점유율을 명시적으로 정한다. 사실 회사의 고위급 관리들은 앉아서 이런 문제를 논의하는 데 많은 시간을 보낸다. 최종 결정을 한 뒤 사업의 성장 목표를 문서로 남기기 위해서다.

회사가 목표를 구체적으로 정하면 그 효과는 직원들과 직원들의 업무방식에까지 미친다. 그것이 일상적인 업무에 변화를 일으키고, 그 변화가 다시 온갖 수많은 작은 결정에 영향을 미친다. 목표가 무엇인지 알고 있기 때문에 이번 달, 이번 주, 오늘 반드시 그 일을 해야 하는 것이다.

1998년, 크베네르 사 CEO로 취임한 셸 알름스코그는 비용 절감의 필요성을 힘주어 강조했다. 나는 이게 크베네르의 수많은 직원들 태도에 서서히 영향을 주었다고 생각한다.

사업의 초점과 경영진은 사람들이 흔히 생각하는 것보다 더 많은 영향을 직원들에게 미친다. 경영진이 직원들에게 비용 절감의 필요성을 끊임없이 전달하면 그것이 결국 현금 흐름에까지 영향을 미친다.

비즈니스 업계는 분야를 막론하고 경쟁이 치열하다. 어떤 기업이 빈번하게 벌어지는 이런 작은 경쟁에서 승리하려면 직원들이 좀 더 열심히 일해야 한다. 그런데 가령 당신이 다니는 회사가 비용 절감을 강조한다면 당신은 고객을 상대할 때 당신도 모르게 비용 절감을 중요시하는 태도를 내비칠 것이다. 다른 기업들에 비해 우위를 점하려면 동기와 태도를 가장 우선시해야 한다. 크베네르의 경우, 그들이 강조하는 비용 절감이 실제로 고객이 의사 결정을 내리는 순간에도 영향을 미칠 것이다.

7년 전 셸 잉게 뢰케가 크베네르의 CEO를 맡을 당시 그의 가장 큰 관심은 수익 창출이었다. 그리고 수익 창출이라는 그의 관심이 직원들과 고용주 양쪽 모두의 태도에 셸 알름스코그 때와 완전히 다른 영향을 미쳤음은 물론이다. 그것은 모든 계층, 모든 상황에서 직원과 고용주의 덕성에 반영되었다.

집중하는 대상을 더 많이 얻을 것이다.

완전 경쟁 시장인 비즈니스 업계에서의 생존은 여기에 달려 있다. 하지만 개인들은 좀처럼 이런 식으로 생각하지 않는다. 나는 이따금 목표가 없거나 심지어 나쁜 목표를 추구하는 최고 수준의 운동선수가 얼마나 많은지 깨닫고 깜짝 놀라곤 한다. 개인으로서 우리는 넓은 관점에서 자기 삶을 바라보는 일이 거의 없고, 명확한 목표도 없으며, 따라서 목표 달성에 필요한 전략도 없다. 그저 강물에 떠내려가듯 되는 대로 흘러간다. 가다가 바위에 머리를 부딪치면 외친다. "아야!" 그리고 다시 계속 떠내려간다. 강가로 헤엄쳐 땅으로 올라가 상황을 판단하고 더 나은 경로를 찾는 것이 전혀 어렵지 않은데도 말이다.

진심으로 이 훈련을 하고 싶다면 시험 삼아 자기를 회사라고 가정해보라. 따로 이사회 회의 시간을 정하고, 회사 발전을 위한 제안서를 작성하고, 목표를 공식화하고, 전략적으로 계획을 수립하는 거다. 장담컨대, 그 모든 게 얼마나 분명하게 정의될 수 있는지 깨닫고 나면 깜짝 놀랄 것이다. 또 한 가지! 자신의 비전 선언문을 만들어라! 선언문을 만들면 훌륭한 목표와 그 목표 달성에 필요한 단계를 정하기가 한결 수월해진다.

좋은 목표는 당신을 흥분시킨다

목표가 얼마나 훌륭한 지는 그 목표가 당신에게 미치는 영향력이 어느 정도인지로 판단할 수 있다. 좋은 목표는 그 목표를 생각하는 것만으로, 머릿속에 그리는 것만으로 당신을 행동하게 만들어야 한다. 접근하기 쉬워야 하며, 크든 작든 결정을 내려야 할 때 언제든지 기준으로 삼을 수 있어야 한다. 정신이라는 배낭 안에 늘 가지고 다니면서 피곤함을 느낄 때 쉽게 꺼내 쓸 수 있어야 한다. 그 목표를 떠올리면 올바른 결정을 더 많이 내릴 수 있어야 한다. 당신이 내린 결정이 올바르지 않다면 목표가 잘못된 것이다.

좋은 목표는 목표에 도달하는 과정 그 자체로 기분이 좋아야 하며, 거기에 포함된 수많은 작은 단계에서도 좋은 기분을 느낄 수 있어야 한다. 최고가 되려면 자기 일을 사랑해야 하는 이유도 바로 이것이다. 자기 분야에서 목표를 달성하는 동안은 반드시 멋진 기분이어야 한다.

좋은 목표는 그것을 달성하는 동안 당신이 해결해야 할 도전 과제들을 던져준다. 그리고 그 과제들을 해결하고 나면 기분이 더 좋아진다. 애초에 목표 달성이 만만치 않을 거라고 예상했다면 단순히 재미있을 거라고 생각했을 때와 전혀 다른 방식으로 그 도전에 임할 것이다. 목표를 달성하는 과정이 쉬울 거라고 기대한다면 당신이 세운 목표는 썩 바람직한 것이 아니다. 쉬운 목표를 달성하는 것도 대단하지 않냐고? 전혀 아니다.

사람들이 이야기하는 꿈은 거창하거나 비현실적인 경우가 많다. 나는 큰 꿈에 반대하는 게 아니다. 꿈은 커야 한다. 다만 나는 그 꿈이 현실에 뿌리를 내리게 하는 데 관심이 더 많을 뿐이다. 당신은 당신의 꿈을 운용하고 그것을 실현시킬 방법을 분석해야 한다. 하지만 그렇게 하는 개인은 극히 드물다.

우리가 생각하는 꿈은 더 나은 것에 대한 막연한 이미지에 가깝다. 가령 '난 더 나은 사람이 될 거야.' '더 뛰어난 리더가 될 거야.' '돈을 더 많이 벌 거야.' '뛰어난 선수가 될 거야.' '친구나 가족과 시간을 더 많이 보낼 거야.' 같은 식이다. 사람들이 이야기하는 꿈은 '내 꿈을 이루려면 어떻게 해야 하는가?'처럼 운용할 수 있는 형태인 경우가 드물어서 대개는 무언가 더 나은 것에 대한 모호한 이미지로 남는다. 그러나 목표는 구체적이고 간결해야 한다. 게다가 멋있어야 한다. 좋은 목표는 그것을 향해 가는 당신이 너무 즐거워서 마치 눈부신 빛을 발하는 것처럼 보이게 해야 한다. 목표를 달성하는 것 외에는 바라는 게 없게 만들어야 한다. 감정을 일으키지 못하는 목표는 효과를 결코 발휘하지 못한다. 감흥이야말로 키워드다. 전구에 불이 켜지듯 마음속에 무언가가 딸깍 켜져야 한다. 이 경험을 하고 나면 맨 먼저 일상적인 의사결정 과정에서 변화가 찾아올 것이다.

나한테 "당신에게 맞는 새로운 목표를 찾으세요."라는 과제를 받은 뒤 다시 날 찾아온 국가대표팀 선수를 결코 잊지 못한다. 그는 얼굴에 행복이 가득하고 열정과 웃음이 넘쳤다.

"그거 알아요, 라르센? 난 새 목표를 찾았어요! 이제 내가 할 일은 세계 챔피언이 되는 거예요. 올림픽에서 금메달을 딸 거고 역사상 가장 뛰어난 선수라는 평판을 얻을 거라고요!"

그는 얼굴에 웃음이 가시지 않았고, 한껏 흥분한 듯 말이 빨랐다. 그는 전에는 이런 걸 생각조차 해보지 않았고, 기대도 적당히 하는 편이었다고 말했다. 그러나 최고가 되기를 원하는 사람에게 적당한 건 있을 수 없다! 며칠 동안 그는 새로운 목표를 모색했고 그것만으로 벌써 일상에 변화가 나타났다. 그가 하는 모든 일의 질이 몇 퍼센트씩 향상되었다. 놀랍게도 이 선수는 여섯 달 뒤에 세계 선수권 대회에서 메달을 거머쥐었다. 지금 그는 다음 올림픽에서 최고의 영예, 금메달을 목표로 훈련에 매진하고 있다!

2년 전에 만난 어느 기업의 한 총무는 자기에게 목표가 너무 많다고 털어놨다. 그녀는 좋은 엄마가 되고 싶고, 좋은 아내도 되고 싶고, 건강도 지키고 싶고, 일도 잘하고 싶어했다. 즉, 무엇보다 생활의 균형이 중요했다. 그녀는 어느 분야에서든 포부를 크게 갖는 걸 불편해

했다. 그리고 대단히 만족스러운 삶을 살고 있었다. 다만 업무가 약간 단조롭고 지루하다는 사실은 인정했다. 하지만 직업을 바꾸고 싶지는 않았고, 일을 더 열심히 하거나 중대한 변화를 주고 싶지도 않았다. 그녀는 자기가 몇 년 동안 해온 그 일이 자신의 열정을 쏟을 만큼 도전적이라고 느끼지 않았다.

나와 면담을 몇 번 한 뒤에 그녀는 자기 목표들을 고수하기로 결심했다. 다만 거기에 하나를 덧붙였다. 회사 전체에서 가장 친절하고 긍정적인 동료가 되는 것, 바로 이 목표였다. 그녀는 자기가 개인으로서 성장하기를 원했다. 총무로서의 자신은 약간 지나치게 겸손하고, 융통성이 없으며, 위축되어 있다고 느꼈다. 그녀는 자기 일을 하면서도 회사 내부에 훨씬 큰 기여를 할 수 있었다. 총무라는 자리는 그 회사의 수많은 핵심 인물들을 빈번히 만나는 위치였다. 따라서 그녀는 그 사람들을 최대한 친절하고 긍정적으로 대함으로써 회사 전체에 영향을 미칠 수 있었다.

이 사실을 깨달은 그녀는 자기 업무에 헌신할 의미, 주위 사람들을 웃음으로 대하고, 더 칭찬하고, 더 격려할 의미와 동기를 찾았다. 그녀는 제일 친한 사람들에게 긍정적이고 명랑하게 말을 건네는 일부터 시작했다. 이제 그녀는 자신을 좀 더 외향적인 여성, 낙관적이고 긍정적인 기업 문화와 주위 환경에 크게 기여하는 사람으로 성장했다고 느낀다.

감정을 일으키지 못하는 목표는 무용지물이다.

중요한 건 뭐든 어중간하게 하면 실패한다는 것이다.
인생은 단 한 번뿐이고, 세상엔 죽기 살기로 덤비는 사람이 수두룩하다.

실패 따위가 두려워서 인생을 낭비한다니.

운동선수와 기업의 관리자. 나는 이 두 부류에서 모두 이 말의 무게감을 느낀다. 이겨내야 할 무언가, 밤에 잠들기 전, 아침에 눈뜨자마자 생각해야 할 무언가를 발견하면, 그 무언가가 우리에게 내재된 동기와 타고난 능력을 자극해 더 올바른 선택을 하게 만든다.

그 무언가, 좋을 때나 나쁠 때나 스스로 얻기 위해 노력하고 고군분투하게 만드는 그 무언가를 발견하는 게 핵심이다. 일단 목표가 생기면 올바른 결정을 하는 것이 재미있는 일이 된다. 늘 끌려다니는 기분으로 하던 일이 쉽고 재밌는 일로 변한다.

난관은 목표를 달성하는 과정의 일부이자 해결해야 할 문제일 뿐이다. 난관에 부딪혀 기분이 좋지 않을 때조차 그 난관은 긍정적인 경험이 된다. 당신이 세운 멋진 목표에 한 발짝 다가가게 해주기 때문이다. 소위 잘 나간다는 사람 아무나 붙잡고 난관을 어떻게 이겨내는지 물으면 아마 그 사람은 당신이 뭘 묻는 건지도 이해하지 못할 것이다.

마이클 조던이 자기가 불행한 삶을 산다고 생각할 것 같은가? 페터 노르투그가 다른 사람들이 여름휴가를 즐기는 동안 늪지를 달리며 훈련을 하는 게 어리석은 일이라고 생각하는 것 같은가?

다시 한 번 강조한다. 좋은 목표는 늘 구체적이다. 부자가 되겠다는 목표와 1억 달러 가치의 재산을 모으겠다는 목표 사이에는 엄청난 차이가 있다. 목표가 구체적일수록 계획을 세우기가 쉽다. 또한 목표는 그것을 달성했다는 사실을 명확히 알 수 있어야 한다. 1억 달러 가치의 재산을 모으려면 어떻게 해야 할까? 일에서 더 만족감을 느끼려면 어떻게 해야 할까?

　목표는 간결하고 구체적으로 세워라. 그리고 되도록 종이에 적어라. 종이에 적은 목표는 자기 자신과의 계약서나 다름없다.

　구체적으로 목표를 세우면 현재에 충실하게 살 수 없다고 생각하는 사람들이 있다. 하지만 사실은 오히려 그 반대다. 구체적인 목표는 당신이 장기적으로 무엇을 상대로 싸워야 할지 알려준다. 뿐만 아니라 현시점에서 당신이 하고 있는 일이 목표 달성을 위해 중요한 가치를 지닌다는 사실도 알려준다. 즉 평범한 하루, 매일, 매 순간의 가치가 높아지는 것이다.

　그걸 생각할 때마다 감흥을 일으키는 좋은 목표가 있으면 올바른 선택을 저절로 더 많이 하게 된다. 난 그렇다고 확신한다. 당신이 지금 싸우고 있는 대상을 알면 올바른 선택을 하기가 더 쉽다. 일정 기간에 걸쳐 목표 정하기 훈련을 하고 나면 점점 자신감이 생기면서 이런 생각을 하게 될 것이다.

　'난 알아. 난 해낼 거야. 내가 목표를 달성한다는 걸 확신해.'

대담한 목표는 삶의 태도를 바꾼다

고객이 좋은 목표를 정의하도록 도울 때 난 고객에게 그가 최고라고 느꼈던 순간을 떠올려보라고 한다. 어떤 상황이든, 혹은 어떤 시기든 마치 천국에 있듯 사방이 빛으로 가득하고, 멋지고, 행복했을 때가 언제인가?

누구에게나 이런 기억이 한 번쯤은 있을 것이다. 그리고 대다수는 그런 순간이 무엇으로 이루어져 있었는지 잘 안다.

혼자였나? 아니면 다른 사람들과 함께였나?

오랫동안 씨름하던 복잡한 수학 문제를 풀었을 때였나?

무언가에 대해 좋은 피드백을 받았을 때였나?

드디어 어떤 기술을 통달했을 때였나? 그렇다면 그것은 어떤 기술이었나?

언제 마치 시간이 멈춘 듯한 기분을 느꼈나? '어휴, 벌써 시간이 이렇게나 됐어?'라고 할 만큼 시간 가는 줄 모르고 무언가에 몰두한 건 언제였나?

자신을 잊을 만큼 몰두했던 일은 무엇인가?

당신이 정말 잘할 수 있는 일은 무엇인가?

당신은 이미 당신이 원하는 모습이지만, 지금 느끼는 좋은 기분을 더 많이 느끼고 싶었던 때는 언제인가?

언젠가 이런 질문을 받은 적이 있다. "무한 능력을 지닌 신을 만났는데 그 신이 당신한테 지금부터 10년 동안 당신이 바라는 모든 것을 해주겠다고 한다면 뭐라고 답하겠는가?" 이런 과장된 질문도 유용할 때가 있다. 많은 사람들이 자기가 성취할 수 있는 목표에 한계를 정해두기 때문이다. 자기에게 적합한 목표를 정의하려면 일단 아무런 제한 없이 생각을 해보는 게 좋다. 맨 먼저 떠오르는 대답이 대통령이나 대기업 사장이 되는 거라면, 그 대답은 권력을 갖고 싶다거나 다른 사람들을 격려하고 동기를 부여하는 리더 역할을 하고 싶다는 의미일 수 있다. 영향력을 갖고 싶다거나 다른 사람들과 차별화되고 싶다거나 둘 다를 원한다고 풀이할 수도 있다. 이런 사실을 발견하는 과정 자체가 진정한 목표를 정의하는 좋은 출발점이다.

당신이 정한 목표가 당신이 가진 능력으로 달성할 수 있는 현실적인 목표라고 느끼는 것도 중요하다. 하지만 처음부터 그렇게 생각하면 절대 안 된다. 목표는 처음에는 비현실적인 것 같아도 한동안 고민하고 생각을 발전시킨 뒤에는 그렇게 비현실적이지 않다고 느껴져야 한다.

좋은 목표는 처음에는 약간 불가능한 일 같아야 한다. 그런 목표라야 달성했을 때 만족감을 느낀다. 어떤 테니스 선수의 목표가 세계 50위 안에 드는 거라면 그 선수는 자기보다 실력이 뛰어난 마흔아홉 명의 선수가 있다고 가정한다는 의미다. 왜 그 마흔아홉 명이 나보다 뛰어나야 하는가? 뭐가 더 잘나서? 국가대표팀 합류가 목표라면 올림픽 챔피언이 목표라고 말 못할 이유가 어디 있나? 직원이 50명인 회사 사장이 되는 것과 5만 명인 회사 사장이 되는 게 뭐가 그리 다른가?

수많은 운동선수가 세계 챔피언을 목표로 한다. 스포츠계에서는 과연 가능할까 의심스러울 정도로 야심찬 목표를 세우는 일이 아무렇지 않게 받아들여진다. 스포츠계에 멘탈 트레이닝이 도입된 시기는 비즈니스 업계에 비해 훨씬 앞선다. 어쩌면 기업체 사장에게서 세계에서 가장 인정받는 리더가 되는 게 꿈이라는 말을 좀처럼 듣기 힘든 이유가 이 때문인지 모른다. 세계 시장을 주름잡는 일류 기업이 되는 게 목표인 회사가 드문 이유도 마찬가지다.

어쩌면 톱클래스 운동선수들은 목표를 정하는 것도 더 잘하는 것인지 모른다. 2011년 노르웨이 홀멘콜렌에서 열린 세계 선수권 대회에서 메달을 딴 선수 대부분은 아마도 오래전부터 그 메달 획득을 목표로 꾸준히 훈련해왔을 것이다. 이러한 생각은 오게 스킨스타드 감독이 2011년 12월 겨울 크로스컨트리 스키 남자부 성적에 실망한 뒤 노르웨이 방송사 NRK 인터뷰에서 했던 주장과는 반대다.

"국가대표팀 합류는 그 자체로 강력한 동기를 부여합니다. 몇몇 선수들에게는 그게 주된 목표죠. (중략) 그런데 오히려 그게 약간 불안 요소입니다."

중요한 건 크게 생각하는 용기다. 도널드 트럼프에 대해서는 할 말이 많지만, 나는 80년대에 그의 자서전 《거래의 기술》을 읽고 '씽크 빅Think Big'이라는 개념에 상당히 매료되었다. 생각을 할 거면 크게 하는 게 낫다는 말이다. 생각을 크게 하면 행동도 거기에 영향을 받는다. 일상적인 일들을 다루는 방식도 달라진다. 다시 말하지만, 삶을 크게 보면 나보다 앞서 누군가 그 일을 해냈는데 나라고 못할 게 뭐 있냐는 자신감이 생긴다. 그리고 그 일을 하려면 어떻게 해야 할지 스스로 묻게 된다.

노르웨이에서 가장 존경받는 기업 관리자 중 한 명에게 이런 말을 들은 적이 있다. 규모가 작은 일을 처리하는 데 큰 일만큼 시간이 드는 경우가 많다는 것이다. 그는 큰 수익과 많은 위신을 가져다줄 대규모 프로젝트라고 해서 작은 규모의 프로젝트보다 반드시 시간이 더 많이 드는 법은 없다고 설명을 덧붙였다.

사관학교 시절 우리 생도들은 "불가능한 일은 없다."는 말을 귀 따갑게 들었다. 이 말을 하루도 빠짐없이 들으면 어떤 도전에 직면했을 때 이전과는 완전히 다른 방식으로 사고하게 된다. 좋은 목표도 이 말과 똑같은 효과를 발휘할 수 있다. 큰 목표, 흔히 말하듯 '크고 대담하며 도전적인 목표'를 세우면, 그 목표가 당신 앞에 놓인 도전을 대하는 당신의 태도를 바꿔놓을 것이다.

작은 목표들을 소홀히 하지 말라

목표를 종이에 명확하게 정의해놓는 사람은 극히 드물다. 하지만 운동선수들은 대부분 그렇게 한다. 가령 이런 식이다.

- 세계 선수권 대회 우승, 올림픽 금메달 획득
- 특정 시간, 높이, 길이, 무게에 도달하기
- 국내 선수권 대회 결승전 진출
- 국가대표팀 선발
- 완주

비즈니스 업계 사람들은 운동선수보다 목표를 명확하게 정의하기가 훨씬 어렵다고 주장할 것이다. 하지만 난 이 말에 강하게 반대한다. 물론 사업의 목표를 정하는 건 훨씬 복잡한 일일 것이다. 하지만 직원이 10명이든 1천 명이든 규모를 막론하고 성공적인 기업들은 하나같이 그들의 목표를 명확하게 정의해놓았다.

기업 관리자들과 작업했던 내 경험상, 그런 기업의 하위 목표들은 사업의 장기 목표와 연관되는 경우가 대부분이었다. 그들은 이사회와 경영진이 바라는 방향으로 사업을 이끌고, 거기에 적극적으로 기여하기를 원했다. 한 가지 덧붙이자면, 기업 관리자는 그들의 사업이 얼마나 멀리 뻗어가기를 원하는지에 대한 목표도 정해놓아야 한다.

나와 함께 작업했던 비즈니스 리더들의 목표 몇 가지를 예로 들면 이렇다.

- 세계에서 가장 존경받는 기업가가 되겠다.
- 제국을 건설하겠다.
- 우리 회사의 목표는 이 회사를 노르웨이에서 가장 일하기 좋은 직장으로 만드는 것이다. 나는 이 목표에 기여하기 위해 언제나 최선을 다하겠다.
- 열정 있는 직원들을 이끌어주고 그들에게 영감을 불어넣는 기업가가 되겠다.
- 완벽한 리더의 모습으로 꾸준히 진화할 것이다.
- 노르웨이에서 유례없이 논란이 되는 리더가 되겠다. 사랑과 증오가 공존하지만 실적만큼은 최고인 기업을 키우겠다.

단기 목표 한두 개로 효과를 보는 사람도 있고, 10년이나 20년짜리 장기 목표를 세우는 게 적합한 사람도 있을 것이다. 하지만 보통은 장기 목표와 단기 목표, 꿈과 비전 모두를 세우는 게 가장 효과적이다.

세계 랭킹 1위를 기록했던 미국 테니스 선수 안드레 아가시는 아침에 눈을 떠서 한 해 동안 네 개의 토너먼트 대회에서 전부 우승하는 일(그랜드슬램) 따위는 생각해본 적이 한 번도 없다고 말했다. 대신 이렇게 생각했다고 한다. '오늘 밤에 다시 침대에 누울 때 나 자신이 자랑스러울 거야.'

그는 의식적으로 매일 이 생각을 했고, 그 결과 매일 자부심을 느끼며 잠이 들었다. 한스 올라브 브레네르의 책 《글쓰기에 관하여 On writing》에는 라르스 소뷔에 크리스텐센의 소설 창작 방식에 대한 이야기가 나온다. 그는 스케일이 크고 내용이 복잡한 소설을 쓸 때는 책상 앞에 앉을 때마다 매번 이야기 전체를 생각하는 건 쓸데없는 짓이라고 언급한다.

그렇게 하는 건 정신적으로나 육체적으로나 불가능하다. 내가 늘 작은 목표들을 세우는 것도 그래서다. 난 '3년 동안 여기 꼼짝없이 앉아서 400페이지짜리 소설을 쓰겠어!' 따위의 생각은 안 한다. 그런 생각을 하면 생각만으로 질려서 아무것도 할 수 없다. 대신 나 자신에게 이렇게 말한다. '주인공이 일어났으니까 내가 옷을 골라줘야지. 그럼 주인공은 그 옷을 입고 계단을 내려가 거리를 걷는 거야. 어쩌면 길에서 누군가를 만날지도 몰라.'

소설 완성은 최종 목표다. 하지만 그 목표를 달성하려면 끊임없이 작은 목표들을 정하고 작지만 중요한 결정들을 내리며 차근차근 앞으로 나아가야 마지막에 커다란 하나의 이야기를 탄생시킬 수 있다.

비에른 데흘리의 목표는 세계 최고 크로스컨트리 스키 선수가 되는 것이었다. 그는 장기 목표 달성의 훌륭한 본보기다. 크로스컨트리 스키 세계 챔피언은 단기간에 달성할 수 있는 목표가 아니다. 물론 그에게는 하위 목표가 몇 가지 있었지만 그가 매일 반복되는 훈련 스케줄을 차질 없이 소화하고 아주 작은 것에도 집중력을 잃지 않았던 내적인 동기는 아마도 세계 최고의 선수가 되겠다는 장기 목표에 있었을 것이다.

마이크로소프트의 설립자 빌 게이츠가 이런 말을 할 때도 아마 비슷한 느낌 아니었을까? "내가 결승점을 정해놨다면 벌써 몇 년 전에 넘지 않았을까요?"

고객들은 나한테 이렇게 묻는다.

"목표에 도달하려면 어떻게 해야 할까요?"

내 대답은 이거다.

"새 목표를 정하세요."

맨체스터 유나이티드를 이끌었던 알렉스 퍼거슨 감독보다 목표를 많이 달성한 사람도 드물 것이다. 그는 2007년 프리미어리그에서 그의 아홉 번째 우승 트로피를 치켜들며 이렇게 말했다.

"다음 시즌이 기대됩니다. 어서 가야죠. 유럽 타이틀과 리그 타이틀을 다시 한 번 거머쥐는 순간을 어떻게 기다립니까!"

이렇게 묻는 사람들이 있다.

"목표를 구체적으로 정해서 불리한 점은 없나요?"

누구한테 이 질문을 하느냐에 따라 대답은 달라지겠지만 나한테 묻는다면 내 대답은 "없다."다. 힘들지 않냐고? 나만의 안전지대에서 나오는 게 고통스럽지 않냐고? 당연히 힘들고 고통스럽다. 하지만 모든 건 당신 태도에 달려 있다. 내 경우, 불편한 느낌이 들면 그건 내가 잘하고 있다는 뜻이라고 생각한다. 그리고 스스로 이렇게 말한다. "점점 불편한 느낌이 와. 고통도 심해지고. 다른 사람들은 대부분 여기서 포기하지. 하지만 난 계속 갈 거야."

희생할 각오도 없이 목표가 무슨 소용인가

좋은 목표는 당신에게 되돌아갈 다리들을 불태우라고, 무언가를 희생하라고 강요한다. 결과는 당신 몫이다. 노르웨이 최고 기업의 전문 변호사가 되고 싶다면 그건 뛰어난 변호사가 되기 위해 쏟아 부어야 할 시간을 최우선 순위에 둬야 한다는 의미다. 심지어 다른 일에 투자했던 시간까지 끌어와 전부 거기에 쏟아야 한다.

성과를 향상시키고 싶어하는 고객이 날 찾아오면, 우리는 머리를 맞대고 에너지가 새는 곳을 찾아낸다. 늘 아이들과 시간을 충분히 보내지 못해서 안타까워하는 리더는 그 안타까운 마음을 다루는 법을 배우거나 더 간단히 시간 내는 법을 배우면 된다.

수많은 기업의 리더들이 언젠가 아주 특별한 경험을 할 수 있는 지위에 오를 거라는 생각, 더 높은 연봉, 승진, 또는 국제 기업의 수장 같은 막중한 임무를 맡을 기회 같은 것에서 동기를 부여 받는다. 삶의 균형을 유지하기 위해 목표를 여러 개 추구하는 건 중요하다. 하지만 정말 거대한 목표를 향해 가는 사람은 곁가지 다리들을 불태워버린다. 나는 반드시 목표에 도달하기 위해 다른 것들을 기꺼이 희생하는 사람들을 열렬히 지지한다. 잊지 마라. 당신이 지금 하고 있는 일도 훨씬 더 잘할 수 있다. 목표를 추구한다고 해서 완전히 새로운 길일 필요는 없다.

언젠가 TV에 영국의 한 스타 기수 인터뷰가 나왔다. 그가 은퇴를 선언한 지 얼마 지나지 않은 때였다. 진행자가 그에게 은퇴해서 제일 좋은 게 뭐냐고 물었다. 기수가 대답했다. "드디어 음식을 마음껏 먹을 수 있는 거죠." 그는 프로 선수로 있으면서 한 번도 배불리 먹지 못했다고 설명했다. 경마에서는 체중이 대단히 결정적인 요인이기 때문이다. 그런 그가 오랜 경력을 끝내고 마침내 배불리 먹을 수 있게 된 것이다.

꿈이나 목표에 대해 이야기하는 사람은 많지만 결과를 받아들일 마음의 준비가 된 사람은 드물다. 목표를 정한 뒤 되돌아가는 다리를 많이 태우면 태울수록 목표에 더 집중하게 된다.

부동산 중개업계의 거물이 되는 데 고등교육은 필수 조건이 아니다. 가령, 당신이 부동산 중개업계의 거물이 되겠다는 목표를 세웠다고 하자. 그리고 열여섯 살에 고등학교를 중퇴하고 부동산 중개업자 조수로 취직한다고 해보자. 사람들은 대부분 당신이 고등교육을 받을 수 있는 중요한 다리를 불태웠다고 생각할 것이다. 하지만 반대로 당신은 부동산 중개업계의 거물이 될 기회를 높인 것이다.

이번에는 당신이 어떤 회사의 전문가, 가령 외환 딜러라고 가정해보자. 당신에게 리더 자리 제안이 들어왔다. 그런데 당신은 그 제안을 거절했다. 이 제안을 거절함으로써 당분간 같은 기회는 오지 않겠지만 대신 당신은 회사에서 가장 높은 수익을 내는 딜러가 될 기회를 높인 것이다.

당신은 운동선수다. 어릴 때 운동을 시작해서 공부할 기회를 불태워버렸다. 이제 당신은 운동으로 벌어들이는 수입에 더 많이 의지하고 운동선수로서 성공하기 위해 더 노력할 것이다.

모험가는 결혼을 하지 않거나 자식을 낳지 않기로 결심할 수 있다. 그런 것들은 그가 목표를 달성하기 위해 불태워야 할 다리이기 때문이다.

아니면 이런 식이 될 수도 있다. 당신은 지금 사업가로 한창 잘나가는 중이다. 지위도 확고하게 다졌다. 하지만 예술적 관심을 추구하기 위해 새 출발하는 길을 택한다. 이제 그의 예술적 관심은 새로운 목표가 되고, 운영하던 사업은 불태워버려야 할 다리가 된다.

과감하게 목표를 정하고 그 목표를 향해 모든 걸 내던지는 사람은 성공의 기회가 극적으로 치솟는다. 이를 잘 보여주는 예로 이 장의 결론을 대신하기로 하자.

1994년 여름, 아이오와 주에 사는 일흔세 살의 앨빈 레이 스트레이트는 뇌졸중으로 쓰러진 형을 만나기 위해 잔디 깎기 기계를 타고 약 547킬로미터를 달려 위스콘신 주에 간 일로 유명해졌다. 앨빈은 시력이 좋지 않아 운전면허를 취소당했다. 그가 운전할 수 있는 교통수단은 시속 5미터가 최고 속력인 잔디 깎기 기계가 유일했다.

데이비드 린치 감독이 앨빈의 이야기를 영화로 만들었다. 바로 영화 〈스트레이트 스토리〉다. 영화에서 우리는 앨빈과 그의 형 라일(극 중 이름) 사이에 해결하지 못한 문제가 있다는 사실을 알게 된다. 그들은 몇 년 동안 말을 하지 않았다. 그런데 지금 라일이 위독한 상태다. 앨빈은 몇 가지 문제를 고려한 뒤 잔디 깎기 기계를 타고 형에게 가기로 결심한다. 딸이 말도 안 되는 계획이라며 그의 앞을 막아서자 그는 이렇게 말한다.

"가서 형을 만날 거야."

앨빈 스트레이트에게는 목표가 있는데 그 목표를 달성할 수단은 잔디 깎기 기계뿐이다. 그는 망설임 없이 그것을 택한다.

여행길에 만난 여자가 묻는다.

"앨빈, 그 조그만 잔디 깎기 기계로 혼자 장거리 여행을 하는 게 무섭지 않아요?"

그러자 앨빈 스트레이트가 이렇게 대답한다.

"부인, 전 2차 세계대전 때 전쟁터 참호에 있었어요. 그런 내가 왜 아이오와 옥수수 밭에 있는 걸 두려워하겠어요?"

[멘탈 캠프]
"목표가 명확하면 시간낭비를 하지 않는다."

우리는 전 방위로 뻗어가는 비즈니스를 창조했다. 우린 더 크게 생각하고 싶었다. 내가 라르센으로부터 얻은 가장 큰 교훈은 자기가 어디로 가고 있는지를 정확히 알아야 하며, 그 결과를 받아들여야 한다는 사실이다. 목표를 가능한 한 명확하게 정의해놓으면 당장 해야 할 일이 분명해지기 때문에 쓸데없는 일에 시간낭비를 하지 않게 된다. 나 역시 구체적인 목표를 정하자마자 내가 원치 않는 모든 걸 팔아버려야 한다는 사실을 깨달았다. 그리고 팀에 있어서는 안 될 사람들을 내보냈다. 목표 달성을 위해 회사를 새롭게 탄생시킬 필요가 있었다.

— 트론드 프리고르 (프리고르 그룹 소유주 겸 관리자)

에릭은 사람들의 태도를 변화시킨다. 그런데 그 사람들은 그걸 조금도 희생이라고 여기지 않는다. 에릭이 특별한 이유가 바로 이거다. 한번 습관으로 자리잡은 태도는 고치기가 매우 힘들다. 그런데 그는 그렇게 힘든 일을 긍정적으로 바라보게 만든다. 다시 태어나기 위한 희생이 아니라 단지 노력을 좀 더 보태는 일이라고 여기게 한다. 자기 힘으로 얻은 성취감에서 동기를 얻게 하는 것이다.
　내가 생각하는 에릭의 가장 좋은 점은 그가 경영학 석사라는 점이다. 그는 기업의 생태계에 대해서 잘 안다. 덕분에 그와는 비즈니스에 관한 문제도 상의할 수 있다. 게다가 그는 군대와 스포츠, 두 분야 모두에서 확실한 경험이 있다. 나는 이 두 가지 중 어느 한 쪽의 경험도 없는 코치를 고용하는 걸 대단히 꺼리는데, 독특하게 그는 두 가지를 모두 갖췄다.

컨설턴트 비즈니스에서는 가외의 노력을 약간 더 들이는 것이 대단히 중요하다. 이 정도 수준의 컨설턴트 기업은 대부분 배경도 비슷하고 실력도 비슷하다. 때문에 중요한 입찰 경쟁에서 계약을 따내느냐 못 따내느냐가 아주 작은 차이로 결정되는 경우가 많다. 나는 에릭 같은 사람을 고용한 덕분에 준비를 좀 더 철저히 하고, 나의 에너지 수준을 좀 더 높이고, 모든 일을 좀 더 숙고하게 되었다.

컨설턴트 비즈니스에서는 어찌 보면 사소할 수도 있는 5~10퍼센트 비중의 문제들이 결정적인 역할을 한다. 따라서 항상 최선을 다하고 결정적인 순간에 잠재력을 최대한 발휘하는 것이 중요하다. 내가 에릭과의 작업 전망이 대단히 밝다고 생각하는 이유가 바로 이거다.

— **아담 이크달**(보스턴컨설팅그룹 노르웨이 지사장)
잡지 〈캐피탈〉 2011년 11월호 특집 기사 발췌

다른 사람들이 네가 할 수 없다고 말하도록 내버려두면 안 돼.
네게는 꿈이 있잖아. 넌 그걸 지켜야 돼.
사람들이 너한테 할 수 없다고 말하는 건 자기가 그걸 할 수 없어서야.
넌 원하는 게 있어. 가서 그걸 갖는 거야. 그러면 돼.

크리스 가드너가 아들 크리스토퍼에게
- 영화 〈행복을 찾아서〉 중에서

이제 당신은 삶을 넓은 관점에서 보고, 당신이 중요하게 생각하는 가치와 욕구를 분명히 찾았고, 명확하게 정의한 좋은 목표를 종이에 적었다. 그런데 정말 중요한 걸 빼먹었다는 생각이 들지 않는가?

맞다. 아직 마음을 굳히지 않았다.

44쪽으로 돌아가 로버트 프로스트의 시를 다시 한 번 읽어보자. 나는 처음 이 시를 읽을 때 '사람들 발길이 드문 쪽'이라는 구절을 보고 좁은 길로 가야 한다고 말하는 시인 줄 알았다. 시인은 분명 그 길을 택했다. 하지만 〈가지 않은 길〉이라는 제목을 보면 선택하지 않은 길에 대한 시라는 걸 알 수 있다. 난 이것 때문에 이 시가 옳은 길을 택하는 것에 관한 시가 아니라 단순히 길을 선택하는 문제를 다룬 시라고 믿었다.

시인은 갈림길에 섰고, 한쪽 길을 택한다. 결과가 아니라 선택 그 자체에 대해 이야기하는 것이다. 길의 끝이 어떨지는 마음을 정한 뒤에야 비로소 알 수 있다. 말하자면 의사결정 과정의 본질 안에 불확실한 결과가 포함되어 있는 셈이다. 결정에는 언제나 위험이 따른다. 만약 누군가 당신에게 사업만 시작하면 1억 달러의 수입을 보장하겠다고 약속한다면 그건 선택의 문제가 아닐 것이다. 물론 현실에서도 사업을 해서 1억 달러를 벌 수는 있지만 당신도 알다시피 결국 가진 걸 전부 날리고 파산할 가능성도 있다.

내가 공수부대원 선발 시험에 도전하겠다고 마음먹었을 때 내가 합격한다는 보장은 없었다. 나는 나 못지않게 열심인 사람들과 경쟁해야 했다. 거기서 내가 아는 건 그 경쟁에 도전하는 것이 나를 위해 옳은 선택이라는 사실뿐이었다.

일단 마음을 굳히면 틀림없이 자기가 내린 선택 때문에 행복해질 것이다. 바꿔 말하면 나중에 살다가 다른 선택을 했다고 후회하며 시간을 보내진 않을 거라는 얘기다. 우린 한 번 내린 선택은 좀처럼 후회하지 않는다. 후회는 오히려 선택을 하지 않아서 생기는 경우가 많다. 마음을 굳힌다는 게 어떤 의미인지 설명하기가 쉽진 않지만 결심에는 몇 가지 특성이 있다. 결심은 언제나 일련의 과정으로 시작되고, 보통은 그 과정에서 결심에 속도가 붙는다.

처음에는 탐색을 하겠지만 자신감이 커질수록 결심이 제 궤도를 찾는다. 모호한 개념이던 것이 점점 분명해지면서 속도가 붙어 마침내 결심의 모습을 갖춘다. 무언가를 결심한다는 건 자기 인생이 어느 정도 바뀔 거라는 의미이기 때문에 기대감도 생기고, 두렵기도 하고, 해방된 기분도 들 것이다.

매슈 사이드는 《베스트 플레이어》라는 책에서 농구계의 전설 샤킬 오닐의 사례를 들었다. 샤킬 오닐은 열일곱 살 때 어머니로부터 그의 삶을 완전히 바꿔놓은 말 한마디를 듣는다. 그는 농구 영재들을 위한 전국 훈련캠프에 참가했다. 자기 동네에서는 그의 실력이 최고였지만 캠프에는 전국에서 온 훌륭한 선수들이 많았고, 그들 대다수가 샤킬 오닐보다 뛰어났다. 그는 농구를 시작한 뒤 처음으로 자기가 NBA에서 뛸 수 있을지 의심이 들기 시작했다.

집으로 돌아온 그는 어머니에게 앞으로 농구를 계속할 수 있을지 모르겠다고 털어놓았다. 어머니는 아들에게 용기를 북돋우며 훈련을 더 열심히 하라고 말했다.

샤킬 오닐이 대답했다.

"지금 말고요. 나중에요."

그의 대답을 듣고 어머니가 말했다.

"'나중에'도 누구한테나 기회가 주어지는 건 아니란다."

이 말에 오닐은 머리를 한 방 얻어맞은 것 같았다. 그는 그 자리에서 온 힘을 다해 NBA에 입성하기로 마음을 굳혔다. 우리는 지금 그가 그때부터 열심히 노력한 덕분에 농구 선수로 성공했다는 걸 안다. 그것도 그 정도 수준으로 말이다!

모든 결심에는 감정이 결부되어 있다

　내가 정말 굳게 결심했는지는 어떻게 알 수 있을까? 내 경험상 결심은 예외 없이 감정적인 반응을 동반한다. 감정이 강렬할수록 마음을 단단히 먹었다고 확신할 수 있다. 사람들 생각과 달리 새로운 지식은 우리를 변화시키지 못한다. 살을 빼고 담배를 끊으려면 비만이 건강에 좋지 않다거나 흡연이 폐암을 유발할 수 있다는 사실을 머리로 이해하는 것만으로는 부족하다. 흡연이 건강에 해롭다는 사실을 모르는 사람은 없지만, 그래도 사람들은 담배를 계속 피운다. 타블로이드판 신문에서 더 능률적인 학생이 되는 법이나 매니지먼트 관련 서적에서 좋은 상사가 되는 법에 대한 글을 읽을 수는 있지만 그런 지식을 얻었다고 해서 그런 사람이 되는 건 아니다. 살면서 내리는 큰 결심과 선택에는 전부 감정이 결부돼 있다.

　어떤 주제에 관해 연구를 하기로 결심했다면 거기에는 분명 그 주제를 선택하도록 이끈 감정이 있을 것이다. 더 이상 뚱뚱하게 살지 않기로 마음먹었다면 거기에도 역시 어떤 감정이 결부돼 있을 것이다. 거물급 잠재 고객만 타깃으로 삼기로 결심했다면 쥐꼬리만 한 봉급으로 근근이 사는 평범한 삶에 질렸기 때문일지 모른다. 내년에는 훈련의 강도도 높이고 머리를 써서 더 영리하게 훈련하겠다고 결심할 수도 있다. 왜냐? 4등이라는 꼬리표가 지긋지긋해서, 아니면 과거에 언젠가 최고의 자리에서 맛본 기쁨을 다시 한 번 경험하고 싶어서다.

강연에서 나는 더 나은 버전의 자신이 되도록 꿈을 이루기 위해 도전하라는 말을 많이 한다. 그런데 그렇게 하는 데에도 감정이 결정적인 역할을 한다. 나는 잠재력을 더 발휘하거나 성과를 향상시키기 위해 무언가를 바로잡아야 하는 고객을 만나면 그들에게 감정을 일으키는 것이 멘탈 트레이너로서 내가 할 일이라고 생각한다.

대표적인 예가 어떻게 하면 뛰어난 관리자가 될지 고민하다가 새로운 아이디어를 얻으려고 강의에 등록하는 리더들이다. 하지만 그들이 강의를 다 듣고 회사로 돌아가도 달라지는 건 아무것도 없다. 강의는 지식을 가르치지 감흥을 일으키는 게 아니기 때문이다.

우리는 변화를 좋아하지 않는다. 변화는 고통스럽고 그 뒤에는 알 수 없는 것들이 따른다. 변화에 저항하는 것, 그것을 피하거나 지연시키는 게 인간의 본성이다. 그러니 변화에 필요한 힘을 만들어내는 유일한 방법, 변화를 촉발하는 지렛대는 감정, 감정에 호소하는 길뿐이다.

그렇다면 나는 고객의 감정을 어떻게 휘저어놓을까? 의도적으로 감정을 자극하는 것이다. 스포츠와 비즈니스 업계의 상당수 사람들은 좀처럼 모든 걸 걸겠다는 각오를 하지 않는다. 목표를 달성하기 위해 제대로 달려들지 않는다. 그러면서도 목표를 달성하기 바라고, 한편으론 목표 달성이 당신이 할 수 있는 가장 형편없는 일이기를 바라는 사람처럼 행동한다. 목표를 달성하겠다는 결심은 훨씬 강렬한 경험이다. 반드시 해야 한다! 다른 길은 없다!

이것이 내가 고객들에게 불러일으키려고 하는 결심의 감정이다.

새로운 지식은 우리를 변화시키지 못한다.

변화에 필요한 힘을 만들어내는 유일한 방법,
변화를 촉발하는 지렛대는 감정, 강렬한 감정뿐이다.

고객이 목표를 달성해야 하는 이유를 물으면 거기서부터가 출발이다. 자신이 변하기 전에는 결코 결과가 나아지지 않을 거라는 명백한 사실이 그 고객의 질문 속에 들어 있다.

고객이 최고의 기량을 지닌 운동선수라면 난 이렇게 말한다. "계속 이런 식으로 하면 몇 년이 지나도 지금하고 결과가 똑같을 겁니다. 그럼 당신은 최고 기록을 5위로 남기고 은퇴를 하겠죠. 원하는 게 그겁니까? 아니면 어떻게든 변할 준비가 됐습니까?"

살을 빼고 싶어하는 사람에게는 이렇게 말할 것이다. "지금 먹는 것처럼 먹으면 5년 뒤에는 어떻게 돼 있을까요? 틀림없이 10킬로그램은 불어 있을 걸요. 10킬로그램이요! 그 말은 지금보다 건강은 더 안 좋아지고, 활기도 없어지고, 심지어 끔찍한 기분도 더 심해질 거란 뜻입니다."

사람들은 가만히 있으면 대부분 게을러진다. 지금껏 그랬듯, 자신이 바라지도 않는 결과를 향해 흘러갈 뿐이다. 난 이 점을 이용해 고객이 짜증낼 만한 질문을 던진다. "변화가 일어나길 바랍니까? 아니면 그냥 지금하고 똑같이 흘러가길 바랍니까? 앞으로 남은 경력도 편한 것만 찾는 중간 관리자로 남고 싶어요? 정말 그게 당신이 바라는 거예요?"

마흔 살인 사람도 스무 살이었던 시절이 있었다. 뚱뚱한 사람도 날씬했던 때가 있었다. 게으른 사람도 한때는 활동적이었다. 환멸에 찬 사람도 한때는 기대와 배짱으로 가득했다. 하지만 시간이 지나면서 성공할 수 있다는 믿음이 꿈과 함께, 열정과 함께 점점 사그라진다.

당신은 자신도 모르게 한때 품었던 꿈과 세웠던 목표가 이젠 물 건너 가버렸다는 체념에 길들여진다.

사람들은 대개 결혼을 하고, 자식이 생기고, 특정 나이가 되면 좀 더 편안한 라이프스타일을 선호한다. 학창시절 결연했던 의지, 어릴 적 확고한 신념, 참여 정신, 봉사 정신은 다 어디로 가버렸단 말인가?

삶에 대해 품었던 이상과 꿈을 내려놓았다는 사실을 인정하는 건 어떤 느낌일까? 이젠 너무 늦었다는 걸 받아들이면 어떤 기분일까? 꿈과 이상을 포기하고 너무 늦었다는 사실을 깨닫는 건 어떤 심정일까? 바로 비통함이다. 눈과 귀를 닫고, 입을 다물고, 삶을 거부하는 마음 상태다. 비통한 심정에는 긍정적인 면이 하나도 없다. 비통함은 인간이 느끼는 모든 감정 중에 가장 비생산적이다. 내가 이런 얘기를 할 때 고객이 다음과 같은 반응을 보이면 난 혼자 속으로 씨익 회심의 미소를 짓는다.

"젠장, 당장 뭐라도 해야겠어요!"

내가 이런 식으로 자극하면 대다수 고객이 격한 반응을 보인다. 하지만 현재에 만족하는 고객에게는 이런 반응이 생겨나지 않는다. 그들에게 변화는 특정 대가를 치르거나 무언가를 희생할 수밖에 없는 일인 것처럼 여겨지기 때문이다. 그럼에도 내 경험에 비추어 보면, 자기 자신을 똑바로 마주하고 변화를 일궈내는 사람들은 대부분 그 희생을 기쁘게 받아들인다. 모든 걸 걸고 자신을 변화시킨 운동선수들은 성취감이 높아지고, 그것이 대단히 의미 있는 일이었다고 생각한다.

우리는 누구나 더 나은 내가 되고 싶어한다. 그리고 대부분이 그렇게 되려면 어떻게 해야 하는지 안다. 오늘 하루 어차피 이걸 해야 한다면 멋지게 하는 편이 낫다. 왜냐고? 그것이 나에게 성취감을 주기 때문이다. 그리고 성취감이라는 좋은 기분은 우리에게 동기를 부여하는 가장 핵심적인 요소이기 때문이다. 성취감과 의미감. 이 두 가지가 동기를 부여하는 가장 중요한 감정이다.

고통과 기쁨 사이의 쾌감을 즐겨라

변하는 건 언제로든 미룰 수 있지만 결심은 빠를수록 좋다. 때로는 작은 변화가 도움이 되기도 한다. 수많은 작은 변화가 쌓여 결국 소소한 것들이 개선된다. 그 다음엔 어떻게 될까? 그 소소한 발전을 즐길 수 있게 된다. 이 과정이 충분히 오래 지속되면 변화가 습관으로 굳어진다. 자기 발전이 습관이 되는 것이다.

변화에 착수하는 방법은 두 가지다. 조금씩 단편적으로 해나가거나 단번에 모조리 바꾸기로 결심하는 거다. 후자에 성공하려면 현재 상태에 진저리가 났거나 목표 달성에 대단한 만족감을 느껴야 한다.

고통 대 기쁨, 아니면 둘의 조합이다.

고통은 강렬한 감정이다. 레슬링 종목에서 노르웨이 선수들보다 러시아 선수들이 엄격한 식단을 지키며 하루 세 번 실시하는 강도 높은 훈련을 잘 소화하는 건 이 고통 때문인지도 모른다. 러시아에는 대안이 많지 않기 때문에 선수들도 자기가 성공하지 못하면 고통이 따른다는 사실을 잘 이해한다. 성공에 걸린 게 너무 많기 때문이다. 이런 관점에서 보면 노르웨이 레슬링 선수 욘 뢰닝겐이 매트 위에서 펼치는 경기는 정말 놀랍다.

고통을 얼마나 잘 다루느냐가 성공에 결정적인 요인이 될 수 있다. 젖산이 오랫동안 높은 수준으로 유지되는 가장 거친 스포츠, 가령 조정, 레슬링, 철인 3종 경기, 마라톤, 사이클 같은 종목의 선수들을 관찰해보면 이 말을 확실히 이해할 수 있다. 노르웨이인들이 그렇게 큰 고통을 감수하면서 그와 정반대되는 강렬한 기쁨을 맛본다는 사실은 정말 인상적이다. 그런데 좋은 느낌은 그 둘 사이의 간극에서 생겨날 때가 많다. 멘탈 트레이너로서 나의 임무는 변하고 싶은 거대한 욕구, 혹은 그와 맞먹는 정도로 현 상태를 피하고 싶은 거대한 욕구를 창조하는 것이다. 전혀 새롭진 않지만 욕구를 창조하는 작업은 커다란 도전이 될 수 있다.

최고 버전의 자신으로 사는 멋진 기분을 한 번도 경험하지 못하고 사는 사람들이 너무나 많다. 모든 걸 걸어야 하는 영역으로 발 한 번 못 들인 사람들이 너무 많다. 나는 당신이 그렇게 하도록 만들겠다. 나는 거기에 도전하겠다!

모든 걸 걸어라, 한번 해보라. 용기를 내라.
지옥 같은 한 주를 보내라!

여섯 시에 일어나고 열 시에 잠자리에 들어라. 한 주의 계획을 세우고, 건강한 식단으로 식사하고, 능률적으로 집중해서 일하라!

온몸으로 부딪혀라!

밤낮으로 훈련하라!

한 주 동안 최선을 다하고, 그 기분을 느껴라! 그 기분을 기억하라!

[멘탈 캠프]
"단 20분만에 생각을 뒤흔들다"

헤다 베른센은 어릴 때 스키 점프 선수로 자신의 스키 경력을 시작했다. 하지만 점점 텔레마크 스키의 매력에 마음이 끌렸다. 1997년, 그녀는 이 종목에서 처음으로 세계 챔피언 자리에 올랐다. 1999/2000 시즌부터는 알파인 세계 선수권 대회에 참가하기 시작했다. 이 대회에서 그녀는 10위권 안에 여섯 번 들었고, 2001년 세계 선수권 대회에서는 동메달을 땄다. 그리고 다시 스키 크로스로 종목을 바꿨다. 2012년 X-게임즈 대회에서는 스키 크로스로 은메달을 땄다. 또한 그녀는 노르웨이 선수권 대회 케이블웨이크보드와 웨이크스키 종목 메달 보유자다.

라르센을 만나기 전에도 나는 여러 멘탈 트레이너와 훈련을 했다. 하지만 그들이 나한테 하는 얘기는 내 현실에 맞지 않았다. 그 사람들 실력이 너무 뛰어나서였던 것 같다. 하지만 나한테는 그게 잘 통하지 않았다.

라르센은 이론은 제쳐두고 감정 이야기만 했다. 라르센 덕분에 나는 활력을 되찾았다. 다른 멘탈 트레이너들은 상위 목표와 하위 목표에 대해서 얘기했지만 그런 것들은 최고의 운동선수로서 내가 의지할 만한 에너지를 제공하지 못했다. 라르센의 관심은 내가 목표를 이해하고 좋은 기분을 느끼게 하는 데 있었다. 모든 것이 딱 들어맞았을 때 느끼는 그런 기분 말이다.

난 올림픽 전 가을 내내 목 부상에 시달렸다. 성적이 계속 나빠지고 있어서 겁이 났다. '올림피아토펜'은 나에게 4주 동안 준비할 시간을 주었다. 내가 해낼 수 있도록 모든 시설을 이용할 수 있게 최대한 배려했다. 그들이 나한테 보여준 신뢰는 나에게 너무나 큰 의미였다.

밴쿠버로 떠나기 전 주, 모두가 나한테 메달을 딸 거라고 격려했다. 하지만 그 말은 화만 북돋을 뿐이었다. 도무지 내가 해낼 수 있을 것 같지 않았기 때문이다.

그때 누군가 나에게 라르센을 만나보라고 귀띔을 했다. 그래서 그와 면담 약속을 잡았다. 면담에서 그는 마음을 가다듬을 때 몸이 어떻게 반응하는지 설명했다. 전쟁터에서 겪은 자기 경험을 들려주었다. 정말 생생한 이야기였다. 그때 그가 말했다.

"그런데 당신은 헤다 베른센 아닙니까!"

순간, 나도 생각했다.

'당연하지. 난 헤다 베른센이야! 난 뭘 어떻게 해야 하는지 안다고!'

그와 20분 동안 대화를 나눴다. 그리고 밴쿠버에서 메달을 따기로 결심했다. 운동선수로서 나는 언제나 결정적일 때 해내는 사람이었다. 그때는 단지 신념을 잃은 상태였을 뿐이다. 나에게 필요했던 건 나의 옛 자아를 되찾는 길을 발견하는 거였다. 그런데 라르센이 그 길을 찾았다. 그는 20분 동안 내가 어떤 사람인지 이해했고, 내가 생각하는 방식을 뒤흔들었다. 20분 만에 말이다! 그 20분은 내가 경험한 멘탈 트레이닝 중에 가장 효과적인 20분이었다.

출발하게 하는 힘이 동기라면,
계속 나아가게 하는 힘은 습관이다.

짐 루인(미국 육상 선수)

결심은 강렬한 경험이 될 수 있다. 결심을 하는 순간, 그 결정적인 삶의 터닝 포인트를 다룬 영화와 책도 적지 않다. 결심하는 순간의 마법 같은 기분이 계속 이어지는 건 아니지만 결심이 목표 달성을 향한 일련의 과정에서 가장 중요한 단계라는 사실에는 변함이 없다. 나는 결심 이후의 단계를 '진행 중'이라고 부른다.

이 단계에는 당신이 목표를 달성하기까지 견뎌내야 할 모든 날들이 포함된다. 영화로 치면 〈록키 발보아〉에서 주인공이 결전의 날을 준비하는 모습을 배경 음악과 함께 빠르게 보여주는 단계다. 2분 뒤, 장면이 결전의 날로 바뀌고 록키가 메디슨스퀘어가든에 준비된 링 위에 오르는 모습이 나온다. 그는 만반의 준비가 되어 있다. 하지만 현실에서 이 단계는 시간이 훨씬 오래 걸리고, 화려한 모습과는 영 거리가 멀다. 그리고 이런 의문들이 고개를 든다.

한번 마음먹은 것을 밀고 나가려면 어떻게 해야 할까?
시간이 지나도 그 정신을 이어가려면 어떻게 해야 할까?
보통 이 단계에서 일어날 수 있는 문제는 어떤 것들이 있을까?

이제야 진정한 여정이 시작되었다. 하지만 대다수 사람들이 이 단계에서 포기해버린다. 일정 기간 동안 내가 고객을 도와야 하는 것도 이 때문이다. 나와 멘탈 트레이닝을 하면서 동기를 잃지 않도록 적극적으로 돕는 것이다.

영화를 봤거나 누군가와의 대화에서 영감을 받았을 수도 있고 새해 다짐을 했을 수도 있다. 하지만 결심이 2주를 넘기지 못하고 흐지부지 됐다면 그건 당신이 했던 결심이 단호하지 않았거나 올바른 정신적 작용이 뒷받침되지 않았기 때문이다.

무엇이 당신을 계속 싸우게 하는가

실행 단계에 접어들었다면 넓은 관점에서 삶을 바라보는 작업을 한 주에 한 번 이상 자주 해야 한다. 당신이 추구하는 목표가 무엇인지, 무엇을 위해 애쓰고 있는지, 이루고자 하는 게 무엇인지를 자기 자신에게 상기시켜야 한다. 대부분의 사람들은 게으르다. 이런 일에는 신경 쓰지 않는다. 하지만 성공하고 싶다면 반드시 해야 한다.

침대 맡에 메모를 적어 붙여놓을 수도 있고, 평소에 차던 팔목이 아니라 다른 팔목에 시계를 찰 수도 있고, 신발 끈 색깔을 바꿔 맬 수도 있다. 영국 공수특전단sas의 모토는 "무모한 자, 승리하리라."다. 그들은 하루도 빠짐없이 이 모토를 상기한다. 심지어 SAS 상징 마크에도 새겨져 있다. 몇 년 전 코소보에서 SAS 22사단과 함께 연합 작전을 펼칠 때 어떤 대령으로부터 이 모토를 몇 달, 몇 년에 걸쳐 매일 되새기다보니 어느새 그들과 모토가 하나가 됐다고, 그들의 문화로 자리잡았다고 하는 말을 들었다. 그는 일상적인 결정을 할 때도 이 모토가 무의식적으로 영향을 미친다고 말했다. 훈련이나 임무 수행 중에 그에게 가장 중요한 건 대원들을 챙기고 임무를 완수하는 거였다. 그게 일의 순서였다. 언제나 그것이 목표였다. 그 목표가 새로운 명령이 떨어지기 전까지 매번 반복되었다.

자신의 목표를 되새기는 것이야말로 가장 중요한 일이다. 이것이 내 철학의 핵심이다. 자기 자신에게 목표를 상기시키지 않으면 언제가 됐든 안전지대로 돌아가는 것은 불 보듯 뻔한 일이다. 대부분의 사람들은 현재 자신이 좋아하는 일을 하면서도 충분한 동기를 얻는다. 하지만 누구든지 저 멀리에 있는 무언가를 위해 고군분투하며 특별한 열정을 얻을 수 있다. 언제나 올바른 선택을 하고자 하는 욕구, 스스로에게 자기가 진정 무엇을 위해 싸우고 있는지 상기시키려는 욕구, 목표 달성을 위해 세워둔 장기 목표와 단기 목표 사이를 오가며 균형을 잃지 않고자 하는 욕구. 당신은 이 모든 욕구가 조금 더 커져야 한다.

깜짝 놀랄 아이디어는 인내에서 나온다

사람들은 종종 자기가 1년 동안 한 일은 과소평가하면서도 10년 동안 한 일은 과대평가한다. 운동선수든 사업가든 마찬가지다.

육상 선수들은 한 해 달성해야 할 목표를 너무 높게 잡는다. 1년은 정말 빨리 간다. 자기 회사의 발전이나 경력에 욕심이 있는 사람이라면 자신의 바람에 비해 한 해가 얼마나 빨리 가는지 경험해보았을 것이다. 실행 단계의 핵심어는 인내다. 인내는 참고 견디는 힘이다. 끝까지 물고 늘어져서 자기 분야의 전문가가 되는 능력이다.

《베스트 플레이어》에서 매슈 사이드는 사람들에게 그들이 가장 잘할 수 있는 일을 할 기회와 시간을 주는 것이 얼마나 중요한지 역설했다. 그러면서 영국 정치계를 정반대의 예로 들었다. 영국은 전통적으로 장관을 자주 바꾸는 나라다. 그 나라에서 가장 현명하고 일을 잘할 것 같은 여성과 남성들이 자기에게 주어진 업무를 능숙하게 처리하는 데 필요한 지식을 쌓을 새도 없이 자리에서 쫓겨나는 것이다. 역대 영국 장관들의 평균 임기는 1.7년이다. 토니 블레어 정부에 오랫동안 몸담았던 존 리드는 7년 동안 부처를 일곱 번 옮겼다. 사이드는 이 사실을 꼬집으며 이렇게 덧붙였다. "그건 타이거 우즈가 골프, 축구, 아이스하키, 야구로 분야를 계속 바꾸는데, 그럼에도 그가 모든 분야에서 프로 선수로서 탁월한 기량을 발휘하기를 기대하는 것만큼 의미 없고 헛된 바람이다."

사람들은 대부분 잠재력을 최대한으로 발휘할 수 있을 만큼 충분한 시간 동안 인내심을 발휘하지 못한다. 그러나 10년 동안 집중력을 잃지 않고 한 분야에 열정을 쏟으면 그 분야에서 기하급수적으로 성장하는 자신의 모습을 발견할 것이다. 기하급수적으로 성장한다는 건 바꿔 말하면 처음에는 버겁고 힘들었던 일이 점점 쉬워진다는 의미다. 일주일에 나흘 일하고 성과가 그럭저럭 괜찮았던 사람이 이제는 이틀 일하고도 놀랄 만한 성과를 내는 것이다. 적게 일하고 더 좋은 결과를 내거나, 같은 양을 일하고 성과를 더 많이 얻는 이런 식의 효과를 보려면 오랜 기간 인내심을 갖고 집중력을 유지해야 한다.

당신이 과거 5년 동안 능력 있고 열심히 일하는 부동산 중개업자였다면 앞으로 5년은 여러 면에서 일이 더 수월해질 것이다. 부동산 중개업자로서 당신에게 필요한 지식과 네트워크를 이미 갖춰놓았기 때문이다. 논문을 쓰거나 회사를 설립하는 것도 마찬가지다. 무엇을 하든 일정 시간이 지나면 흩어져 있던 것들의 관련성이 보이면서 일을 훨씬 더 간단하고 즐겁게 할 수 있는 시너지 효과가 생긴다. 내가 경영학 석사 논문을 쓸 때도 마찬가지였다. 첫 해에 비해 마지막 해가 돌아오는 보상도 훨씬 많고 재미있었다.

부자들은 50대 이후에 부자라고 불릴 만큼의 재산을 모은 경우가 대다수다. 육상 선수라면 선수로서의 경력이 끝나는 마지막 해에 기술이 완성되는 결실을 맺을 가능성이 높다. 선수 경력 내내 꾹 참고 포기했던 여러 가지 좋은 것들에 대한 보상을 그제야 받는 것이다. 경쟁자들은 제 속도를 유지하지 못하지만 당신에게는 특별한 기술이 있다. 장기적인 안목으로 생각하고 만족을 지연시키는 능력은 삶의 모든 영역에서 대단히 중요한 가치다.

자동차 제조업체 도요타는 '끊임없는 기술 향상'이라는 모토 아래 오랫동안 자동차를 생산해왔다. 이 모토는 비즈니스에도 좋지만 개인들에게도 대단히 효과적이다. 더욱이 실행 단계 전체의 모토로 삼기에도 손색이 없다. 꾸준한 발전은 상당한 동기를 부여한다. 당신은 안전지대 밖으로 분연히 나와야 한다. 매주 조금씩 걷다보면 인내심이 길러지기 때문이다. 늘 새로운 방법과 새로운 기술, 새로운 복장을 시도하는 육상 선수들을 보라. 끊임없이 새로운 시장을 개척하는 기업들을 보라. 이들의 공통점은 조금 더 나아지기 위한 지칠 줄 모르는 열정, 세세한 것에까지 주의를 기울이는 태도, 발전을 향한 관심의 집중이다. 애플의 설립자 스티브 잡스는 경기 침체를 기회로 삼아 아이팟이나 아이튠즈 같은 새롭고 혁신적인 제품을 개발했다.

스웨덴 탁구계의 전설 얀 오베 발트너는 최고 중 하나로 손꼽히는 서브를 개발해 혁신을 일으켰다. 엄지와 집게손가락 사이로 라켓을 잡는 이 서브 방식은 공의 타격과 스핀에 굴곡성을 극적으로 증가시켰다는 평가를 받는다.

미국의 높이뛰기 선수 리처드 더글라스 포스베리는 열여섯 살 때 이미 새로운 높이뛰기 기술을 실험하기 시작했다. 그는 당시 대부분의 선수들이 사용하는 기술들이 너무 복잡하다고 생각했다. 그래서 자신의 오른쪽, 또는 바깥쪽에서 발 구르기로 힘차게 몸을 띄워 하늘을 바라본 채 머리를 시작으로 등 쪽으로 바를 넘는 새로운 기술을 개발했다. 그는 이 기술로 미국 올림픽 출전권을 딴 것은 물론 1968년 멕시코 올림픽에서 금메달을 따고 올림픽 신기록을 수립했다. 요즘 높이뛰기 선수들이 가장 많이 사용하는 기술이 바로 '포스베리 뛰기'다.

투포환 선수 패트릭 오브라이언은 올림픽 챔피언을 두 번 땄고 세계 신기록을 열일곱 번 갈아 치웠다. 그가 투포환을 놓는 새로운 방법을 개발하기 시작한 건 1950년대였다. 그가 개발한 기술은 투포환을 던지는 방향에서 등을 돌린 상태로 180도 회전하여 원을 그리며 몸을 움직여 그 가속도를 이용해 투포환을 던지는 방식이었다. 당시 선수들이 주로 사용하던 앞뒤로 움직이는 기술은 그렇게 효과적이지 않았던 게 틀림없다. 그가 그의 신기술로 세계 신기록을 열일곱 번이나 세운 것만 봐도 충분한 증거가 될 것이다. 게다가 오늘날 거의 모든 투포환 선수들이 그의 기술을 사용한다.

스포츠에서는 비슷한 사례가 무수히 많다. 1980년대 중반 한 발로 스키를 타기 시작해 크로스컨트리 스키 주법을 혁신한 미국의 빌 코크 선수를 생각해보라. 사실상 완전히 새롭고 훨씬 향상된 비행 방법을 개발한 스웨덴의 스키 점프 선수 장 보클로브는 어떤가.

위와 같은 사례들의 공통점은 새로운 아이디어들이 어떤 행위를 하는 과정, 즉 실행 단계에서 떠올랐다는 사실이다. 선수들이 경기를 하다가 문득 깨달은 것이 아니라 무수한 날 땀 흘려 훈련하면서 꼼꼼하게 계산해서 수없이 되풀이해 시도하고 연습하며 탄생한 것들이다.

나는 감히 이런 혁신적인 사건들이 스포츠계의 패러다임을 바꿨다고 단언한다. 철학의 개념을 빌려 말하자면, 어떤 지배적인 사고방식에서 다른 사고방식으로의 이행은 너무나 근본적이고 본질적이어서 나중에는 같은 상태로 남아 있는 게 아무것도 없다. 한동안 같은 길에서 어슬렁거리다가 어느 순간 완전히 새로운 방향으로 크게 도약하는 것과 비슷하다.

그런데 그런 아이디어들은 어디서 생겨나는 걸까? 퍼뜩 드는 생각은 마른하늘에 번개가 치듯 불현듯 아이디어가 떠올라 "유레카!"를 외치는 장면일 것이다. 하지만 그런 경우는 거의 없다. 아이디어는 결전의 그날 선보이는 '실행'과 마찬가지로 오랜 훈련과 실험 및 수정의 반복을 통해 서서히 발전한다. 그 증거는 스포츠나 비즈니스 어느 분야에서도 찾을 수 있다.

시련은 당신의 강인함을 보여줄 무대다

실행 단계에서 중요한 이슈는 시련이다. 시련은 어떻게 극복해야 할까? 내 생각에 시련은 맞이할 준비만 되어 있다면 더 강력한 동기부여가 될 수 있다. 준비가 되어 있는 사람은 완전히 다른 방식으로 시련에 맞설 거라는 얘기다. 앞서 말했듯 당신이 가진 주의력의 최소한 80퍼센트는 성공에 맞춰져 있어야 한다. 하지만 나머지 20퍼센트는 부정적인 상황에 대비하는 데 써야 한다. 최악의 상황에 준비가 되어 있다면 시련도 도전으로 느껴질 것이다. 도전 과제가 많을수록 의욕이 넘치고 자기가 더욱 열심히 하고 있다는 느낌이 들 것이다.

자기 스스로 추운 데 있는 걸 아주 잘한다고 말하는 공수부대원이 있었다. 그는 아주 불편한 무언가에 소질이 있는 셈이었다. 이런 식으로 생각할 줄 아는 사람이라면 시련을 대하는 태도도 완전히 다를 것이다. 어떤 의미에서 이 특별한 군인은 혹한을 기대할 텐데, 그건 자기가 다른 사람들에 비해 추위를 훨씬 더 잘 견딘다는 사실을 알고 있기 때문이다. 그 사실은 그에게 성취감을 주고 다른 사람들로부터 인정받게 해준다. 이처럼 시련을 즐기는 법을 혼자 터득하는 것도 충분히 가능한 일이다. 시련은 당신이 어떤 사람인지, 얼마나 강인한 사람인지 보여줄 수 있는 무대다. 이 무대를 즐기는 건 불가능한 일이 아니다. 이 무대에는 기회가 있다. 대다수가 무대를 보자마자 뒷걸음질 쳐서 놓치고 마는 그런 기회 말이다.

고통이 느껴질 때마다 속도를 늦췄다면 페터 노르투그는 크로스컨트리 종목의 최장 코스인 50킬로미터 대회에서 다른 선수들 뒤를 따르다가 마침내 파이널 스프린트에서 그들을 제치는 경험을 할 수 없었을 것이다. 그가 이 경험을 놓치지 않은 건 그동안 상당히 심한 고통을 견디며 열심히 해온 훈련 덕분이었다.

목표를 향해 가는 여정에서 당신은 언제나 내리막길을 예상하고 있어야 한다. 이 점을 잊지 마라. 기대는 감정을 크게 뒤흔들어놓기 때문에 목표 달성 과정이 쉽고 재미있을 거라고만 생각하다가는 어느 정도의 시련을 예상한 경우와 달리 의지가 크게 흔들릴 수 있다.

가령 당신이 외환 딜러인데 시장 전망이 밝고 당신이 하는 투자가 매번 성공적일 거라고만 예상한다면 실수를 저질렀을 때 감정적으로 크게 흔들릴 것이다. 반대로, 이성적으로 판단하고 실수를 저지른 상황에 미리 대비하면 그런 시련이 닥쳐도 담담하게 대처할 수 있다.

골프 선수는 스윙을 할 때마다 공이 전부 최적의 위치에 떨어지는 것은 아니라는 사실을 항상 염두에 두어야 한다. 그래야 공이 안 좋은 위치에 떨어져도 최적의 위치에 떨어지는 것만 예상했을 때와 전혀 다르게 대처할 수 있다. 안 좋은 상황을 예측하고 있으면 그런 상황이 닥쳐도 놀라지 않는다. 전 세계적으로 수많은 공수부대가 적을 공격할 때의 모토로 '빠르게, 공격적으로, 기습적으로'를 사용하는 건 우연의 일치가 아니다. 사람이 강렬하고 부정적인 방식으로 놀라면 두렵고, 무감각해지고, 멍해져서 저항할 의지를 잃는다. 그리고 이런 감정들은 갑자기 생겨날 수도 있고 서서히 커질 수도 있다. 어느 쪽이든 효과는 마찬가지다.

시련을, 적을, 힘든 시기를 예상하지 못한 리더는 그런 상황이 닥쳤을 때 그 모든 걸 예상한 리더에 비해 준비가 훨씬 덜 되어 있을 수밖에 없다. 그런데 시련은 반드시 닥친다. 어떤 고객들은 나한테 힘든 시기가 닥치면 오히려 의욕이 샘솟는데, 그 시기만 잘 넘기면 뭐든지 다 해낼 수 있을 거라는 생각이 들기 때문이라고 말한다.

한 예로 셀 잉게 뢰케는 일찍부터 사업가가 되기로 결심했다. 알래스카에서 세 번이나 파산을 했지만 이런 고난도 그를 포기하게 만들지는 못했다. 아니, 오히려 정반대였다. 그는 마음을 굳게 먹었다. 내리막길도 여정의 일부다. 그렇다면 내리막길이 나타나는 게 당연하지 않은가? 멘토나 스파링 파트너라면 자기가 코치하는 선수에게 어떤 상황에도 잘 대처하도록 준비시키지 않을까? 어쩌면 세 번이나 되는 파산 경험이 그에게 커다란 동기를 부여하지 않았을까? 그 경험이 사업 운용의 훌륭한 배움터였던 건 아닐까? 그 시련을 겪지 않았다면 과연 그가 지금처럼 성공적인 기업가가 될 수 있었을까?

리더들이 경험하는 가장 좋지 않은 경험 중 하나가 감원이다. 감원은 힘들고 어려운 결정이다. 하지만 리더가 하지 않으면 안 되는 일이기도 하다. 언젠가 당신도 감원을 해야 하는 날이 올지 모른다는 가정 하에 미리 대비하고 있으면 실제로 그런 일이 닥쳤을 때 최선의 감원 방식을 택하고, 회사를 나가는 직원들이 움츠러들지 않도록, 퇴사를 또 다른 기회라고 생각할 수 있도록 현명하게 대처할 수 있을 것이다.

치명적인 사고, 극한의 감정에서 깨닫다

1996년 2월, 나는 브루문달 집에서 24시간의 짧은 휴가를 보냈다. 다음 날 트란둠에 있는 부대 일정에 늦지 않으려고 새벽 4시에 차를 몰고 집을 나섰다. 그 차는 어머니한테 빌린 소형 르노5였다. 도로가 온통 빙판이었다. 나는 속도를 줄이고 천천히 나아갔다. 미네순드에 거의 다 와서 좌회전을 하는 순간이었다. 저쪽에서 버스 한 대가 빠른 속도로 나를 향해 미끄러져 왔다. 버스 옆면 전체가 나를 향해 똑바로 밀려오고 있었다. 차선 두 개를 완전히 가로막은 채였다. 순간 나는 큰 소리로 "이런, 젠……."을 외치며 재빨리 차를 꺾어 충돌을 피할 수 있을 만한 공간을 찾았다. 하지만 버스 때문에 어느 쪽도 여의치 않았다. 오른쪽은 가드레일, 왼쪽은 산비탈로 막혀 있었다. 브레이크를 밟을 타이밍도 놓쳤다. 나는 그냥 그대로 미끄러졌다. 충돌이 불가피하다는 걸 깨달았다. 버스가 덮치기 직전이었다. 나는 반사적으로 낙하산을 자동으로 펼쳐지게 해놓았을 때 취하는 자세를 잡았다. 다리를 몸통 쪽으로 바짝 당겨 양팔로 감싸고, 등과 목을 구부리고, 겨드랑이를 힘껏 밀어 올려 주먹으로 머리를 감싸는 자세였다. 정확히 충돌에 대비한 자세였다.

날카로운 금속성 굉음이 울렸다. 끔찍한 충돌이었다. 머리를 대시보드에 부딪혔지만 주먹이 그 사이를 가로막고 있었다. 몸 전체가 앞으로 쏠렸지만 안전벨트가 나를 지탱했다. 난 의식이 있었고, 생각할 시간도 있었다. 고개를 들었다. 내 쪽으로 되돌아오는 버스가 보였다. 빙판길에 미끄러진 그 커다란 버스가 내 차를 뒤로 쭉 밀어붙였다. 좀 전의 충돌로 내 차가 90도 돌아 있어서 이번 방향은 다른 쪽이었다. 나는 다시 같은 자세를 취했다. 버스와 또 한 번 충돌했다. 이번에는 머리를 왼쪽 창문에 부딪혔다. 그런 뒤 사방에 정적이 깔렸다.

몇 초 동안 그대로 앉아 있었다. 그리고 이내 다리, 허벅지, 배,

가슴을 토닥토닥 두드리며 몸 상태를 살폈다. 다친 데는 없는 것 같았다. 나는 산산이 조각난 유리창 밖으로 몸을 굴려 차에서 빠져나왔다. 문은 어딘가에 걸려서 열리지 않았다. 이상했다. 사고에 굉장히 잘 대처했다는 기분이 들었다. 나도 모르는 새에 이번 사고를 내가 잘 아는 혹독한 군사 훈련 상황으로 전환한 것 같았다.

'사고 현장을 확인해야 해.' 내 안전을 확인한 뒤 가장 먼저 떠오른 생각이었다. 나는 버스 안으로 들어갔다. 혼돈 그 자체였다. 곳곳에 아이들과 어른들이 앉아 있거나 서 있거나 바닥에 누워 있었다. 노르웨이의 산악지대로 스키 휴가를 보내러 온 덴마크 관광객들이었다. 다친 사람들이 많았다. 비명과 울음이 이어졌다. 몇 사람은 통로에 누워 있었다. 버스 운전기사는 사고 충격으로 완전히 넋이 나갔다. 아직도 핸들을 양 손으로 꼭 붙든 채 얼어붙은 표정으로 앞을 똑바로 응시하고 있었다. 내가 대시보드에 놓인 그의 휴대전화를 가리키며 좀 빌려도 되겠냐고 물었지만 그는 반응이 없었다. "제가 여기 상황을 정리하겠습니다." 버스 안쪽을 향해 내가 외쳤다. 건장해 보이는 성인 남자 둘을 가리키며 도로 양방향 교통을 통제해 달라고 부탁했지만 한쪽은 거절했다. 나는 하는 수 없이 다른 사람을 찾았다.

두 사람이 버스에서 내리는데 저쪽에서 목재를 가득 실은 트럭이 다가왔다. 승객들이 비명을 질렀다. 트럭이 브레이크를 거는 모습이 보였다. 다행히 트럭은 얼마쯤 다가오다가 버스 몇 미터 앞에서 멈춰섰다. 나는 구급 번호를 눌렀다. 맞는 번호가 기억나질 않았다. 아드레날린이 솟구쳤다. 소방서에 연락이 닿았다. 그곳에서 나를 긴급 구조대로 연결해주었다. 그들은 최대한 빨리 경찰과 함께 출동하겠다고 말했다. 승객들에게 응급처치를 하고 상태가 양호한 사람들에게 임무를 위임했다. 곧 경찰과 구급차가 도착했다. 경찰이 내 차를 가리키며 나에게 르노 승용차 운전자와 승객을 찾고 있다고 말했다. 차는 폐차 수준이었다. 그제야 나는 앞으로 고꾸라지며 내가 그 차 운전자라고 대답했다. 나는 바닥에 몸을 뉘였다. "선생님도 구급차를 타고 가셔야 겠는데요." 경찰이 말했다. 갑자기 아드레날린이 뚝 떨어지며 무릎과 가슴, 목, 머리에 통증이 느껴졌다.

심각한 부상은 아니었다. 스텐스비 병원에서 진찰을 받았다. 갈비뼈 두 곳에 금이 가고 가벼운 뇌진탕과 무릎에 찰과상을 입었다. 나는 다음 날 곧바로 퇴원했다. 심한 두통과 지독한 목 통증을 빼면 상태가 꽤 괜찮은 것 같았다. 두통과 목 통증도 며칠이면 낫겠지 싶었다. 며칠이면 사관학교로 돌아가 예전과 같은 생활을 계속하리라고 기대했다. 그런데 내 예상이 틀렸다. 그 사고 이후 1년은 내 생애 가장 힘든 한 해였다. 고통이 계속되며 하루 24시간 매일 나를 괴롭혔다. 나는 마지막 학기 훈련의 대부분을 빠져야 했다. 비록 내가 원한 방식은 아니었지만 공수부대원 증서를 받고 교육과정을 마칠 수 있었던 건 행운이었다.

적어도 한동안 나는 통증 때문에 군대를 떠나 있었다. 좀 더 평화로운 생활이 머리와 목 통증에 도움이 될 거라는 판단에서 내린 결정이었다. 대신 노르웨이 경영대학에서 석사과정을 시작했다. 통증 때문에 하루에 강의 하나도 겨우 들었지만 나중에는 그마저도 여의치 않았다. 고통이 너무 심해서 밖으로 나가 몸을 움직여야 했다. 연구 진도가 더뎠다. 집중하기가 너무 힘들었다. 아침에 눈 떠서부터 잠들 때까지 하루 종일 통증에 시달렸고 너무 아파서 잠도 깊이 들지 못했다. 늘 잠이 부족했다.

그런 상황이 몇 달이나 계속되자 정신적으로도 영향을 받기 시작했다. 활기를 잃었고, 매 순간 고통과 싸웠다. 연구 대신 친구들과 어울려 베르겐 거리를 쏘다니거나 잠을 자는 것으로 시간을 보냈다. 걸어다닐 때는 그나마 통증이 견딜만했다.

여자 친구가 떠났다. 의기소침해지기 시작했다. 영영 낫지 않는 건 아닌지 걱정이 됐다. 앞으로의 삶이 캄캄하게 느껴졌다. 성취감을 잃었고 어디서도 인정받지 못했다. 나는 아무것도 할 수 없었다. 단지 존재할 뿐이었다. 기분이 가라앉고 우울해지기 시작했다. 이따금 외부의 시선으로 나를 바라보았다. 조금도 원치 않는 삶을 살고 있는 젊은 남자가 보였다. 고통스러운 경험이었다. 존재하는 것 자체가 고통이었다. 고통이 너무 심해서 어두운 생각들이 떠오르기 시작했다. 어디서도 빛이 보이지 않았다.

병원 진료, 척추 교정, 물리치료, 대안요법까지 온갖 치료와 검사를 받았다. 안 해본 게 없었다. 심지어 나를 도울 수 있다는 전문가들을 만나려고 스웨덴, 미국, 호주까지 날아갔다. 하지만 어떤 시도도 통증을 없애주지는 못했다. 난 신념을 잃기 시작했다.

그러던 어느 날 아버지에게 전화가 걸려왔다. 아버지는 어떻게 지내냐고 물었다. 나는 사실대로, 너무 힘들고 절망스럽다고 대답했다. 바깥세상의 모든 걸 내려놓았다고 말했다. 아버지는 나를 이해한다고 했다. 나 같은 상황에 처하는 건 틀림없이 무척 힘든 일일 거라고 말했다. 우린 한동안 이런저런 대화를 나눴다. 그러다 아버지가 뜻밖의 말을 꺼냈다. 나중에 깨달았지만 그 말은 나에게 대단히 중요한 말이었다.

"에릭, 넌 지금 알맹이와 쭉정이를 구분해야 할 상황에 놓인 거란다. 지금이 바로 네 삶에서 네가 누구인지 보여줘야 할 때야."

결코 쉽게 꺼낸 말이 아니었을 것이다. 쉬운 걸로 치자면 나를 동정하고 안타까워하는 게 훨씬 쉬웠다. 하지만 아버지는 결연한 어조로 나에게 그렇게 말했다.

조금 신기한 일이었다. 같은 날 우연히 몇 년 동안 가족을 전부 알고 지낸 장관님과 대화를 나누게 되었다. 그도 나에게 어떻게 지내냐고 물었다. 나는 평소처럼 아무렇지 않게 대답했다.

"잘 지내죠."

"아니, 정말 어떻게 지내냐고?"

그가 다시 물었다.

나는 그의 얼굴을 보았다. 솔직한 대답을 원한다는 걸 알 수 있었다. 나는 앞서 아버지에게 했던 것과 똑같이 사는 게 힘들고 절망스럽다고 대답했다. 그런데 그는 또 한 번 예기치 못한 질문을 던졌다.

"매력적이지 않나?"

"매력적이라고요?"

내가 물었다.

"그래. 우리 안에 그렇게 많은 감정이 있다는 게 말이야. 그 다양성과 서로 대비되는 특성들이 정말 놀랍지 않냐고? 인간은 지고의 행복, 사랑, 기쁨, 성취감, 안전함부터 우울함, 슬픔, 좌절감, 두려움, 불운까지 온갖 감정을 느낄 수 있지 않은가."

난 깊은 생각에 빠졌다. 전에는 그런 식으로 생각해본 적이 단 한 번도 없었다. 이 두 번의 대화는 내 인생의 전환점이 되었다.

나는 조금씩 꾸준히 그 상황을 다른 각도에서 바라보기 시작했다. 나는 혹독한 시련을 겪고 있었다. 거기서 순식간에 나를 꺼내줄 즉효약 따위는 없었다. 하지만 이럴 때는 작은 변화가 시련을 이겨내는 최선의 방법이다. 주가 그래프하고 약간 비슷한데, 한참동안 하향 곡선을 그리던 주가가 어느 순간 하향세가 꺾이기 시작하고 어딘가에서 바닥을 친다. 그런 뒤에는 뚜렷하진 않지만 서서히 상승세가 시작되고 매일 오르고 내리기를 반복하며 약간의 적응기를 거친다. 그래도 전망은 긍정적이다. 이 적응기가 당신에게 희망의 불씨를 안긴 덕분이다. 이따금 나아질 거라는 기대를 품게 하는 그런 희망 말이다. 이제 밝은 곳으로 돌아가기 위해 싸울 힘이 생긴 것이다.

아버지는 이 상황을 알맹이와 쭉정이를 가릴 때라고 표현했다. 이 말이 내 가슴에 와 닿았다. 나는 아버지의 말뜻을 진지하게 고민했다. 아버지는 나만 시련을 겪는 게 아니라는 말을 하고 싶었던 거였다. 그 시련을 이겨내는 사람과 그러지 못하는 사람이 있다는 말을 하고 싶었던 거였다. 내 안에 잠들어 있던 경쟁심이 깨어나는 것 같았다. 아버지는 내 안에 무언가를 휘저어 놓았다. 그리고 내가 시련을 이겨낸 사람들 무리에 속할 거라고 말했다. 내가 고통을 이길 거라고, 시련을 거쳐 강인하게 거듭난 사람들 무리에 속할 거라고 용기를 북돋아주었다.

장관님은 그토록 다양한 감정을 느낄 수 있다는 게 얼마나 매력적인 일인지에 대해 이야기했다. 나는 그의 능청스러운 말에 웃음이 나왔다. 하지만 의기소침할 때마다 그의 말이 떠오르면서 '지금 지독하게 끔찍한 시간을 보내는 중'이라고 스스로를 다독일 줄 알게 되었다. 지옥과 천당을 오가듯 내가 경험한 감정들의 극한 대비에 대해 생각하는 게 놀라울 정도로 흥미진진했다. 나는 공수부대 사관학교에 합격했고, 사랑하는 여자 친구와 즐거운 시간을 보냈으며, 좋은 친구들과 자주 교류했고, 내 성과에 뿌듯해 했던 때가 있었다. 또 정반대 상황도 겪었다.

나는 내가 그렇게 다양한 감정을 경험할 수 있었던 게 행운이라고 여길 수 있을 정도가 되었다. 나는 이렇게 생각했다. '이건 아주 의미 있는 거야. 좋지도 않고 나쁘지도 않은 무덤덤한 인생을 사는 것보다는 인생의 굴곡, 좋은 기분, 나쁜 기분 모두 느껴봐야 삶이 더 단단하고 풍요로워지는 거 아니겠어!'

이 두 번의 대화가 하향 곡선을 그리던 나를 확실히 상승세로 돌려놓았다. 나는 더 자주 삶을 넓은 관점에서 보았고, 언젠가는 내가 죽는다는 생각도 더 자주 했다. 나는 내가 겪은 시련에 치열하게 맞선 근성 있는 사내로서 이 시기를 돌아보고 싶었다. 이보다 더한 상황을 극복하는 사람들도 있지 않은가. 나는 베트남 전쟁에서 적에게 포로로 잡혀 있던 미국인 이야기를 떠올렸다. 그는 1년 동안 지옥 같은 생활을 했다. 끔찍한 환경에서 음식도 거의 먹지 못한 채 끊임없는 위협과 숱한 고문을 이겨냈다. 나중에 그는 자신의 목표와 희망만을 바라본 덕분에 그곳에서 살아남을 수 있었다고 회상했다. 그의 희망은 언젠가 자유의 몸이 되는 것이었고, 그의 목표는 고향으로 돌아가 자기 집을 짓는 것이었다. 그는 매일 머릿속으로 벽돌을 한 장씩 쌓아올려 집을 지었다. 그는 그런 상황도 이겨냈다. 나라고 왜 이 고난을 이겨내지 못할까? 그가 백만 배쯤 더 나쁜 상황을 이겨냈다면, 나도 틀림없이 이 상황을 극복할 수 있다!

나는 현재의 내 모습을 결국 강인한 남자로 거듭날 나, 그리고 예전에 자신의 한계를 끝까지 밀어붙였던 나 자신과 비교하며 동기를 얻었다. 힘든 상황에도 불구하고 새로운 목표를 세우고 싶었다. 나 자신을 위한 구체적인 목표도 몇 가지 정했다. 대부분 훈련을 더 하거나 공부를 더 하는 것 같이 신체와 관련된 목표였다. 경영학 석사를 따는 것도 그중 하나였다. 경영한 석사는 나에게 상징적인 의미였다. 내가 이 목표를 달성했다는 건 결국 시련을 이겨냈다는 의미였기 때문이다. 두통과 목 통증 때문에 학생 신분으로 있는 건 가장 힘들고 어려운 도전이었다. 최종 목표는 이 모든 걸 겪고 나서 더 강한 내가 되는 것이었다. 먼 훗날 이 경험을 긍정적인 경험으로 돌아볼 수 있게 만드는 것이었다. 그리고 이 경험을 떠올렸을 때 과거와 현재의 엄청난 대비가 극명하게 보이면서 좋았던 기분이 더 좋아지게 만드는 것이었다. 이 시련이 좋아지기 시작했다. 나는 이기고 싶었다.

나는 11년 동안 경영대학을 다녔다. 그 여정은 생각보다 길고 힘겨웠다. 하지만 석사논문 성적을 알려주기 위해 학교에서 걸려온 전화를 받고 수화기 저편의 여자가 A라고 말하는 순간, 기쁨의 눈물을 쏟았다. 해낸 것이다!

지금 나는 사고 이후에 했던 내 경험들을 일상 업무에 활용한다. 그 경험을 하지 않았다면 지금의 나도 없었을 것이다. 사실 난 삶의 굴곡에 대해 많은 걸 배우고, 그 사이에서 행복과 좋은 기분을 느낄 수 있었던 걸 내가 누린 특권이라고 생각한다. 나에게는 그 시기가 짧은 적응기였던 셈이다.

이 이야기의 키워드는 기운내기와 예상하기다. 좋을 때는 누구나 좋은 사람이 될 수 있다. 만사가 술술 풀릴 때는 누구나 잘할 수 있다. 1등과 2등의 차이는 작은 차질이 생겼을 때 기운을 북돋는 능력으로 판가름 날 때가 많다. 운동선수는 부상을 딛고 좋은 성적을 내는 데서 동기부여를 할 수 있고, 사업가는 열악한 시장에서 성과를 거두는 것으로 동기부여를 할 수 있다. 누구나 경력의 어느 시점에서는 힘든 싸움을 겪기 마련이다. 그런데 그 싸움에 최선을 다하면 오히려 전보다 더 나아질 수 있다. 챔피언은 단련의 시간을 거쳐야 탄생하는 것 아닌가!

당신은 언젠가 반드시 힘든 시기가 닥칠 거라고 예상해야 한다. 더불어 그 시기를 머릿속에 그려보고, 계획을 세우고, 자기가 그 시기를 잘 극복하고 싶어한다는 사실을 가슴에 분명히 새겨야 한다. 당신은 어떤 사람이 되고 싶은가? 곧고, 강인하고, 창의적이고, 인내심 많고, '결코 꺾이지 않는' 사람이 되기를 원한다. 언제나 기운 넘치는 사람이 되기를 원한다. 이렇게 생각하는 사람이 되기를 원한다.

'다른 사람들 같으면 지금 포기할 거야. 하지만 난 포기하지 않아. 사람들 앞에 내가 누군지 보여주겠어. 좀 더 노력하는 거야. 고통과 절망이 몰려오는 지금, 난 내 안에 야수를 깨우겠어. 이건 알맹이와 쭉정이를 가르는 시험대야. 마지막까지 남는 사람이 승자가 되는 거야. 지금이 나의 본질, 나의 힘을 보여줄 절호의 순간, 절호의 시기, 절호의 상황이야. 이제야 알겠어. 난 내가 생각하는 것보다 더 많은 걸 감당할 수 있어. 이제야 깨달았어. 죽지 않을 정도의 시련은 나를 더 강하게 만든다는 사실을. 고통을 느낀다는 건 내가 앞으로 거둘 승리에 따라올 멋진 기분을 더 크고 멋지게 만들고 있다는 증거야. 지금이 바로 내 꿈과 목표에 대해 생각해야 할 순간이야. 나는 나 자신에게 이렇게 말할 거야. 이런 상황에도 불구하고 오늘 난 조금 더 전진할 거라고'

당신이 알아둘 게 있다. 이 세상에서 당신이 마음대로 통제할 수 있는 건 당신의 생각, 이 하나뿐이다.

당신이 알아둘 게 있다.

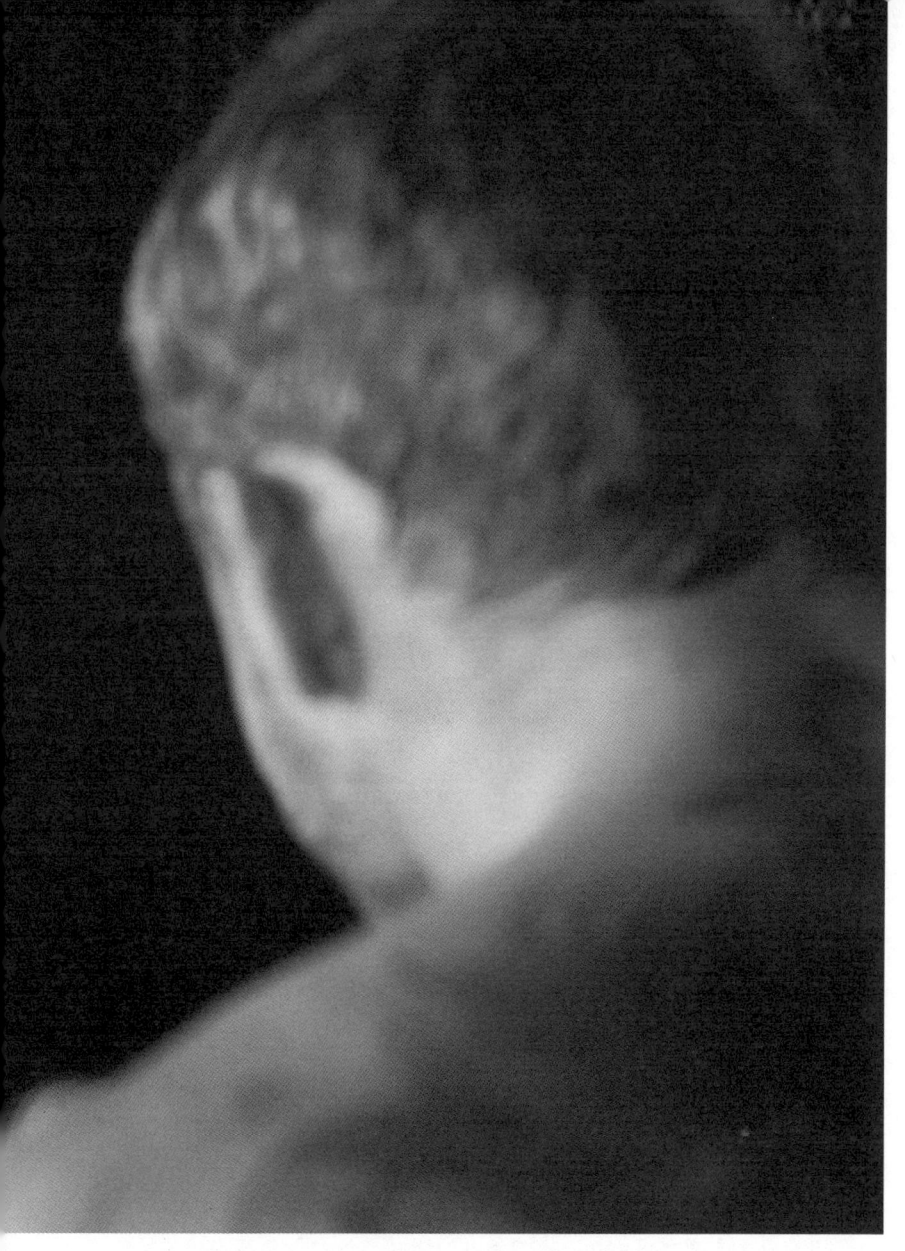

이 세상에서 당신이 마음대로 통제할 수 있는 건 당신의 생각, 그것 하나뿐이다.

[멘탈 캠프]
"시련은 모든 성공의 본질적인 요소다"

어떤 포스터에서 유명한 말을 살짝 바꾼 문구를 읽은 적이 있다.
"아무리 기다려도 결실을 얻지 못했다면 충분히 기다리지 않은 것이다."

내가 보기에 쉽게 만족하지 않는다는 건 그가 강인한 사람이고 자신에게 엄격하다는 의미다. 난 자기훈련self-discipline을 믿는다. 노력의 힘을 믿는다. 철두철미하게 노력하고 쉬운 길로 가지 않는 건 늘 옳다. 그리고 주위를 보살피며 충분한 시간 동안 열심히 노력하면 반드시 보상이 돌아온다. 반대로 참을성 없이 너무 성급하게 굴면 그걸 놓칠 수도 있다.

나는 라르센에게 연락을 취했다. 내가 끊임없이 발전하는 게 좋기 때문이다. 내가 성취한 것에 만족하는 게 편치 않다. 그래서 언제나 나를 더 나은 나로 만들고 내 한계와 약점을 극복할 새로운 방법을 찾는다. 나는 라르센의 군 복무 배경이 마음에 들었다. 그는 대다수 사람들이 약간 두루뭉술하게 설명하는 비즈니스에 관해서도 딱 부러지게 핵심을 짚고 구체적으로 설명할 줄도 알았다. 나는 그와의 면담 두 번 만에 자신감이 더 커졌고, 더 크게 생각하게 되었으며, 넓은 관점에서 삶을 바라보는 능력도 향상되었다. 그는 몇 가지 내 생각과 추론 습관에 대해서도 구체적으로 일침을 가했다. 내가 나 자신에 대해 불만을 토로하면 그는 단순히 그 이유를 물었다. 정확한 방식으로 정확한 단추를 누른 것이다.

개인적으로든 리더로서든, 난 정신적 회복력도 좋고, 나 자신의 한계에 도전하거나 딱 봐서 두려운 무언가에 나 자신을 던지는 것도 잘한다. 시련은 모든 성공의 밑그림이 되는 본질적인 요소다. 나는 시련 속에서 동기를 찾는 것도 잘한다. 시련 속에서 나 자신에게 이렇게 말하는 거다. "이 약간의 고통을 견디면 나중에 틀림없이 보상이 돌아와. 그러니까 절대 여기서 포기하면 안 돼!"

거의 포기할 뻔했던 적도 한두 번 있었지만 그때마다 난 마음을 가다듬고 이렇게 말했다. "원한다면 언제든지 포기할 수 있어. 하지만 기억해. 거의 포기할 뻔한 순간, 네 안의 나약함이 널 이기지 못하게 저항했던 순간을 다시 떠올리는 기분이 어떨까." 그렇게 포기하고 싶은 유혹을 떨치고 반 년 동안 집요하게 나를 밀어붙였다. 지나서 보니 그런 생각을 떠올렸던 순간들이 나의 회복력과 고집이 크게 보상받은 결정적인 갈림길이었다는 사실을 깨달았다.

라르센은 늘 넓은 관점에서 삶을 바라보는 걸 강조한다. 당신에게 계획이 있고, 목표가 있고, 가야할 길이 있는 한 지금 약간 고통스러운 건 문제가 아니다. 그는 인내심과 하나에 매달려 끝장을 보는 근성에 대한 내 믿음을 더욱 확고하게 굳혔다. 근면과 시간에 철저함을 더하면 천하무적이 된다. 그 무엇도 당신을 꺾을 수 없다.

— 올레 E. 페데르센(브로드넷 CEO)
온라인잡지 〈E24〉에 '노르웨이 동부 최고의 관리자'로 선정

우리가 누구인지는 우리가 반복해서 하는 행동이 말해준다.
따라서 탁월함은 행동이 아니라 습관이다.

아리스토텔레스

제프 콜빈은 그의 책 《재능은 어떻게 단련되는가?》에서 사람들이 자기가 하는 일을 최고 수준으로 잘할 수 있는 건 타고난 재능이 아니라 체계적이고 신중한 연습 덕분이라고 주장한다. 그는 타이거 우즈부터 윈스턴 처칠까지 자기 분야에서 발군의 실력을 발휘하는 인물들을 분석했다. 그의 말에 따르면, 탁월한 수행 능력의 핵심은 훈련 방식, 자신의 성과를 분석하는 방식, 개선된 부분과 실수를 연구하는 방식에 있었다. 이런 것들이야말로 뛰어난 실행가가 되는 유일한 길이라는 것이다.

내 생각도 마찬가지다. 내 경험상, 무언가를 정말 잘하려면 체계적이고 신중하게 연습을 하는 수밖에 없다. 모차르트가 아주 어린 나이에 첫 번째 교향곡을 작곡했다는 건 사실 그렇게 놀랄 일이 아니다. 그는 그때 이미 대부분의 사람들이 평생 접하는 것보다 훨씬 많은 양의 음악을 접했다. 그가 누구와도 비교할 수 없는 대단한 재능을 타고났다고 주장하는 사람들이 있다. 하지만 그의 실력은 엄청난 양의 훌륭한 연습에서 나온 결과라는 주장을 뒷받침할 증거가 훨씬 많다.

할예이어 오페달은 그의 책 《매그너스 칼슨, 그의 똑똑한 행보》를 통해 크리스티안순에서 열린 체스 대회에서 헝가리 체스 신동 주디트 폴가를 만난 일화를 소개하고 있다.

그 네 명 가운데 유일한 여성이 '체스계의 공주'로 불리우는 헝가리 출신 주디트 폴가였다. 전설적인 폴가 자매 중 막내인 그녀는 두 언니 수잔, 소피아와 함께 교육심리학자인 아버지 라슬로 폴가의 교육학 실험의 일환으로 태어났다. 라슬로의 연구 주제는 유명한 천재들의 어린 시절이었는데, 그 천재들 중 하나가 나중에 '볼프강 아마데우스 모차르트'로 널리 알려진 요하네스 크리소스토무스 볼프강 아마데우스 모차르트였다.

모차르트는 뛰어난 재능을 타고난 영재의 대표적인 예였다. 하지만 라슬로는 어쩌면 모차르트의 천재성이 양육의 결과일지 모른다며 반론을 제기했다.

모차르트의 아버지는 노련한 바이올리니스트였다. 모차르트는 아주 어릴 때부터 아침부터 밤까지 바이올린, 피아노, 노래, 음악 이론, 작곡 가리지 않고 공부하고 연습했다. 네 살 때 이미 악보를 보지 않고 여러 긴 작품들을 피아노로 실수 없이 연주했으며, 다섯 살 때 첫 번째 피아노 협주곡을 작곡했다. 그보다 다섯 살 위인 누이는 남동생에게 음악 외에 다른 관심사는 없었냐는 질문을 받자 이렇게 대답했다.

"그 아이는 음악에 전념하기 시작한 뒤로 음악 외에 다른 것에는 전부 마음의 문을 닫았어요."

라슬로가 보기에 모차르트는 천재로 태어난 것이 아니라 천재로 만들어진 것 같았다. 모차르트를 음악으로 이끈 사람은 아버지 레오폴드였다.

폴가는 자신의 책 《천재로 키우기 Bring up Genius!》에서 어떤 아이들은 적절한 환경만 갖춰주면 어떤 분야에서든 뛰어난 결과를 얻도록 키울 수 있다고 주장했다. 즉, 타고난 능력이 부족한 것은 열심히 노력하면 극복할 수 있다는 의미였다. 그는 당연히 회의론자들의 반론에 부딪혔고, 자신의 이론을 증명해보이겠다고 결심했다. 그는 그와 함께 자식을 낳아 실험에 동참할 아내를 공개 구혼했다. 여섯 명의 후보 중에 그는 학교 선생님인 클라라를 아내로 선택했다. 그녀는 헝가리어를 쓰는 우크라이나 출신 여성이었다.

1969년 4월에 첫째 수잔이 태어나고, 1974년 11월에는 둘째 소피아가, 1976년 7월에는 막내 주디트가 태어났다.

자식은 거기까지였다.

이제 라슬로는 세 딸을 어느 분야의 천재로 키울지 고민이었다. 그는 수잔을 위해 수학을 선택했다. 그런데 그때 우연히 어린 수잔이 찬장에서 체스 게임을 발견했다. 그녀의 운명이 결정된 것이다. 아마추어 체스 선수인 라슬로가 이제는 여성 체스 영재를 탄생시키려고 하고 있었다. 한 명이 아니었다. 남성이 압도적인 주도권을 쥔 체스에서 여성 체스 영재를, 그것도 세 명씩이나 탄생시킬 계획이었다.

세 자매는 네 살 때부터 체계적인 훈련에 돌입했다. 그들은 학교 수업 대신 부다페스트에 있는 그들의 아파트에서 아버지와 어머니로부터 개인 교습을 받았다. 세 자매는 매일 여덟 시간에서 열 시간 가량 체스를 두었고, 세계 곳곳에서 열리는 체스 시합에 참가했다. 그렇다면 라슬로는 자기 주장을 입증했을까?

첫째 수잔은 최초의 여성 그랜드마스터가 되었고 역대 2위의 자리에 올랐다. 둘째 소피아 역시 여자 선수권 대회 우승 경력이 있다. 하지만 이들도 막내 주디트에게는 당하지 못했다. 주디트는 최고의 여성 체스 선수이며 세계 10위권 안에 들어간 최초의 여성 선수다. 그런 그녀가 지금 크리스티안순에서 경기를 펼치는 중이었다.

(중략)

"체스나 수학 말고 다른 걸 해도 잘할 수 있었을 것 같아요?"

"제가 체스에 쏟아부은 시간만큼 투자하면 거의 대부분은 잘할 수 있을 걸요."

미국 저널리스트 말콤 글래드웰도 비슷한 주제로 책을 썼다. 《아웃라이어》에서 그는 대단한 성공을 거둔 사람들을 거기까지 이끈 요소들이 무엇인지 조사했다. 그는 우리와 동시대에 사는 가장 똑똑하고, 유명하며, 가장 크게 성공한 사람들을 분석한 뒤 "무엇이 그들을 성공으로 이끌었나? 그들이 우리와 다른 점은 무엇인가?"라는 질문을 던졌다. 그의 결론은 '1만 시간 법칙'이었다. 어느 분야에서든 성공의 열쇠는 연습이며, 특정 활동을 1만 시간 동안 전념해서 하면 아무리 평범한 사람도 그 분야에서 탁월한 성과를 낼 수 있다는 게 핵심이었다.

> 심리학자들이 재능이 뛰어난 인물들을 자세히 관찰하면 할수록
> 타고난 재능의 역할은 적고, 준비의 역할은 더 커 보였다.

1만 시간 법칙은 1990년대 초 스웨덴 과학자 앤더스 에릭슨이 했던 연구에서 비롯되었다. 에릭슨과 그의 동료들은 베를린 음악영재 아카데미를 방문해 그곳 학생들을 세 부류로 나누었다. 첫 번째 최상위 집단은 세계적 수준의 솔로 연주자가 될 가능성이 높은 학생들로 구성했다. 두 번째 중간 집단은 전문가가 될 가능성이 보이는 훌륭한 학생들 집단이었다. 세 번째 집단은 썩 훌륭하지는 않지만 공립학교 음악교사가 될 정도의 학생들이었다.

연구팀은 개별 인터뷰를 통해 학생들이 스무 살 전까지 한 총 연습시간을 파악했다. 최고 수준의 첫 번째 집단 학생들은 총 연습 시간이 1만 시간 가까이 될 때까지 어려서부터 연습량을 꾸준히 늘려 갔다. 중간 수준 학생들은 8천 시간 정도였다. 장래의 음악교사들은 4천 시간 정도였다. 피아니스트들을 대상으로 실시한 동일한 연구도 결론은 마찬가지였다.

연구자들은 어디서도 '타고난 재능'을 발견하지 못했다. 최상위 집단 학생들 중 단 한 사람도 다른 학생들보다 연습을 적게 하지 않았다. 또한 1만 시간가량 연습한 학생들 중에 최상위 집단에 포함되지 않은 사람은 한 사람도 없었다.

"결론: 엘리트 연주자와 중간 수준 연주자를 가르는 기준은 연습량이다." 이게 다였다. 연구자들이 발견한 건 최고 수준의 연주자들이 한 단계 아래 수준의 연주자들보다 연습을 훨씬 많이 했다는 사실이었다. 지금 당신은 아마 이런 궁금증이 생길 것이다. '실제로 1만 시간이 어느 정도 많은 거야?'

굉장히 많다. 이것만은 내가 분명히 말할 수 있다. 최고 수준의 성인 육상 선수들이 1년 평균 1천 시간가량 연습한다. 이 정도면 그림이 그려지는가? 예를 들어, 어린 크로스컨트리 스키 선수가 10살 때부터 1년에 약 800시간에서 1천 시간을 연습에 쏟아야 20대 초반에 세계 최고 수준의 집단에 들어갈 수 있다는 얘기다. 지독히도 뛰어난 리더, 체스 선수, 하키 선수가 되고 싶다면 1만 시간 정도는 기꺼이 혼신의 힘을 다해 연습해야 한다. 1만 시간은 엄청난 양의 시간이지만 좋은 소식이 있다. 1만 시간이 다라는 사실이다.

세계 최고의 알파인 스키 선수인 라세 슈스와 셰틸 안드레 아모트를 놓고 사람들은 이구동성으로 이야기한다. 슈스는 재능을 타고났고 아모트는 열성적인 훈련의 결과라는 것이다. 하지만 난 확신한다. 훈련을 가장 많이 한 사람이 아모트인지는 몰라도 슈스 역시 엄청난 시간을 훈련에 쏟았을 거라는 점이다.

당신에게 의지력과 배짱, 훈련, 이 세 가지가 있다면 최고가 되는 데 필요한 요소를 전부 갖춘 셈이다. 훌륭한 코치를 두는 것도 도움이 될 수 있다. 재능? 그건 할리우드에서 영화로나 만들 법한 주제다. 재능은 세상에 존재하지 말았어야 할 단어다.

왜 훈련해야 하는지 늘 의식하라

1만 시간 동안 양질의 훈련을 한다면 즉, 지속적으로 건설적인 피드백을 받으면서 꾸준히 발전하다 보면, 당신은 어느새 최고 수준에 올라 있을 것이다. 성공의 비결이 노력이라는 점은 누구나 인정한다. 하지만 정작 중요한 것은 그 노력을 어떻게 해내느냐다. 노력이란 오랜 시간의 훈련을 의미하기 때문이다. 이 책의 목표 중 하나는 길고 지루한 훈련을 조금 수월하게 해주는 몇 가지 방법을 제시하는 것이다.

안드레 아가시의 아버지 마이크 아가시는 이란의 올림픽 국가대표 권투 선수였다. 나중에 그는 미국으로 건너가 라스베가스 카지노 호텔의 테니스 코트 관리인으로 일했다. 그는 휴일의 모든 시간을 네 명의 자식들에게 테니스 가르치는 일에 쏟았다. 그리고 아예 집 뒤에 테니스 코트를 따로 만들었다. 안드레 아가시의 세 형은 아버지가 속도를 빠르게 조정해놓은 서빙머신에서 날아오는 공을 치며 매일 하루 종일 테니스 연습에 매달렸다. 아가

아가시의 아버지는 1970년 막내아들이 태어나기도 전에 이미 그를 위한 훈련법을 정해놓았다. 그는 아기 침대 위에 테니스공을 매달아, 어린 아가시가 보고 만지면서 테니스공에 적응하도록 환경을 조성했다. 그리고 안드레가 걷기 시작하자 아들 손목에 라켓을 테이프로 감아주었다. 아가시는 두 살 때 이미 일반적인 크기의 테니스 코트에서 팔을 들어올려 서브하는 방법을 배웠다.

타이거 우즈는 한 살이 되기 전에 부모님이 쥐어준 골프채를 가지고 놀았다. 데이비드 베컴은 어린 시절의 대부분을 동 런던의 한 공원에서 보냈다. 그는 정확히 한 지점에서 쉬지 않고 몇 시간 동안 공을 찼다. "그 애가 얼마나 몰입해서 공을 차는지를 보고 전 충격을 받았어요. 아예 공원에서 살다시피 했다니까요." 베컴의 아버지가 그 시기를 회상하며 한 말이다. 베컴 자신은 당시를 이렇게 적고 있다. "제 비결은 연습이에요. 제가 한 가지 확신하는 게 있어요. 인생에서 무언가 대단한 성과를 얻으려면 연습, 연습, 또 연습뿐이라는 것입니다." 열네 살 때 베컴은 맨체스터 유나이티드 축구 클럽과 계약금 29.5파운드와 주급 10파운드를 받는 조건으로 유소년 팀에 입단했다.

우리가 이런 예를 통해 확인할 수 있는 것은 세계 최고의 운동선수로 자리매김하기 위해서는 아주 어릴 때부터 자기 분야에 엄청나게 집중해야 한다는 사실이다. 비즈니스나 스포츠 분야에서 최고로 성공한 사람들 대다수가 부모들이 자식을 뛰어난 인재로 키우기 위해 남들과 차별화된 교육법을 선택한 용기 있는 사람들이었다. 한 인간의 성공은 단순한 우연의 일치가 아니다. 중국의 부모는 유럽의 부모와 비교해 자식들에게 훨씬 더 엄격하고 더 많은 것을 요구하기로 유명하다. 그 효과는 미국 아이비리그에 아시아 학생들이 얼마나 많은지를 보면 쉽게 확인할 수 있다. 그렇다면 중국의 아이들이 유럽의 아이들보다 덜 행복할까? 아마 아닐 것이다. 아니, 오히려 그 반대일 가능성이 높다. 자신의 잠재력을 끌어올려 한계를 넘어서는 그 엄청난 만족감을 난 느낄 수 있다.

세계 최고의 운동선수들은 아주 어릴 때부터 훈련을 시작한다. 비즈니스, 특히 전문성이 높고 성과를 측정할 수 있는 분야에서도 비슷한 현상을 목격할 수 있다. 역시 분야를 막론하고 최고에 도달하는 사람들은 불같은 열정으로 오랜 시간 꾸준한 훈련을 반복해 실력을 키운 사람들이다. 하지만 비즈니스 분야는 스포츠보다 그런 사례를 찾기가 훨씬 어렵다. 여러 면에서 비즈니스는 스포츠보다 복잡한 양상을 띠기 때문이다. 가령 당신이 세계 주식시장을 쥐락펴락하는 투자가가 되고 싶다고 해보자. 하지만 일류 테니스 선수를 목표로 정한 사람보다 일류 비즈니스맨을 목표로 하는 사람이 익혀야 할 기술과 능력이 훨씬 불분명하고 모호하다.

실력 있는 금융 전문가들을 모아놓고 현재 5살 난 아이가 세계 최고의 투자가로 성장하기 위해 40년 동안 해야 할 훈련 목록을 만들어 달라고 요청한다면, 아마 온갖 다양한 의견이 쏟아질 것이다. 한 가지 확실한 것은 아이가 해마다 최고의 실력 향상을 되풀이하며 오랜 시간 훈련에만 매진해야 한다는 점이다. 반면, 테니스 전문가들을 모

재능이란 건 할리우드 영화에나 나올 법한 주제다.

재능, 그것은 세상에 존재할 이유가 없는 단어다.

아놓고 5살 난 아이가 세계 최고 수준의 테니스 선수가 되기 위해 20년 동안 해야 할 훈련 목록을 정해달라고 요청하면 금융 전문가 집단과 달리 이들은 대체적인 합의에 다다를 것이다. 하지만 결론은 마찬가지로 아이가 테니스공을 죽도록 열심히 쳐야 하고 해마다 실력이 쑥쑥 늘어야 한다는 것이다. 두 분야의 명백한 차이는 테니스가 지극히 분화된 영역이라는 점이다. 테니스의 기본기는 발리(공이 땅에 떨어지기 전에 받아치는 기술), 서브, 백핸드, 포핸드, 스매시다. 이런 동작을 수천, 수만 번 연습한 사람과 고작 몇 번에 그친 사람의 실력은 하늘과 땅 차이다. 게다가 시간이 갈수록 실력 차이를 극복하기가 어려워진다.

하지만 주식 투자가는 광범위한 분야의 기술과 지식을 습득해야 한다. 숫자와 통계에 밝아야 하고, 경제학에 포함되는 여러 분야, 가령 금융, 미시경제학, 거시경제학, 회계에 대해 잘 이해하고 있어야 하며, 정치학, 사회학, 역사학도 섭렵해야 한다. 여기서 끝이 아니다. 일류 투자가가 되기 위해서는 넓고 탄탄한 인적 네트워크가 구축돼 있어야 유리하다. 따라서 이들이 해야 할 1만 시간의 신중한 훈련에는 다른 수많은 것들이 포함될 것이다.

음악가는 연습 시간을 계산하는 게 어렵지 않다. 운동선수도 마찬가지다. 하지만 비즈니스 업계에서는 훈련 내용이나 훈련 시간을 명확하게 정의하기가 어렵다. 다행히 조금이나마 분명하게 정의하는 방법이 있긴 하다. 자기 자신에게 이런 질문을 던져보는 것이다. "내가 알아야 할 게 뭐지?" "어떤 능력을 키워야 하지?" "특히 집중해서 훈련해야 하는 것은 뭐지?" 어떤 분야든 갖춰야 할 게 많기 때문에 많은 훈련이 요구된다. 그리고 오랜 훈련으로 갈고 닦은 실력은 두고 두고 유용하게 쓰일 것이다. 그래도 한 가지 명심해야 할 것이 있다. 신중하게 계획된 훈련의 의미를 늘 의식하는 것이다. 목표에 꾸준히 다가가서 실제로 목적을 달성하려면 무엇을 해야 하는지 의식해야 한다.

타고난 재능이라는 게 없다 해도 세계 일류가 되는데 유리한 조건들이 있다. 예를 들어 농구선수에게 큰 키는 확실한 이점이다. 손과 발이 크면 최고의 수영선수가 되는 데 유리하다. 가수가 되려는 사람이 좋은 목소리를 타고났다면 분명 큰 장점이 될 것이다. 중량급 조정선수로 성공하는 데 큰 키가 유리한 건 명백한 사실이다.

나는 선천적인 특성 중에 리더가 되기에 유리한 특성도 있다고 생각한다. 또한 특정 자질과 기질적 특성을 타고난 사람들이 다른 사람들에 비해 리더로 성공할 가능성이 높다고 확신한다. 리더가 되는 데는 사교적이고, 에너지가 넘치고, 매력적이고, 설득력 있고, 자신만만한 사람이 유리하다. 하지만 우리가 흔히 보듯이, 분야를 막론하고 비즈니스로 성공한 사람들의 특성은 모두 제각각이다. 예를 들어 나는 노르웨이 최고의 변호사들과 작업을 한 적이 있는데 누구 하나 성격이 비슷한 사람이 없었다. 또 노르웨이에서 최고로 성공한 혁신가들하고도 작업을 했었는데, 공통적인 특성이 몇 가지 있기는 해도 이들 역시 서로 확연히 달랐다.

그럼에도 최고가 되는 데 가장 결정적인 역할을 하는 것은 자기가 하는 일을 사랑하고, 목표 지향적이며, 오랫동안 꾸준히 그리고 열심히 자신의 일을 해내는 능력이다. 당신이 얼마나 멀리 갈 수 있을지를 결정하는 것은 바로 이 능력이다. 자기 목표에 대한 지대한 관심, 의지, 욕구만 있다면 누구나 최고의 자리에 오를 수 있다. 논란의 여지가 있다고? 글쎄, 그럴지도 모르겠다. 하지만 나는 처음에는 능력이 부족했지만 자기가 가진 문제를 파악해서, 용기 있게 조언을 구하고, 용기 있게 자신의 안전지대 밖으로 나와, 용기 있게 자신의 결점에 직면해 그것을 해결하고 최고의 자리에 오른 사람들을 숱하게 보았다.

온갖 불리한 조건과 사람들의 부정적인 전망을 깨고 최고의 자리에 오른 사람들도 분명 존재했다. 대표적인 예가 바로 농구선수 타이론 커티스 '먹시 Muggsy' 보그스다. 그는 160센티미터 키에 NBA 역사상 최단신 선수다. 어렸을 때 그의 주변 사람들은 하나같이 그에게 농구를 포기하라고 말했다. 키가 너무 작아서 절대 성공할 수 없다는 얘기였다. 그를 믿는 사람은 그 자신 말고는 아무도 없었다. 그는 농구에서 중요한 건 키가 아니라 농구에 대한 헌신이라고 생각했다. 그는 세계에서 가장 경쟁이 치열한 농구 리그에서 은퇴하기 전까지 통산 열네 번의 시즌을 뛰었다. 그는 자서전에 이렇게 적었다.

"나는 언제나 코트에서 제일 작은 선수였다. 그래서 키가 180센티미터나 되는 선수들에게 농구 경기가 어떤 것인지 전혀 모른다. 다만 내가 아는 농구 경기에서 공은 공중에 떠 있을 때보다 바닥에 있을 때가 더 많고 바닥이야 말로 내 영역, 이 먹시가 지배하는 곳이라는 사실뿐이다."

자신의 모든 것을 관찰하고 평가하라

비즈니스 업계에는 훈련 양이 심각하게 부족한 사람이 너무 많다. 시간이 부족하다는 게 이유다. 그런 사람들은 자기를 운동선수와 비교할 수는 없다고 한다. 운동선수는 훈련을 가끔씩만 하면 된다는 것이다. 말도 안 되는 소리다. 최고의 운동선수들은 훈련을 매일 한다. 게다가 훈련할 때마다 양질의 성과를 내야 한다는 엄청난 부담까지 안고 있다.

무슨 일을 하든 훈련하는 방법은 무수히 많다. 그리고 자기 분야에서 훈련하는 방법을 고민해보는 건 누구에게나 유익하다. 가령 당신이 다큐멘터리 사진작가라고 해보자. 정말 실력 있는 사진작가가 되려면 모든 기술을 숙달해야 한다. 특히 카메라 조작에서는 셔터를 반사적으로 누를 수 있을 정도가 돼야 한다. 그래야 결정적인 순간을 포착할 가능성이 높아진다. 이것이야말로 모든 사진작가의 로망이다. 물론 기술은 사진을 수없이 찍으면서 자연스럽게 익힐 수도 있다. 하지만 그것보다는 특정 기술을 정해서 집중적으로 연습하는 것이 훨씬 효율적이다. 여기에다 뛰어난 사진작가에게 피드백을 얻을 수만 있다면 훈련의 성과는 배가될 것이다. 그렇다면 훈련은 어떤 식으로 해야 할까?

사진작가인 당신은 앞으로 10주 동안 집중적으로 훈련을 할 계획이다. 계획은 이렇다. 3주는 빛을 측정하고 빛의 중요성을 이해하는데 집중하고, 다음 2주는 셔터 스피드와 조리개 값의 상관관계만 집중해서 연구한다. 그 다음 3주는 ISO 감도를 이해하는 훈련을 한 뒤, 마지막 2주는 구도와 창의성 연구로 훈련을 마무리한다. 각 주마다 명확한 주제와 사진을 찍을 지정된 위치가 있어야 하고 가능한 경우, 오후에는 양질의 피드백을 해줄 멘토와 이야기를 나눈다. 이렇게 10주를 보내고 나면 아마 당신이 해오던 대로 사진을 찍을 때보다 훨씬 실력 있는 사진작가가 되어 있을 것이다.

사업가에게 중요한 것은 수익의 총액이다. 하지만 총수익을 올리는 데 그들이 하는 업무가 전부 똑같이 기여하는 것은 아니다. 가령 부동산업자는 집 상태를 점검하는 능력이 중요하다. 그런데 부동산 관련 교육과정에는 이런 것이 포함되어 있지 않다.

대부분의 학교가 학문적인 것에만 집중하고 사람 관련 기술들은 무시한다. 노르웨이를 통틀어 실질적인 리더십을 가르치는 교육기관이 사관학교뿐이라는 사실이 이를 단적으로 보여준다. 대다수 리더를 길러내는 노르웨이 경영대 같은 곳에는 이런 것을 배울 기회가 없다. 부동산 개인사업자들 역시 사람 관련 기술에 대한 훈련이 미흡하다. 이 점에 있어서는 다른 비즈니스 분야도 마찬가지다.

나는 수많은 부동산업자들과 일해왔는데, 집 상태를 점검하는 기술은 역할극을 통해 배우고 훈련할 수 있다. 직접 잠재 고객이 되어봄으로써 여러 유형의 고객과 다양한 도전 과제를 미리 경험하는 것이다. 여기에 마치 오디션이나 아이돌 스타를 뽑는 대회처럼 곧바로 피드백을 해주는 평가단도 있다. 또한 이 모든 과정을 녹화해놓으면 훨씬 효율적이다. 부동산업자가 나중에 직접 자기를 보면서 스스로를 점검할 수 있기 때문이다.

이 과정은 상인이나 기업 관리자, 금융인, 변호사, 영업사원 등 고객을 상대하는 일을 하는 사람이면 누구에게나 도움이 된다. 고객의 신뢰와 공감을 얻는 것이 업무의 핵심인 사람이라면 누구나 마찬가지다. 우리 '베르트란 AS'(저자의 가운데 이름에서 따온 사명이다 – 옮긴이)에서는 실제 상황과 똑같은 각본을 만들어 고객에게 제공한다. 가령 프레젠테이션 상황을 다룰 때는 현장감을 높이기 위해 회의실을 꾸미고 실제로 만날 법한 고객처럼 생긴 배우들을 섭외한다. 주요한 협상의 기술도 같은 방식으로 연습할 수 있다.

역할극을 하고, 녹화 영상을 통해 '잠재 고객을 상대하는 자신'의 모습을 확인하는 것은 고통스러운 일이다. 그런 상황을 피하고 싶은 건 지극히 자연스러운 감정이다. 하지만 우리는 그런 불편함을 경험할 때 가장 많은 것을 배운다. 두려움이나 자신의 무지를 맞닥뜨렸을 때, 자기 자신을 드러내기가 두려울 때, 돌발 상황에 처했을 때 학습 속도는 극대화된다. 우리는 녹화 영상을 보면서 분과 초 단위로 고객의 모든 것을 평가하고 분석하는데, 그 과정을 거치고 나면 고객들은 굉장히 많은 것을 배운다. '당신이 입은 옷은 무엇을 말해주는가? 저 몸짓의 의미는 무엇인가? 무슨 말을 하고 있나? 목소리는 어떻게 들리는가? 동료들과의 상호작용은 어떤가? 당신이 펼치는 논증은 타당한가? 당신의 세일즈 기술은 효과적인가? 프레젠테이션은 능숙한가? 거래를 마무리하고 계획을 따낼 전략은 무엇인가?'

사람들은 대부분 두려움에 정면으로 맞서는 대신 파워포인트나

권위 있는 회사 로고, 정장과 동료들 뒤에 숨는다. 하지만 크로스컨트리 스키 선수들은 그 두려움으로부터 도망치지 않는다. 매일 자신이 스키 타는 장면을 녹화해 수없이 돌려보며 스스로를 관찰하고 평가한다. 훈련이든 실전이든 똑같다. 누구라도 그들의 기술이나 전략에 대해서 의견을 말할 수 있다. 주행 코스를 질주하기 전과 후 그리고 스키 타는 자세를 철저하게 분석한다. 여기서는 시민, 언론, 트레이너, 동료, 지원팀이 모두 한 팀이다.

한번은 한 크로스컨트리 팀을 따라 이탈리아에 있는 훈련 캠프에 간 적이 있다. 거기서도 선수들은 하루도 빠짐없이 기술을 분석하고 평가했다. TV에서 방영해주는 경기도 시청했다. 끊임없이 피드백을 받고 유용한 지적을 훈련에 반영했다. 비즈니스업계 사람들은 이런 면에서 겁쟁이다. 그들은 이런 과정을 겪는 대신 실전이 곧 훈련이라고 생각한다. 하지만 실전을 통해 훈련하는 방법은 비효율적이다. 앞에서 설명한 것처럼 실제와 흡사한 시나리오를 가지고 특정 기술을 훈련하는 것이 훨씬 낫다. 이 훈련은 혼자서도 충분히 할 수 있다.

내 고객들 중에는 동료들이 자신을 어떤 리더라고 생각하는지 궁금해 하는 사람들이 많다. 고객이나 잠재 고객을 상대하는 일을 하는 사람들에게도 비슷한 말을 자주 듣는다. "내가 이렇게 발전하려고 애쓰는 걸 그들은 어떻게 생각할까요?" 물론 자신을 향상시키려고 애쓰고 타인에게 도움을 구하는 건 대단히 긍정적인 일이다. 하지만 가장 이상적인 방법은 직장 내에서 그런 기회를 만드는 것이다. 그 다음에 내가 나서서 이사진이나 동료 그룹, 영업부 등 사람들을 그룹별로 모아놓고 솔직하게 토론할 수 있는 분위기를 만든다. 사람들은 처음에는 이런 분위기를 약간 불편해 하지만 차츰 리더로서 서로를 어떻게 생각하는지, 서로 발전할 수 있도록 어떤 식으로 조언을 주고받으면 좋을지에 대해 솔직하게 대화한다. 직원들의 잠재력을 최대한으로 끌어내려면 일 년에 두 번 정도의 성과 평가로는 어림도 없다. 영상을 통해 자기 모습을 보고, 다른 사람들 입을 통해 잘한 것과 못한 것을 듣고, 당신을 바라보는 동료들의 생각을 듣는 것은 고역이다. 하지만 잊지 마라. 감정이 강렬할수록 배우는 것도 많다. 그러니 이제 기합을 넣고 거기에 적응하라!

다섯 개의 부서가 전부인 소기업부터 노르웨이 주식시장에 상장된 대기업까지 다양한 규모의 기업을 이끄는 리더들, 최고의 운동선수들, 최고의 군 리더들과 함께 일할 수 있었던 것은 나에게 큰 행운이었다. 그런데 내 경험에 비추어 볼 때 군 리더들은 과소평가 될 때가 많다. 비즈니스에 비해 선호할 만한 환경은 아니지만, 그래도 군대는 리더로서의 성공을 명예롭게 여기는 문화를 발전시켜왔다.

군사 문화에서는 모두의 발전을 위해 끊임없는 학습을 강조한다. 또한 군 리더들을 더 뛰어난 인재로 키우기 위해 양질의 교육과 사후 지도까지 제공한다. 노르웨이 사관학교는 두 곳 모두 생도들이 이론뿐만 아니라 실제 생활을 통해서도 리더십을 습득할 수 있는 체계를 갖추었다. 이들의 일과에는 건설적이고 단도직입적인 피드백이 포함돼 있다. 그래서 지휘고하를 막론하고 누구든, 어떤 분야에 관해서든 자기 의견을 솔직하게 말할 수 있다. 훈련과 임무가 끝날 때마다 모두가 평가를 받는다. 리더들은 다른 사람들이 자기를 어떻게 생각하는지에 대해 한 점의 의문도 남기지 않으며, 따라서 더 뛰어난 리더가 되기 위해 자기가 무엇을 살펴야 하는지 잘 알고 있다. 군에서는 피드백을 선물로 여긴다. 상사나 동료들과 정직한 의견을 주고받을 수 있도록 용기를 북돋기 때문이다. 그래서 군인들은 피드백을 받으면 꼭 고맙다고 인사를 한다. 충분히 납득할 만한 피드백은 언제든 환영이다. 하지만 그 피드백을 활용할지 아닐지는 리더의 판단에 달렸다.

영어가 약하다거나, 프레젠테이션이 별로였다거나, 고객의 코를 잡는 건 무례한 행동이라는 지적은 내용이 구체적이어서 대처하기가 쉽다. 하지만 의사소통을 분명하게 하라거나, 정신 좀 차리라거나, 좀 더 열정을 보이라거나, 어떤 것에도 냉정을 잃지 말라거나, 상상력을 발휘하라거나, 창의적으로 일을 하라거나, 꼼꼼한 일처리와 장기적인 안목 사이에 균형을 잡으라는 등의 모호한 제안도 많다. 이런 평가를 들었을 때 그 조언이 고려할 만한 사항인지는 각자의 판단에 달려 있다. 여기서의 훈련은 점점 더 많은 것을 인식하는 것, 인식하는 행위가 절반이다.

진심을 밝히면 감정이 격해지기 마련이다. 피드백을 주고받는 데 직접 대면하는 방법만 있는 것은 아니다. 피드백 내용을 익명으로 종이에 적어 전달하는 방법도 있다. 내 경우, 진실을 있는 그대로 알고 싶을 때는 가장 친한 동료와 면담하는 방법을 사용한다.

어떤 조직의 리더가 고객인 경우에는 면담 초반에 그가 원하는 리더 상을 명확하게 정의하는 것이 효과적이다. '당신의 정체성은 무엇인가? 리더로서 당신이 추구하는 가치와 기준이 있다면? 회사를 바람직한 방향으로 이끄는 최상의 전략은 무엇이라고 생각하는가? 사람들에게 리더로서 당신의 모습이 어떻게 인식되기를 바라는가? 당신의 가장 중요한 업무는 무엇인가?' 이런 식의 질문에 답을 찾으면서 차차 생각과 현실의 간극을 메우는 작업을 시작한다.

고객이 좀 더 적극적인 리더가 되고 싶어하는 경우, 우리는 훈련을 한 번에 하나씩 차근차근 진행한다. 예를 들어, 첫 번째 과제는 다음 중요한 회의 때 좀 더 큰 목소리로 말하고 적극적인 몸짓을 사용하는 것이다. 둘 다 확신에 찬 기분을 느끼는 데 도움을 주는 방법이다. 그 다음 회의 때도 첫 번째와 똑같이 하는데, 이번에는 반대 의견이 있을 때 더 큰 목소리로 말하는 것이 과제다. 고객은 이미 첫 번째 회의를 통해 좀 더 적극적인 태도가 되었고, 이 상황을 미리 머릿속으로 그려보았기 때문에 두 번째도 충분히 해낼 수 있다. 세 번째 회의는 참석자들 중에 반드시 반대 의견이 나올 만한 주제를 가지고 프레젠테이션을 기획한다. 예상되는 반론들을 하나씩 짚으며 반박할 논리와 적절한 대답을 준비한다.

이제 이 고객은 자신에게 매일 이렇게 말하는 연습을 시작할 때가 되었다. "넌 적극적이고, 강하고, 진취적이고, 자신만만하고, 뛰어난 리더야!" 그리고 이를 상징하는 그림을 휴대전화 바탕화면 같이 눈에 자주 띄는 곳에 사용한다. 또한 이 고객의 태도가 적극적이었던 경험이 있으면 그 경험에 대해 자주 대화를 나눈다. 훈련을 착실하게 해나가면 고객은 점점 달라지는 자신을 느낄 수 있다. 적극적인 사람으로 바뀌었다고 믿기 시작한다. 또한 고객은 우리와 갖는 회의에서도 자기 자신에 대해 좀 더 적극적인 태도를 발전시키는 훈련을 한다. 이것이 내가 이와 비슷한 도전 과제를 다루는 방식이다.

수많은 리더가 리더이기 때문에 외롭다고 생각한다. 그래서 이런저런 고민과 도전 과제를 놓고 단순히 대화를 나누는 것만으로도 리더들은 머리가 맑아지고 안도감이 드는 효과를 얻는다. 그들은 자신의 좌절감에 공감해줄 외부인, 대화 상대를 값진 자산으로 여긴다. 그런 역할을 해줄 외부인은 친구나 옛 동료, 또는 나 같은 멘탈 트레이너도 될 수 있다.

리더는 사람들의 감정을 움직여야 한다

리더의 일 가운데 중요한 것 하나가 사교 기술이다. 리더는 다양한 사람을 채용하고, 그들에게 목표 달성의 동기를 부여하고, 그래서 최고의 인재가 되도록 영향을 미치기 위해 사교 기술이 필요하다. 리더라면 직원들의 사기를 높이고, 그들이 업무에 전념해 최상의 성과를 낼 수 있도록 올바른 버튼을 누르는 방법을 끊임없이 고민해야 한다. 다양한 개인들이 모인 집단의 중심에서 사기충천의 분위기를 창조할 수 있는 리더만이 경쟁 우위를 확보할 수 있다. 이 시대의 성공을 위한 필수 요소는 인적자원이다. 과거에 큰 비중을 차지했던 특허, 기술력, 정보 등으로 얻는 이점은 급격하게 줄어들고 있다. 이제는 유능한 인력들을 어떻게 유지하고 발전시켜 효과적으로 활용하느냐가 보통의 기업과 일류 기업을 가른다. 그리고 이 일에 가장 막중한 책임을 지고 있는 사람이 바로 리더다.

직원들에게 영향을 미치고 싶은 리더, 그들에게 방향을 제시하고, 그들의 성과를 향상시키고 싶은 리더라면 멘탈 트레이너처럼 생각할 필요가 있다. 한마디로 직원들의 감정을 건드려야 한다는 의미다. 직원들의 감정에 영향을 미칠 수 없는 리더는 결코 아무것도 변화시키지 못한다. 리더들을 도울 때 내가 해야 할 일이 바로 이 해결책을 찾는 것이다. 리더가 나에게 긍정적인 영향을 미치고 싶은 사람에 대해 이야기하면 우리는 머리를 맞대고 그 사람이 성과를 향상시키고자 하는 욕구와 의지를 불러일으킬 방법을 모색한다. 보통은 리더 자신이 좋은 해결책을 떠올리는 경우가 많다. 하지만 그보다 더 중요한 것은 일부러 시간을 내어 그 해결책을 실행하는 것이다.

나는 수많은 리더들이 자기가 만나는 상대에 따라 행동을 조절해야 한다는 점이나 자기가 달성하려는 목표가 무엇인지 인식하지 못한다는 인상을 자주 받는다. 그들은 자기가 지금 상대하는 사람이 누구든, 주변 여건이 어떻든 상관없이 주먹구구식으로 누구에게나 똑같이 행동한다. 뛰어난 리더가 되려면 적응력, 사람을 읽어내는 능력, 관리 기술의 영역을 끊임없이 확장하는 능력을 갖춰야 한다. 간혹 스스로 일을 열심히 하면서 직원들도 똑같이 열심히 해주기를 기대하는 리더들이 있다. 이런 리더들은 직원들과 소통은 거의 하지 않으면서 자기 기대대로 따라와주기를 바란다. 한편 직원들에게 명령하고 그 명령이 최고의 전략이라고 확신하며 직원들을 진두지휘하는 리더도 있다. 어떤 리더는 코칭적인 접근법을 적극적으로 활용하고, 의사결정에 직원들을 상당 부분 포함시킨다. 또 어떤 리더는 직원들을 잘 감싸고 보살필 뿐 아니라 다른 모든 이들을 민주적인 태도로 대한다. 이렇듯 리더의 유형은 다양하다. 하지만 한 가지 분명한 것은 일상 업무에 광범위한 관리 기술을 활용하는 리더가 최고의 성과를 달성한다는 사실이다. 따라서 이런 기술을 연습하는 리더가 자기 발전에 무심한 리더보다 더 빨리 성공에 유리한 위치를 선점한다.

예를 들어 은행 지점장은 각기 다른 상황에 대한 최상의 접근법을 생각해두면 큰 도움이 될 것이다. 오늘 아침 내가 저 창구 앞을 지날 때 어떻게 하면 그 뒤에 앉은 직원이 좀 더 활기차게 하루를 보내게 할 수 있을까? 내가 바라는 방향으로 일처리를 하게 하려면 그를 어떻게 대해야 할까? 새 전략에 대한 내 제안이 정확하다는 걸 이사회에 납득시키려면 정확히 어떤 단어, 어떤 문장을 써서 말을 해야 할까? 회사에는 보통 비전과 목표가 있다. 하지만 그런 비전과 목표를 가지고 경영진들에게만 동기를 부여하면 충분한 걸까? 어떻게 하면 전 직원에게 회사의 목표를 전달해서 한 사람 한 사람에게 영향을 미칠 수 있을까? 어떻게 해야 직원들 각자가 좀 더 자주, 최고의 실력을 발휘하게 할 수 있을까? 나는 리더들에게 스스로 아래와 같은 질문을 던져보라고 요구한다. 대개 멋진 전략은 리더 자신에게서 나온다.

- 어떻게 하면 직원들의 감정을 고조시켜 그들이 성과를 내도록 만들 수 있을까?
- 다음 회의 때, 온갖 전략과 분석적 사고를 요구하는 그런 자리에서 어떻게 하면 참석자들이 멋진 아이디어를 쏟아내게 할 수 있을까?
- 어떻게 해야 직원들이 확신을 갖고 회사의 목표 달성을 위해 좀 더 분발할 수 있을까?
- 그동안 서먹했던 사람들과 친해지고 싶은데, 그러기 위해선 다음 주에 뭘 하면 좋을까?
- 지금도 매 순간 직원들에게 동기를 부여하려고 애쓰고 있지만, 지금보다 더 잘할 방법은 없을까?
- 다양한 상황에서 제스처를 취해야 직원들에게 영향을 미칠 수 있을까?
- 내가 최상의 컨디션일 때는 어떤 때인가?
- 난 직원들이 나를 ○○하게 대해주기를 바란다. 그렇다면 나는 그들에게 모범을 보이고 있나?

사람들을 지도할 시간이 부족하다고 말하는 리더가 많다. 행정적인 업무가 많다는 이유에서다. 하지만 사실은 리더라는 위치가 어색하고 불편해서 회피하려는 핑계다. 많은 리더들이 사람들을 리드하는 본연의 임무를 잊곤 한다. 업무 시간의 대부분은 무언가를 조정하고 추진하는 일에 쏟는다. 경제를 이끌고, 프로젝트를 이끌고, 행정 업무를 처리하고, 책상 앞에 앉아서 이메일 답장을 쓴다. 책임감이나 일을 위임하는 것에 대한 두려움 역시 일을 어렵게 만든다. 하지만 일단 한 번 자신의 노력으로 직원들의 성과를 높이고 산출량이 늘어나는 것을 경험하고 나면 서서히 자기를 옭아매고 있는 고삐에서 자유로워질 수 있다. 내가 수많은 리더와 이 문제에 대해 이야기해보고 깨달은 사실은 단순히 이 문제를 가지고 대화를 나누는 것만으로도 그들에게 도움이 되고 리딩에 대한 의식이 높아진다는 것이다. 그리고 시간이 흐르면 흐를수록 그들은 자기가 무엇을, 왜, 어떻게 해야 하는지 점점 더 분명하게 깨닫는다.

리딩에 대한 의식을 높이는 것. 이것이 수많은 리더를 그들이 원하든 대로 움직이게 하는 열쇠다. 여기에 정확한 날짜와 시간을 정해 일정표에 적어두면 가능성이 훨씬 높아진다. 사람들은 일정표에 적힌 일정에 의지하는 경향이 있다. 계획을 세우고 일정을 짜두는 것이 리더로서의 성공에 그토록 중요한 이유다. 목표를 적는 것과 마찬가지로, 더 나은 리더가 되려면 반드시 계획을 세우고 일정을 조정해야 한다.

그렇다면 당신의 한 주 일정을 짜보자. 예를 들어 당신은 앞으로 좀 더 적극적으로 직원들에게 동기를 부여하려고 마음먹었다. 그렇다면 언제, 어떻게 그 일을 할 것인가? 물론 다른 중요한 일들도 있다. 장기 목표를 집중적으로 살피는 건 언제 할 것인가? 회사가 정의해놓은 비전에 한 발짝 다가가기 위해 필요한 일들은 언제 할 것인가? 목표 달성을 위해 정해놓은 전략들은 언제 실행할 것인가? 나는 나와 면담하는 리더들에게 회사의 비전과 목표를 듣고 나서 한 주 일정표를 보여달라고 한다. "당신 일정에서 구체적으로 언제 시간을 빼서 여기로 오시겠습니까?" 평범한 질문이지만 시간 관리를 하지 않는 리더가 이 질문을 받으면 자기가 쓸 데 없는 일에 매몰돼 있다는 사실을 깨닫는다. 뛰어난 리더는 회사의 비전과 장기목표를 고려해 계획을 세운다.

나는 리더에게 월요일마다 시간을 정해 한 시간 동안 그 주 계획을 세우라고 요구한다. 그리고 다음과 같은 질문을 통해 계획을 검토하라고 말한다. 당신이 세운 계획은 당신이나 회사가 중요하게 여기는 가치에 부합하는가? 당신은 당신과 회사의 목표에 점점 가까이 다가가고 있는가? 직원들이 최선을 다해 일하도록 동기를 부여할 시간은 포함시켰나? 운동, 수면, 휴식 시간은 충분한가? 가족과 보내는 시간은 충분한가? 이번 주 일정은 균형이 잘 잡혔는가? 아니면 힘든 한 주가 될 것 같은가? 멋진 한 주가 될 것 같은가?

계획을 세우는 연습은 당신에게 많은 것을 돌려줄 것이다. 당장 할 일 목록을 작성하라. 그 목록들을 일정표에 채워넣어라. 모든 것을 계획해놓으면 현재 하고 있는 일에 집중하기가 쉬워진다. 실제로 해야 할 일의 양보다 자기가 더 바쁘다고 생각하는 리더가 많은데, 그게 다 일정을 짜놓지 않아서 드는 생각이다.

내 고객 중에 노르웨이에서 가장 성공한 사업가 중 한 명이 있다. 그는 결코 시간이 부족한 법이 없는데, 일의 우선순위를 따져 시간을 적절히 배분해놓기 때문이다. 나와 면담하는 동안 그는 휴대전화를 꺼놓고 우리 대화에만 집중한다. 그는 할 일이 쌓여 있어도 그걸 어떻게 처리해야 할지 잘 알고 있다.

나도 그와 비슷하다. 일과가 끝나면 가령, 전화가 열일곱 통이나 와 있고 문자메시지가 열네 건 있다는 걸 확인한다. 하지만 그것 때문에 스트레스를 받진 않는다. 언제 처리할지 이미 계획을 세워놓았기 때문이다.

계획은 성공에 결정적인 열쇠다. 그리고 계획 세우기도 잘하면 실제로 재미있는 일이 된다. 시간이 지날수록 계획을 세우는 게 새로운 습관이 되고, 그것이 나아가 성격의 일부로 자리잡는다. 계획 세우는 걸 질색하던 사람에서 습관적으로 계획을 세워 실천하는 사람으로 바뀌는 것이다. 다시 한 번 강조한다. 중요한 것은 습관, 그리고 그 습관에 따라 사는 생활의 힘이다. 습관은 생각해보고 하는 것이 아니라 무조건 하는 것이기 때문이다. 당신은 아침저녁으로 아무 생각 없이 칫솔질을 한다. 계획을 세우고 일을 체계적으로 하고, 건강한 식사를 하고, 열심히 운동하고, 동료들을 친절하게 대하는 일을 칫솔질처럼 할 수 있다.

무슨 일이든 열네 번 하면 습관이 된다. 습관으로 자리잡는 것이다. 그리고 한번 습관으로 자리잡으면 그걸 깨는 게 오히려 불편하게 느껴진다. 갑자기 상황이 180도 변해서 계획 짜는 걸 몹시 싫어하던 사람이 계획을 세우지 않는 걸 몹시 싫어하는 사람으로 바뀐다. 이것이 핵심이다. 사람들이 변화를 꺼리는 건 대개 그것을 희생이라고 느끼기 때문이다. 하지만 좋은 습관을 들이는 건 희생이라는 생각이 들지 않는다.

예를 들어 당신은 영업사원인데 회사에서 업무 속도를 높이기로 결심했다고 치자. 대부분의 사람들은 그걸 아마 힘든 일이라고 여길 것이다. 하지만 2주만 지나면 일을 빨리 처리하는 게 보통이 된다. 심지어 일을 빨리 처리하는 게 기업 문화가 될 수도 있다. 당신도 경험해보았을 것이다. 어떤 은행은 모든 게 느릿느릿 돌아가는 반면, 어떤 은행은 직원들이 활기 넘치고 일을 일사천리로 처리하는 걸 말이다. 나는 공수부대 사관학교에 입학하고 나서 새벽 5시에 일어나 운동하는 습관을 들였다. 습관이 들자 그게 더 이상 희생이라고 느껴지지 않았다. 만약 당신이 프레젠테이션 실력을 향상시켰다면 당신은 그 수준을 유지하거나 더 나아지기를 바라지 퇴보하기를 바라지는 않을 것이다. 리더로서 레퍼토리를 넓혔거나 다양한 리더십 기술을 익혔다면 예전처럼 되기를 바라지는 않을 것이다.

이 모든 기술, 이 모든 좋은 습관은 실행 단계에서 발전시킬 수 있다. 이를 위해 지속적인 투쟁을 계속 해나가는 것이 당신 앞에 놓인 가장 큰 도전이다. 멘탈 트레이너로서 나는 내 고객들에게 이 사실을 끊임없이 상기시킨다.

[멘탈 캠프]
"표범을 겨냥하는 사냥꾼의 준비 자세"

마르틴 존스러드 순드비는 뢰아 IL 크로스컨트리 스키팀 소속이다. 그는 2005년 세계 선수권 대회로 데뷔했다. 2008년 핀란드에서 열린 월드컵 크로스컨트리 15킬로미터 클래식에서 첫 번째 금메달을 획득했다. 2010년 벤쿠버 올림픽 크로스컨트리 단체전에서는 그의 팀이 은메달을 땄다. 2011년 노르웨이 홀멘콜멘에서 열린 월드챔피언십에서는 크로스컨트리 단체전에서 금메달을 땄고, 개인전 15킬로미터 클래식에서 동메달을 획득했다. 노르웨이 선수권 대회에서는 네 번 우승했다.

라르센을 만나기 전에도 나는 여러 멘탈 트레이너와 함께 훈련했다. 하지만 그때는 훈련의 초점이 대부분 시합 당일 실전에 맞춰져 있었다. 내 정신력은 정말 중요할 때 초점이 약간 어긋나 있었는데 라르센이 거기에 정말 중요한 역할을 해주었다. 현재에 최선을 다하는 사람이 되도록 이끌어준 것이다.

과거에 나는 별로 중요하지 않은 대회에 최선을 다하곤 했다. 그래서 정작 중요한 대회 때는 말 그대로 정신적으로 무너져 형편없는 성적을 내기 일쑤였다. 그야말로 엄청난 에너지가 새고 있었다. 나는 올바른 방법을 찾고, 팀 동료들, 트레이너들, 기술지원팀, 그 외에 내 주변 사람들에게 물어서 내가 최상일 때가 언제인지 알아내기 위해 무던히 애썼다.

나는 어떤 태세를 취해야 하며 어떤 정신 상태를 유지해야 하는가? 이 두 가지를 명확하게 정의하는 것이 나한테는 지극히 중요했다. 처음에는 힘들었다. 사실은 미칠 듯이 불안한데 차분하고 느긋한 척하는 건 쉬운 일이 아니기 때문이다. 지금도 나는 그 모든 것이 자연스러워지도록 열심히 노력한다.

대회 당일에는 아침부터 특정 태세에 돌입한다. 그리고 시작 직전에 다른 태세로 상태를 전환한다. 예전에는 대회 당일이 되면 불안함과 그 상황의 진지함 때문에 아침에 눈뜰 때부터 마음이 무거웠다. 외부로부터 나 자신을 차단하고 내 생각에만 몰두했다. 그리고 아마도 거기에 에너지를 너무 많이 쏟았던 것 같다.

라르센은 즐기는 사람이라는 의미의 '해피 캠퍼Happy Camper'라는 단어를 사용하면서 나에게 사교적이고, 쾌활하고, 행복한 남자가 돼야 한다고 강조했는데, 그건 금메달을 줘도 될 만큼 가치 있는 일이었다. 지금은 이게 내가 경기장에 도착해서 스키를 점검하고 마지막 준비를 하는 동안의 내 태세다.

경기 시작 10분 전에 나는 다른 태세에 돌입한다. 비탈을 미끄러져가는 내 모습을 상상하고 거기에 초점을 맞춘다. 저 앞에 검은 표범이 있다고 가정하고 내가 그 표범을 사냥하는 사냥꾼이라고 상상한다. 사냥에는 냉정함과 기민함이 요구된다. 그 짐승은 곧 깨어날 것이다. 나는 나 자신에게 끊임없이 상기시킨다. '이건 피곤한 일도 아니고, 고통스럽지도 않고, 사실 아주 재밌는 일이야.' 난 절대 굴복하지 않을 거라고 생각한다. 나는 쓰러질 때까지 계속할 것이며 고통이 내 머릿속을 지배하게 두지 않을 것이다.

스키 선수인 나에게는 이 모든 게 무척 중요한 일이었다. 하지만 라르센이 나에게 해준 가장 중요한 일은 내가 좋은 목표를 세우도록 도와준 것이다. 그는 나에게 나를 감정적으로 자극할 수 있는 구체적이고 멋진 계획 세우는 법을 가르쳐주었다. 내가 정말 믿고 의지할 지극히 야심찬 목표들 말이다. 그 목표들을 세우고, 그것을 믿고 하루도 빠짐없이 그것을 실천하는 건 나에게 믿기 힘들 정도로 많은 것을 의미한다.

목표 달성에 열정적으로 매달리기 시작하면서 일상의 온갖 사소한 일을 할 때조차 높은 수준의 의식을 유지했다. 나는 스키 선수고, 그래서 사실 평소 훈련을 스스로 관리한다. 전에는 아침에 눈을 떠도 잠깐씩 더 침대에 머물곤 했다. 지금은 목표만 떠올리면 눈이 번쩍 떠진다. 내가 자문하는 또 한 가지 질문은 '오늘 내가 무엇을 하면 목표에 한 발짝 다가갈 수 있을 것인가?'다. 내가 꾸준히 조금씩 더 나아지고, 조금 더 강해지려고 노력하게 만드는 원동력이 바로 이 질문이다.

국가대표팀이 되면 메달리스트가 되는 게 목표라고 말하기 일쑤다. 그것이 사람들이 나한테 원하는 대답이라는 것을 잘 알기 때문이다. 나 역시 마찬가지여서, 내가 그런 질문을 받았으면 아마 확신도 없으면서 똑같이 대답했을 것이다. 라르센은 내가 정말 멋진 목표를 세울 수 있게 도와주었고, 그 목표가 나한테 어떤 영향을 미쳤다. 그 목표라면 정말 잘해낼 수 있다. 그건 정말 특별한 목표고, 그 목표를 달성하기 위해서라면 내가 혼신의 힘을 다할 거라는 걸 안다.

홀멘콜멘에서 열린 월드 챔피언십 전에 내 목표는 클래식 종목에서 세계 최고의 크로스컨트리 스키 선수가 되는 것이었다. 이 목표를 위해 나는 매일, 그리고 훈련 때마다 아주 힘든 결정들을 내려야 했다. 하지만 이제 그런 결정들이 쉬워졌다. 내 목표가 너무 매력적이기 때문이다. 다음 시즌을 앞두고 나는 새 목표를 정했다. 지금 너무 많은 걸 밝히고 싶진 않다. 하지만 내가 말할 수 있는 건 내가 스케이팅 기술을 배워야 할 거라는 사실이다.

불가능이란 세상을 변화시킬 힘을 탐험하는 대신
현실에 안주하는 소인배들이 떠드는 거창한 말이다.
불가능은 사실이 아니라 견해다. 불가능은 선언이 아니라 도전이다.
불가능은 잠재력이다. 불가능은 일시적이다.
불가능은 아무것도 아니다.

무하마드 알리

사람들은 '내면의 목소리'를 우리에게 내린 저주이자 축복이라고 생각한다. 우리는 스스로에 대해 정확하게 판단할 때도 있지만 사실 그러지 못하는 경우가 훨씬 많다. 그리고 아주 예외적인 경우에만 이런 생각을 의식한다. 그건 대개 어지럽게 맴도는 단어, 생각, 문장들의 끝없는 행진일 뿐이다. 내면의 목소리는 마치 스포츠 해설가처럼 우리가 사는 동안 쉴 새 없이 삶에 대한 해설을 풀어놓는다. 사실상 우리 자아의 해설가나 다름없는 내면의 목소리를 만나 무엇에 대해 해설하고, 어떤 걸 강조하고, 어떤 단어나 문장을 사용하는 게 좋을지 주문한 적도 없지만 내면의 목소리는 쉬지 않고 존재감을 드러낸다.

연구에 따르면, 사람들이 하루 일과를 보내는 동안 머릿속에 떠오르는 생각은 1만 개 이상의 단어와 문장으로 구성된다고 한다. 이것이 내가 이해하는 내면의 대화의 개념이다.

우리는 실제로 우리가 자신의 생각을 통제할 수 있다는 사실을 기억해야 한다. 사실 이것은 꽤 명백한 사실인데도 대부분의 사람들이 이 사실을 자꾸 잊는다. 전쟁으로 끊임없이 위협을 받거나, 두려움에 떨거나, 커다란 위험에 처해 있거나, 강박적인 생각에 사로잡힌 사람이라면 자기 생각을 통제하는 일은 쉽지 않다. 하지만 노르웨이만큼 안전한 환경에서는 생각의 범위를 마음껏 넓힐 수 있다.

이건 사실 굉장히 매력적인데, 이 특권을 깨닫고 생각을 통제하는 법을 훈련하면 자기 감정을 훨씬 광범위하게 조종할 수 있기 때문이다. 내가 무엇을 하고, 무엇을 하지 않을지 결정하는 것이 바로 감정이기 때문에, 생각을 통제한다는 것은 곧 행동을 조정할 수 있다는 의미다. 예를 들어 직장에서는 힘든 일보다 쉬운 일에 높은 우선순위를 두기가 쉽다. 그런데 이런 경향은 우리의 생각과 감정 탓이다. 의욕적이고, 영감이 넘치고, 업무에 전념하면 힘든 일이라도 주저하지 않고 자연스럽게 하게 될 것이다.

멘탈 트레이너로서 나는 내면의 대화를 크게 세 가지 범주로 구분한다.

첫 번째는 당신이 사용하는 단어에 관한 것이다.

두 번째는 당신이 스스로에게 던지는 질문에 관한 것이다.

세 번째는 일상에서 당신이 자기 자신에 대해 사용하는 강력한 선언에 관한 것이다.

당신이 쓰는 단어가 당신의 행동을 결정한다

당신이 사용하는 단어는 감정에 영향을 미친다. 감정은 행동에 영향을 미친다. 그리고 행동은 당신이 옳은 선택을 할지 그른 선택을 할지 결정한다.

나는 지금은 고인이 된 2차 세계대전 참전용사 군나르 쇤스테비와의 대화를 예로 즐겨 사용한다. 그는 나와 몇 차례 면담을 했는데, 자기가 연설을 셀 수 없이 많이 한다고 했다. 그래서 내가 물었다.

"피곤하지 않으세요? 이젠 나이가 있으시잖아요."

"피곤하냐고요?"

그가 얼굴을 약간 찡그리며 말했다.

"난 그 단어는 안 씁니다."

그러고 나서 그는 피곤하다는 말을 했더니 더 피곤해지는 경험을 했다고 설명했다.

많은 사람들이 피곤하다는 말을 입에 달고 산다. 길었던 하루 일과를 마치고 집으로 돌아가 가족들에게 피곤하다고 말한다. 그러고 나서 다음 순서는 뭘까? 아마 당신은 어딘가에 쓰러져 있을 것이다. 이것은 우리가 어떤 대상을 이미지나 소리와 연관시켜 생각하듯, 당신이 피곤하다는 단어를 무언가와 연관시켜 생각하기 때문이다. 단어는 우리에게 즉각적으로 영향을 미친다. 하지만 대다수 사람들이 이 사실을 인식하지 못한다. 감정은 아주 재빨리 생겨난다. 게다가 부정적인 단어는 그에 걸맞게 부정적인 감정을 창조한다. 가령 당신이 아이에게 "쏟으면 안 돼."라고 말하면, 아이의 뇌는 "안 돼"라는 단어는 못 들어오게 차단하고 '쏟으면'이라는 단어만 입력한다. 그리고 만약 당신이 '쏟는 것'을 염두에 두고 그 말을 했다면 당신은 초점을 잘못 맞췄다. 언제나 초점은 하지 말아야 할 것이 아니라 해야 할 것에 맞춰져야 한다.

어떻게 지내냐는 질문을 받으면 사람들은 대개 "잘 지내."라고 대답한다. 단순히 인사로 던진 질문인데 잘 지낸다는 대답을 기대하지 요즘 살기가 얼마나 힘든지 같은 불평을 기대하는 사람은 아무도 없다. 그런데 "잘 지내."라는 대답을 "이보다 좋을 순 없어."나 "정말 환상적이야."로 바꾸면 어떨까. 그러면 뇌가 즉각적으로 당신 내면의 변화를 알아챌 것이다. 여기에 환한 미소까지 지으면, 상대방에게 곧바로 이런 질문이 돌아온다. "어, 그래? 무슨 좋은 일이라도 있어? 나도 좀 같이 알자." 그러면 당신은 이렇게 대답할 것이다. "이보다 좋을 순 없어. 왜냐하면……." 일단 말을 이렇게 꺼내놓으면 그 뒤에는 당신이 더할 나위 없이 잘 지내는 이유를 주장하기 시작할 것이다.

당신이 정말 멋진 나날을 보내고 있다고 주장하면, 당신은 그 주장을 뒷받침하기 위해 당신 삶에서 정말 멋진 것들을 찾아야 한다. 그게 바로 핵심이다. 이 증거를 못 찾을 사람은 없다. 물론 삶이 늘 멋지지만은 않다는 것을 누구나 알지만, 이걸 이용해 자신을 재교육하는 도구로 활용할 수 있다는 의미다.

무엇이든 열네 번 반복하면 습관이 된다

내면의 대화를 이루는 또 한 가지 요소는 평소에 자기 자신에게 던지는 질문이다. 이건 당신의 모든 행동과 관련이 있는 광범위한 주제다. 당신이 스스로 이렇게 묻는다고 치자. "난 왜 성공을 못할까?" 당신의 뇌는 이 질문이 떨어지자마자 답을 찾는 작업을 시작할 것이다. 이번에는 중요한 프로젝트를 앞두고 이렇게 묻는다. "이번 프로젝트를 보란 듯이 멋지게 해내려면 어떻게 해야 할까?" 마찬가지로 당신의 뇌는 질문이 떨어지자마자 답 확인 작업에 착수한다. 물론 이 질문에 당신의 뇌가 찾아낸 답은 앞의 질문을 받고 찾아낸 답과 상당히 다를 것이다.

"내 장점은 뭐지?"

"내 강점은?"

"나 자신을 자랑스럽게 느끼게 해주는 게 뭘까?"

기량이 뛰어난 사람들은 스스로 이런 질문을 자주 던진다. 그런 식으로 자신감을 기르는 것이다. 자기 자신에게 올바른 질문을 던지면 광범위한 자신감이 형성된다. 당신은 자신에게 긍정적인 느낌을 주는 질문을 이미 잘 알고 있다. 그럼에도 사람들은 대부분 질문을 정반대로 한다. 자신의 약점과 두려움을 부각시키는 질문을 던지는 것이다. 크로스컨트리 스키 선수 크리스틴 스퇴르메르 스테이라는 여러 차례 중요한 대회에서 4위로 들어오는 바람에 대중매체를 통해 '영원한 4위'라는 꼬리표를 달았다. 하지만 스테이라는 자기 자신에게 결코 이런 질문을 던지면 안 된다. "난 왜 맨날 4등이야?" "왜 안 되는 거야?" 왜냐하면 왜 안 되느냐는 그 질문이 뇌가 찾아내는 답(난 충분히 강하지 않아, 나한텐 승자의 기질이 부족해 등등)에 틀림없이 영향을 미칠 것이기 때문이다. 그녀는 대신 이렇게 물어야 한다. "내가 1등을 하려면 어떻게 해야 하지?"

내면의 소리에 좀 더 귀기울이고 성과를 극적으로 향상시키고자 하는 사람한테는 아침에 자명종이 울리는 순간부터 도전이다. 사람들은 대부분 알람 소리를 들으면 "조금만 더. 조금만 더."를 외친다. 몸도 그걸 원한다고 우긴다.

아침에 눈뜨자마자 드는 생각이 무엇인가? '아, 너무 피곤해. 딱 5분만 더 자면 안 될까?' 이거 아닌가?

대답은 뻔하다. 문제는 질문이다. 질문이 잘못되었다. '더 자면 안 될까?'는 올바른 질문이 아니다. 우리 감정은 예외 없이 우리가 던진 질문에 맞는 답 중 하나로 우리를 이끌기 때문이다. 당신은 아직 피곤하다. 더 자고 싶은 것도 피곤해서다. 이런 식으로 생각을 연관 짓는 습관을 들이면 멘탈 트레이닝에 커다란 이득을 볼 수 있다. 내면의 대화를 통해 감정을 통제할 수 있게 된다는 의미다.

올바른 질문 던지기 역시 좋은 습관을 들이는 것과 관련이 있다. 당신의 감정은 당신의 모든 감각과 생각에 영향을 받는다. 감정을 통제하려면 자기 자신에게 하는 말을 의식할 필요가 있다.

아침에 일어나는 예로 돌아가보자. 가령 당신이 아침에 알람이 울릴 때마다 습관적으로 보이던 반응을 바꾸기로 결심했다고 해보자. 앞에서 언급했듯이 어떤 행동이든 열네 번 반복하면 습관이 된다. 그러면 그 행동은 당신이 자연스럽게 하는 행동의 일부가 되고, 그 습관을 버리지 않는 한 그 행동을 하려고 더 이상 주의를 기울일 필요가 없어진다.

한 가지 기억할 것이 있다. 새로운 습관을 형성하려고 할 때 가장 중요한 것은 그 행동을 의식하는 것이다. 먼저 당신에게는 새로운 습관을 떠올릴 만한 것이 필요하다. 자명종 위치를 바꾸는 것도 좋고, 휴대전화 벨소리를 다르게 설정하는 방법도 좋다. 두 번째는 아침에 눈뜨자마자 자기 자신에게 던질 질문을 새로 정하는 것이다. 단, 반드시 올바른 답을 유도할 수 있는 질문이어야 한다.

"오늘은 어떤 일이 나를 기다리고 있을까?"

이 질문을 아침마다 자기 자신에게 던지는 첫 번째 질문으로 정하고 14일 동안 하루도 빠짐없이 같은 질문을 반복하면, 알람이 울릴 때마다 이 질문이 저절로 떠오르도록 뇌를 훈련시킬 수 있다. 간단하게 들리겠지만 효과는 확실하다. 뇌는 스스로 던지는 질문에 답을 찾고 싶어하기 때문이다. 설령 당신이 답을 모르더라도 당신의 뇌는 그걸 찾을 때까지 작업을 멈추지 않을 것이다. 마침내 아주 사소하고 간단한 답(예를 들어 샤워를 해야지, 점심 약속이 있지, 저녁 때 영화를 보러 가기로 했지, 아침 먹고 커피를 마셔야지 등)이라도 찾으면 당신의 마음은 이미 일어날 준비를 10퍼센트 더 갖춘 것이다. 당신이 던진 질문이 긍정적인 반응을 요구하는 질문이기 때문이다.

나는 아침에 일찍 일어나는 게 좋다고 믿는데, 일찍 일어나는 습관이 좋은 성격을 형성하기 때문이다. 많은 사람들이 아침에 늦잠 자는 습관을 올빼미형 인간이라서 어쩔 수 없다고 변명한다. 내 생각에 그건 그들이 그렇게 믿는 것뿐이다. 그런 사람들도 휴가지로 떠나는 비행기를 놓치지 않기 위해 일찍 일어나야 할 때는 반짝 눈을 뜰 것이다.

이제 당신은 아침에 눈뜨자마자 자신에게 던지는 첫 번째 질문을 바꿨다. 전에는 5분만 더 자면 안 되느냐고 물었지만 이제는 오늘은 어떤 일이 기다리는지를 묻는다. 여기에 목표를 떠올리고 삶을 넓은 관점에서 보는 것까지 더하면, 당신은 이제 이 책에서 가장 중요한 세 가지 도구를 사용하는 것이다. 그리고 당신의 마음은 아마 20퍼센트는 더 일어날 준비가 되었을 것이다. 그리고 그건 틀림없이 당신을 침대에서 일어나게 하고, 자신감을 북돋고, 자부심을 느끼게 해줄 것이다. 마침내 문을 잠그고 돌아서서 직장으로 출근할 때의 기분을 상상해보라. 그건 아마 늦잠을 자서 아침을 거르고 15분이나 늦게 집을 나설 때와는 완전히 다를 것이다.

이 마지막 부분은 나도 매일 적극 활용한다. 나는 아침에 일찍 출근하려고 노력하는 편이다. 일찍 출근하는 것을 날마다 동기로 활용한다. 첫 회의가 오전 6시나 그보다 이른 시간에 잡혀 있는 날이면 나는 나 자신에게 이렇게 말한다.

"지금 노르웨이의 멘탈 트레이너들은 전부 깊이 잠들어 있어. 내가 첫 번째로 일어난 거야. 오늘은 내가 한발 앞섰다고."

중요한 회의에 참석하러 가는 당신의 마음 상태는 어떤가?

비르켄 크로스컨트리 스키 대회로 향할 때 마음가짐은 어떤가?

까다로운 동료와 불편한 대화를 나누는 동안은 어떤가?

많은 사람들이 부정적인 생각을 한다. 얼마나 부담스러운지, 일이 얼마나 힘들지, 회의에서 분별 있는 말을 한 마디도 못 하면 어쩔지, 첫 10킬로미터를 지나는데 벌써 몸이 뻣뻣해지면 어쩌나 걱정하고, 상사가 틀림없이 자기한테 소리를 지를 거라고 노심초사한다. 부정적인 생각은 절대 해선 안 된다는 얘기가 아니다. 단지 부정적인 생각, 그 자체를 믿지 않아야 한다는 얘기다. 당신이 똑바로 생각해야 한다는 말이다. 이런 상황에서 우리는 최악의 경우, 다른 사람들의 말, 임무를 해내지 못할 거라는 생각을 떠올리는 경향이 있다.

야성적인 인간이라고 강력하게 선언하라

내면의 대화를 구성하는 세 번째 요소는 당신이 일상적으로 자기 자신에게 사용하는 강력한 선언이다. 강력한 선언이란 당신이 자신의 모습을 특징지을 때 사용하는 개념, 단어, 표현이다.

사람들은 자기 성격의 핵심을 잘 드러내기 위해 이런 표현들을 쓴다. 하지만 그런 표현에서 정말 주목할 만한 사실은 대부분의 사람들은 자기 약점을 묘사하는 표현을 입버릇처럼 쓴다는 점이다.

"너도 알잖아. 내가 좀 게으른 거." 간혹 이렇게 말하는 사람들이 있다. 그런데 자기 자신에 대해 이렇게 말하는 사람, 즉 게으름을 자신의 대표적인 특성으로 만들어버리는 사람은 당연히 자기가 게으름을 피우도록 내버려둘 수 있다. 자기가 게으른 사람이라고 말하면 게으른 사람이 된다. 이와 같이 자신을 부정적인 인간으로 표현하는 말로는 다음과 같은 것들이 있다.

- 난 질서의식이 없어.
- 난 맨날 늦어.
- 난 올빼미형 인간이야.
- 난 수학이 정말 싫어.
- 내가 지갑을 잃어버리는 게 한두 번도 아닌데, 뭐.
- 난 마지막에 몰아서 하는 스타일이야.
- 난 이런 상황이 되면 스트레스가 너무 심해.

나는 수많은 고객들과 강력한 선언을 새로 만드는 연습을 했다. 정말 흥미진진한 작업이었다. 반드시 새로운 선언을 확신해야 하는 건 아니다. 하지만 어떻게든 그 선언을 사용해야 한다.

- 나는 야성적이야.
- 나는 언제나 해결책을 찾아내.
- 나는 창의적이야.
- 나는 언제든 준비가 잘 돼 있어.

- 심리적인 압박이 심한 상황에서 좋은 성과를 내는 게 내 장기야.
- 나는 경쟁이 좋아.
- 나는 시장이 뜨거울수록 실력 발휘가 잘 돼.
- 나는 결단력이 있어.

2004년 시장하락 때, 나는 부동산업자들에게 부동산 위기와 시장 붕괴 가능성에 대해 이야기했다. 몇몇은 비관적인 전망에 신념을 잃었고, 부동산업자들은 특히 경기불황에 타격을 입었다. 나는 부동산 체인업체 직원들에게 이번 불경기가 사실은 그들에게 아주 특별한 기회라고 말했다. 여러분에게는 부정적인 전망이 오히려 긍정적인데, 지금 여러분의 경쟁자들이 나날이 자신감을 잃고 있기 때문이라고 말했다. 그러니까 여러분은 행복하고 기분이 좋아야 되는데, 여러분에게는 지금이 바로 기회이기 때문이라고 말했다. 지금이 바로 여러분이 긍정적이고 적극적으로 나서야 할 때라고, 지금이 바로 경쟁자들을 뒤로 하고 경쟁 우위를 차지할 때라고 말했다!

우리 경쟁자들은 대부분 대규모 인원삭감과 구조조정을 단행했지만 우리는 정반대로 했다.

내가 사용하는 강력한 선언은 "난 독종이야!"다. 나는 나 자신에게 평생 이 말을 해왔다. 군에서도 사용했고, 사회에 나와서도 마찬가지였다. 지금은 나 자신에게 이렇게 말한다. "난 야성적이야! 난 알아, 내가 더 감당할 수 있다는 걸!" 너무 피곤해서 소파에 누워 빈둥거리고 싶을 땐 이렇게 말한다. "난 야성적이야! 난 알아, 내가 더 감당할 수 있다는 걸!" 나는 강력한 선언이 얼마나 효과적인지 체험을 통해 생생하게 경험했다. 앞에서 이미 내가 공수부대 사관학교 입학시험을 어떻게 준비했는지 잠깐 언급했었다. 당시 나는 무언가를 예상한다는 게 어떻게 하는 것인지 거의 아는 게 없었다. 그래서 나는 최악의 상황에 대비할 수밖에 없었다. 체격이 작은 나한테는 그 시험이 꽤나 벅찬 일일 거라고 생각했다. 그래서 내가 상상할 수 있는 모든 시나리오를 머릿속에 그려보고 그 상황에 처한 내 모습을 상상했다. 진흙 바닥을 기고, 아주 먼 거리를 행군하고, 지휘관의 명령에 악을 쓰며 대답하는 내 모습을 떠올렸다. 어떻게 하면 내가 그것을 해낼 수 있을지 계속 생각했다. 거기서 경험할 것 같은 느낌, 가령 안전하지 못하다는 느낌, 두려움, 불안 같은 감정에 빠진 나를 상상했다. 심지어 고통이나 절망에 울부짖는 모습도 그려보았다.

그런 다음, 그런 상황들을 어떻게 해결해 나갈지, 그런 상황에 당당히 맞서 싸우기를 내가 얼마나 바라고 있는지 떠올렸다. 2단계 준비 과정에서 사용한 시나리오는 1단계와 같았지만, 2단계에서는 그런 다양한 상황에 내가 어떻게 대처하고 싶은지를 생각했다. 어떻게 하면 부정적인 것을 긍정적인 것으로 바꿀 수 있을까? 상황이 안 좋아질 땐 어떻게 해야 할까?

내가 준비했던 시나리오 대부분이 실제로 일어났다. 나는 강한 사람이 아니었다. 내가 예상했던 감정들이 실제로도 그랬다. 그 지옥의 한 주 동안, 긍정적인 것과 부정적인 것, 양극단의 감정이 마구 뒤섞였다. 시험 마지막 날은 내 생애 가장 힘든 날이었다. 우리는 트란둠 캠프 근처에 있었는데, 무거운 장비를 잔뜩 짊어지고 며칠 동안 행군을 했다. 각자의 배낭과 장비 말고도 70킬로그램 정도 되는 무거운 박스를 하나씩 더 들고 있었다. 모두 각자 자신을 한계까지 밀어붙이고 있었다. 나는 울적한 기분에 휩싸였고 몸과 마음이 모두 피곤했다. 힘든 운동을 마친 뒤에 느끼는 피곤함이 아니라, 몇 주 동안 끊임없이 스트레스를 받은 것 같은 피곤함이었다.

오후에 상자를 바닥에 내려놓고 작은 언덕을 기어오르라는 명령이 떨어졌다. 우리가 그 빌어먹을 상자를 내려놓자 장교들이 고함쳤다. "빨리, 빨리, 빨리!" 나는 '오, 안 돼, 이제 그만.'이라고 생각하며 방독면 잠금장치를 만지작거렸다. 방독면을 쓰면 몸에 산소가 충분히 공급되도록 숨을 더 크게 들이마셔야 했다. 결국 난 방독면을 썼다. 아주 작은 동작 하나도 고역이었다. 무릎을 꿇는 것도 고통스러웠다. 호흡 때문에 방독면 유리가 뿌예져 앞이 거의 보이지 않았다. 돼지처럼 온몸이 땀범벅이었다. 내 귀에 내 숨소리가 들렸다. 거칠게 몰아쉬는 숨소리였다. 한 주 동안 생긴 작은 상처들과 베인 자리가 쓰라렸다.

나는 언덕을 기어오르기 시작했다. 발은 물에 푹 젖고, 상처로 성한 곳이 없었으며, 곳곳에 물집투성이었다. 배낭은 여전히 내 등에 짊어져 있었다. 어깨가 아팠다. 총이 계속 무릎에 부딪혔다. 고통스러웠다. 거의 먹지도, 쉬지도, 자지도 못한 채 꼬박 일주일을 버텼다. 절망이 몰려왔다. 더는 버틸 수 없다고 생각했다. '난 이걸 할 수 없어. 그럴 가치도 없어. 이 개떡 같은 한 주, 이 정도면 난 충분해.' 나는 언덕을 그렇게 천천히 기어오를 수 있다는 사실이 놀라웠다. 그렇게 피곤할 수 있다는 게 놀라웠다. 온몸이 더 이상은 안 된다고 울부짖었다. 머릿속에서 안 된다는 아우성이 들리기 시작했다.

"이제 그만!"

우리를 지켜보던 장교 하나가 갑자기 외쳤다. "자기가 안 됐다고 생각하나?" 그는 낮은 목소리로 빈정거리듯 계속 말했다. "그럼, 자기가 안 됐다고 느끼는 거지, 뭐." 나는 마치 그 장교에게 내 머릿속에서 벌어지는 일을 들키기라도 한 듯, 어린아이가 울음을 그치려고 애쓸 때처럼 씩씩거리기 시작했다. 난 정말 내가 안됐다고 생각하고 있었다. 눈물이 몇 방울 떨어졌다. 방독면을 쓴 채 나지막이 흐느꼈다. 맞다. 난 내가 안 됐다고 느꼈다. 손이 보이진 않았지만 나는 계속 언덕을 기어오르는 중이었다. 하지만 속도는 조금 더 느려져 있었다. 더 이상 버틸 수가 없었다.

그때였다. 갑자기 그 생각이 떠올랐다! 시간이 멈췄다. 나는 몇 초 동안 기어오르던 동작을 멈추고 눈을 부릅떴다. 조금이었지만 아드레날린이 솟았다. 그 생각이 내 머리를 강타했다.

'난 전에 이걸 경험했어. 그리고 해냈어.'

머리로 한 경험이었지만 어쨌든 난 해냈었다. 나는 이런 상황을 철저히 대비했다. 눈물이 연상 작용을 일으켰다. 지금이야말로 내 인생을 한 발짝 떨어져서 봐야 할 딱 그런 상황이었다! 이건 언젠가 끝난다. 지금 포기한 것 때문에 몇 시간, 며칠, 몇 주, 어쩌면 몇 년 동안 후회하며 지낼 순 없다. 지금 느끼는 이 고통은 인간이 감당할 수 있는 고통의 한계에 비하면 아무것도 아니다. 지금은 내 목표를 떠올려야 할 때였다. 내 꿈, 사관학교 최고의 생도 중 하나로 인정받는 내 꿈 말이다. 다른 합격생들과 나란히 선 내 모습을 떠올려야 하는 순간이었다. 자부심! 이것이야말로 목표에 초점을 맞춰야 하는 이런 순간, 내가 해낼 수 있다는 걸 나 자신에게 그리고 학교의 힘센 친구들에게 입증하는 순간 느껴야 하는 바로 그 감정이었다. 복수심! 난 죽는 게 두렵지 않았다. 무섭지 않았다! 이미 결심하지 않았던가. 끌어내기 전까지는 절대 포기하지 않겠다고. 나는 이렇게 단정적으로 말하기 시작했다.

"난 강해."

"난 독종이야."

"난 절대 포기 안 해."

"난 더한 것도 감당할 수 있어."

"일 분, 일 초 지날 때마다 난 목표에 조금 더 다가가는 거야."

"난 이걸 해낼 거야."

"난 이 시련을 지배할 수 있어."

"고통은 내 미들 네임이야."

순간 나는 억지로 입술에 미소를 짓고, 얼굴에는 진지하고 집중한 표정을 짓고, 온 힘을 끌어모았다. 뿌연 방독면 저 안쪽 어딘가, 내 숨소리가 들리는 슬프고 작은 우주 어딘가에서 나는 억지 미소를 짓고 있었다. 그리고 미소를 지은 채 또 한 번 생각했다.

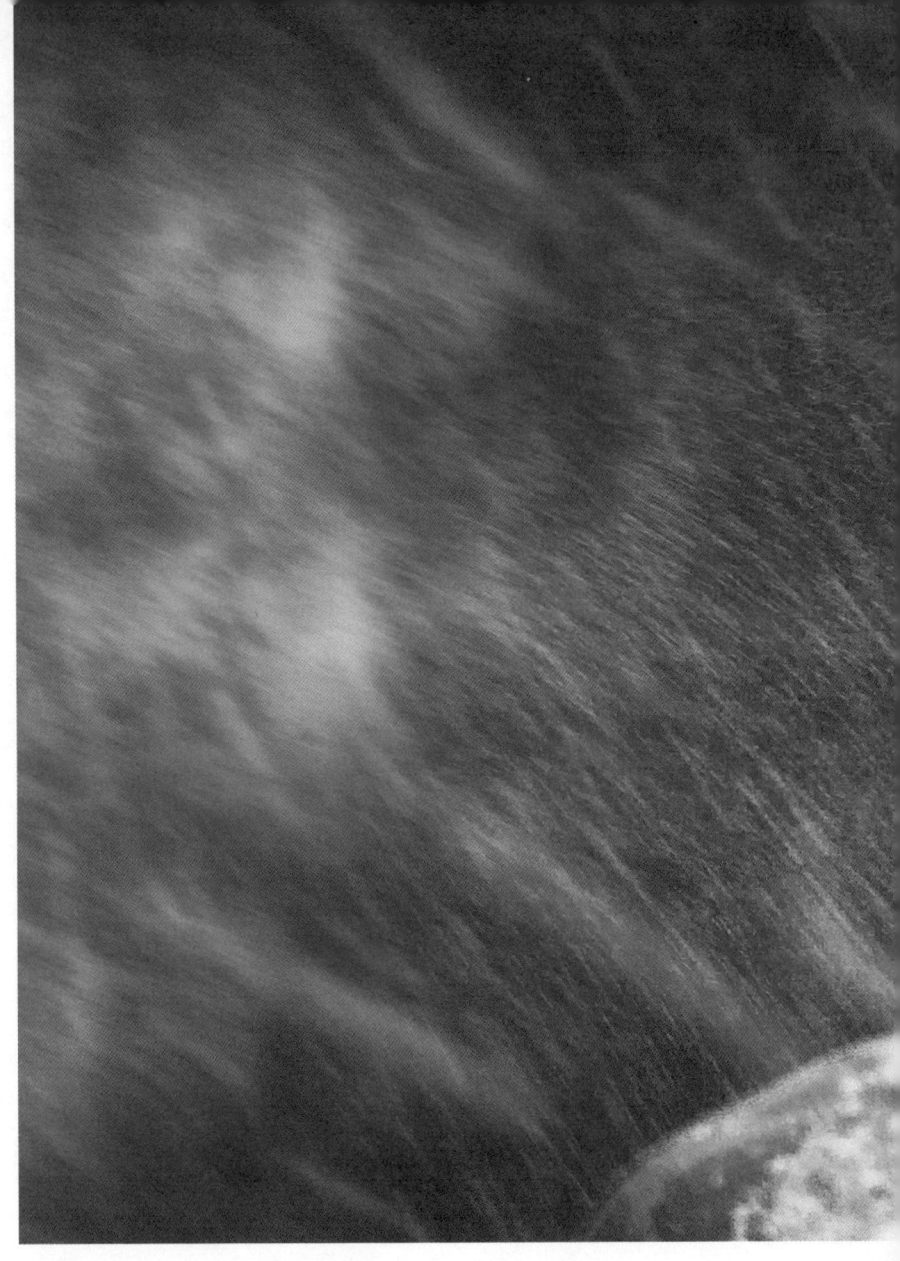

갑자기 그 생각이 떠올랐다! 시간이 멈췄다.

아드레날린이 솟으며, 하나의 생각이 내 머리를 강타했다.
'이건 전에도 경험해본 일이야. 나는 해냈었지.'

난 할 수 있어!

　기분이 한결 나아졌다. 나는 내 접근법과 태도를 바꿨다. 그리고 몇 분 만에 시험은 완전히 끝났다. 그 몇 분이 몇 시간처럼 느껴졌다. 언덕에서 몸을 일으켜 세웠다. 이젠 방독면을 벗을 수 있었다. 얼굴을 뒤덮은 땀과 먼지, 위장용으로 칠한 페인트 때문에 아무도 알아볼 수 없었을 테지만, 나는 몸을 약간 돌려 눈물을 훔쳤다. 이제 난 새로운 도전을 할 준비가 됐다고 나 자신에게 보내는 명확한 몸짓이었다. 나는 계속 싸울 준비가 돼 있었다. 목표를 향한 싸움 말이다. 뿌듯함이 밀려왔다. 단단해진 느낌이 온몸을 휘감았다. 내가 그걸 거의 즐기고 있는 듯한 느낌이 들었다. 장교가 말했다.

　"이제 아래로 뛰어가서 각자 상자를 들고 나를 따라 와."

　갑자기 뛰는 게 쉽게 느껴졌다. 생도 알브레크트센과 나는 우리 팀 상자를 들고 걷기 시작했다.

　내가 그에게 말했다.

　"잘 했어, 알브레크트센. 넌 강한 놈이야."

　가슴이 후련하고 행복했다.

Bli Best

2부
최후의 승자는
어떻게 결전을 맞이하는가

*싸움판에서는 개의 크기가 중요한 것이 아니라
그 개가 어떻게 싸우느냐가 중요하다.*

마크 트웨인

나는 머릿속으로 선명하고 또렷한 그림을 그려보지 않고는
연습에서조차 공을 친 적이 없다.
나는 맨 먼저 내가 원하는 자리, 밝은 잔디 위에 얌전히 놓인 하얗고 멋진 공을 본다.
그러고 나서 장면이 재빨리 바뀌어 그 지점까지 날아가는 공을 본다.
공이 지나는 경로, 하늘에 그리는 궤적, 그 모양,
심지어 땅에 떨어지고 난 이후의 움직임까지 보인다.
이 장면이 서서히 사라진 뒤에는
내가 방금 머릿속으로 그린 장면을 현실에서 실현시켜줄 스윙이 보인다.

잭 니클라우스 (골프 선수)

앞의 인용문은 운동선수들 사이에선 유명한 글이다. 영국 프리미어리그 블랙번 로버스의 선수들 라커룸에는 벽에 이 글귀가 대문자로 적혀 있다. 내가 이해하기로 이 글은 승리와 패배를 판가름하는 결정적인 힘을 어디서 찾아야 하는지 이야기하고 있다. 우린 이제 준비 단계가 아닌 실전에 대해 이야기하려고 한다. 실전에 필요한 힘은 반드시 자기 안에서 찾아야 한다. 지금부터 내가 설명하는 흥분 다스리기, 시각화하기, 그리고 마지막으로 내가 최적의 '태세'에 돌입하기라고 부르는 기술을 터득하면 당신도 당신 안에서 그 힘을 찾을 수 있을 것이다.

시각화하기는 내면의 대화와 마찬가지로 하나의 도구다. 미국의 스포츠 심리학자들은 일찍이 1960년대 초부터 특정 목적을 위해 '시각화하기'를 사용했지만 노르웨이에서 시각화가 주목받기 시작한 것은 최근 들어서의 일이다. 베이징 올림픽 당시 올림피아토펜에서 네 명의 멘탈 트레이너를 파견한 것도 우연의 일치가 아니다. 하지만 비즈니스 업계에서는 시각화하기로 거둘 수 있는 막대한 이득에 아직도 눈을 뜨지 못했다.

용어에서 알 수 있듯이 시각화하기란 무언가를 눈으로 보듯 마음속에 그려보는 것을 의미한다. 단순히 생각을 하는 게 아니라 그림이나 영화처럼, 특정 장면을 마치 실제로 보듯이 마음의 눈으로 상상하는 것이다. 시각화하기는 거의 명상에 가까워서 상상력과 집중력 두 가지 모두를 요구한다. 게다가 시각화하기를 어려워하는 사람도 적지 않다.

활강 스키 선수들은 경기 전에 산 정상에 서서 이제 곧 지나게 될 경로를 시각화한다. 아마 텔레비전을 통해 스키 선수들이 눈을 감았다가 몸을 쪼그려 크라우칭 자세를 취한 뒤 무언가에 집중한 표정으로 다시 몸을 약간 움직이는 모습을 보았을 것이다. 자기가 지날 경로를 아주 세세하게 떠올리고 그것을 어떤 식으로 공략할지까지 떠올리는 것이다. '내부 카메라'를 사용하는 선수들은 객관적인 시각으로 자기 내부에서 경로를 본다. 텔레비전 시청자가 선수들을 바라보는 것처럼 외부에서 자기를 바라보는 선수들도 있다. 활강 스키 선수들은 최상의 경로, 최상의 턴, 최상의 경로 공략법을 상상한다. 외부 카메라로 자기를 보는 선수들은 자신의 자세와 급선회하는 방식도 볼 수 있다.

이 점에 있어서 태권도, 펜싱, 권투, 크로스컨트리 스키 같은 기술 위주의 스포츠 선수들 역시 다양한 기술을 사용하는 자신의 모습을 시각화할 수 있다. 이들의 공통점은 언제나 자기가 바라는 실전 장면을 상상한다는 것이다. 활강 스키 선수는 최적의 경로를 상상한다. 크로스컨트리 스키 선수는 최적의 코스를 상상한다.

디테일한 시각화로 게임의 결과를 바꿔라

실제로 시각화만 가지고도 효율적인 훈련이 가능하다. 스웨덴 학자들의 연구를 보면 시각화하기가 얼마나 큰 힘을 발휘하는지 확인할 수 있다. 학자들은 실력이 비슷한 운동선수들을 두 그룹으로 나누어 연구를 실시했다. 한 그룹은 실제로 훈련을 하고, 다른 그룹은 시각화 방식으로만 훈련을 했다. 그 결과, 두 그룹 선수들의 성과는 똑같이 좋았다.

에우둔 뮈스키아라는 의사도 《내면의 힘을 발견하라 Find You Inner Force》라는 책에서 비슷한 연구 결과를 언급했다. 그는 이 실험에서 실험 참가자들에게 특정 횟수만큼 농구공을 골대로 던지게 하고 점수를 기록했다. 그리고 나서 참가자들을 세 그룹으로 나누었다. 첫 번째 그룹은 농구 연습을 하지 않았다. 두 번째 그룹은 매일 자유투 연습을 했다. 세 번째 그룹은 농구 연습은 하지 않고 공을 골대 안으로 던져 넣는 장면을 시각화했다. 석 달 뒤, 연습을 하지 않은 첫 번째 그룹 사람들은 점수가 높아지지 않았다. 매일 자유투 연습을 한 두 번째 그룹은 성공률이 평균 36퍼센트 높아졌다. 공을 던져 골대를 맞히는 장면을 시각화 한 세 번째 그룹은 평균 18퍼센트 높아졌다.

당신도 어느 정도 연습을 하면 시각화를 재빨리 적용하는 법을 배울 수 있다. 시각화하기가 잘 되면 시각에 다른 감각을 하나씩 보태는 연습을 한다.

경기를 하는 동안 어떤 소리를 들을 것인가?

무슨 생각을 하고 싶은가? 어떤 느낌을 받고, 어떤 냄새를 맡고, 어떤 맛을 느끼고 싶은가?

최고의 성과를 내기 위해 어떤 총체적인 경험을 하고 싶은가?

운동선수들의 경우 시각화할 대상이 분명한 편이다. 하지만 당신도 일상에서 운동선수들처럼 시각화를 활용할 수 있다. 오늘 당신의 하루가 어떻게 전개될지, 어땠으면 좋을지 상상해보라. 당신의 하루를 마음의 눈으로 미리 봐두면 그날 하루를 지내기가 훨씬 수월해진다. 오랜 시간 동안 특정 장면 하나만 반복적으로 시각화하는 것은 접근법이 전혀 다르다. 이 책을 쓰는 지금, 나와 작업하는 한 뛰어난 골프 선수가 미국에서 열리는 대회를 일주일 앞두고 출국했다. 오늘 밤에 나는 그에게 전화를 걸어 다음 주 플로리다에서 펼쳐질 경기 장면을 시각화하라고 말할 것이다. 또 경기 2, 3일 전부터의 일정도 시각화 장면에 포함시켜야 한다는 걸 상기시켜줄 것이다.

큰 대회 며칠 전의 모든 인상과 경험은 집중력을 무너트릴 수 있다. 큰 대회 경험이 있는 선수들에게 올림픽이나 세계 선수권 대회에 처음 참가했을 때의 경험을 물어보라. 선수들은 대부분 대회 규모에 압도당한다. 그래서 자기가 그곳에서 하려는 일이 사실은 꽤 단순하다는 걸 쉽게 잊곤 한다. 그동안 꾸준한 연습을 통해 완벽하게 터득한 것을 하면 되는데 말이다. 매일 하던 것과 똑같이 하면 된다. 다른 건 장소뿐이다. 장소만 친숙하게 느끼면 해야 할 일에 쏟을 정신 에너지는 충분하고도 남는다.

- 공항은 어떻게 생겼나?
- 비행은 어떨 것 같은가? 어떤 사람들과 동행하는가? 비행기에서 낮잠을 잘 건가?
- 호텔은 어떻게 생겼나? 인터넷 홈페이지에서 호텔과 객실 이미지를 확인해둘 수 있는가? 대회 전날 밤은 어떻게 보내고 싶은가?
- 첫 경기가 있는 날 아침 눈을 떴을 때 어떤 기분이었으면 좋겠는가?
- 아침으로 무얼 먹을 생각인가? 식사를 하면서 무슨 생각을 할 것인가?
- 몸을 풀 장소는 어떤 곳인가? 그곳에 누가 있나? 그 사람들 모습을 머릿속에 그려볼 수 있는가? 광고판이 있나?
- 몸을 푸는 동안 어떤 기분이었으면 좋겠는가? 어떻게 하면 그 기분을 느낄 수 있을까?
- 경기장 코스를 끊임없이 반복해서 머릿속에 그려라. 그 코스가

담긴 사진과 비디오를 보라. 코스를 샅샅이 파악하라. 다양한 날씨 조건 하에서 그 코스를 떠올려라.
- 경기가 시작됐다. 당신은 어떤 상태인가? 무슨 생각을 하는가? 어떤 기분인가?
- 무엇을 입고 있나?
- 관중이 많은가? 관중 때문에 시끄러운가? 그것 외에 어떤 소리가 들리는가?
- 모든 스윙을 시각화하라. 퍼펙트 라운드를 그려라. 경기가 원하는 대로 풀리지 않는 다양한 상황을 상상하라. 그런 상황에 어떻게 반응하고 싶은가? 그런 상황을 어떻게 느끼고 싶은가? 무엇을 보는가? 다시 한 번 최고의 라운드를 그려라.
- 스윙 직전, 홀과 홀 사이를 걸을 때, 순서를 기다리는 동안, 어디에 초점을 맞추고 싶은가? 스윙과 퍼팅이 제대로 되지 않았을 때의 안 좋은 기분을 어떻게 떨칠 것인가? 무얼 보는가?
- 첫 번째 라운드에서 벌어질 여러 가지 상황에 어떻게 대처할 것인가? 선두를 잡으면 어떻게 할 것인가? 뒤에 쳐지면 어떻게 할 것인가? 경기가 잘 안 풀릴 때는 어떻게 거기서 벗어날 것인가?

위에서 보듯, 시각화를 한다는 것은 자리에 앉아서 앞으로 일어날 모든 일들을 예상해본다는 뜻이다. 실제 상황이 되었을 때 그 상황을 익숙하게 느끼기 위해서다. 시각화하기를 통해 앞으로 일어날 일들에 대비해놓으면, 최고의 실력을 발휘할 가능성이 현저히 높아진다.

영국의 축구팀 리버풀의 홈 경기장 라커룸으로 향하는 원정 팀 선수들은 반드시 긴 복도를 지나야 한다. 복도는 터널처럼 생겼다. 터널의 어느 지점부터인가 관중의 함성과 리버풀 응원가가 들리기 시작한다. 그리고 벽에는 전설적인 축구 감독 빌 샹클리가 붙여놓은 글이 보인다.

"여기는 안필드다."

샹클리 감독은 일찍이 1960년대부터 축구의 정신적 측면을 강조했고, 적의 정신을 흐트러트리는 것으로 유명했다. 리버풀 선수들이 빨간색 유니폼을 입기 시작한 것도 샹클리 감독의 아이디어였다. 그는 빨간색이 상대편 선수들을 불안하게 만든다고 생각했다. 빨간색 유니폼의 효과는 레슬링에서 입증된 바 있다. 물론 "여기는 안필드다."라는 글귀를 붙여놓은 것도 비슷한 효과를 노린 것이었다. 그 글귀는 원정 팀 선수들에게 그들이 곧 치르게 될 경기가 평범한 시합이 아니라 그 유명한 안필드 경기장에서, 그 유명한 리버풀과 벌이는 한 판 승부 라는 사실을 떠올리게 한다. 반드시 사전에 시각화를 수없이 반복해 둬야 하는 그런 실전 말이다.

2011년 홀멘콜멘에서 열린 노르딕 월드 스키 챔피언십 대회 전, 나는 대회에 출전하는 남성 팀 선수들에게 말했다. 여러분이 경기장에 도착했을 때 그 대회가 세계 선수권 대회이고 십만 관중이 지켜본다는 이유로 가슴이 미친 듯이 두근거리기를 바라진 않을 것이다. 그때쯤 여러분은 그 경기장이 수없이 다녔던 평상시의 훈련 장소와 다를 바 없다고 느껴야 한다.

나는 그들이 시각화하는 것을 돕기 위해 최선을 다했다. 나는 그들이 대회 전 2주 정도 머물 소리아 모리아 호텔에서 그들과 합류했다. 나는 선수들 방에서 그들에게 눕도록 한 뒤 알람 시계를 울리며 말했다.

"오늘은 15킬로미터 클래식 경기가 있는 날입니다. 지금 기분이 어땠으면 좋겠어요?"

"차분하고 느긋한 기분이요."

그들의 대답이었다.

이어서 아침식사 장소로 내려갔는데 만약 날씨가 안 좋으면 어떻게 생각할 건지 내가 물었다.

"상관없어요." 그들이 대답했다.

"날씨가 좋으면요?"

"상관없어요."

"아침식사를 하는 식당에서는 무엇을 볼 겁니까? 여기에는 음식이 있고, 저쪽에는 선수들이 있어요. 저쪽에 스웨덴 선수들과 러시아 선수들이 있군요. 당신은 그 선수들 얼굴을 알아보나요?"

"네, 대부분 아는 얼굴이에요."

"저쪽에는 노르웨이 선수들이 있어요. 저쪽에 있는 남자들이요. 모르텐 오 드주프비크하고 물리치료사요. 지금은 어떤 기분이었으면 좋겠어요?"

"계속 차분하고 느긋했으면 좋겠어요."

우리는 각자 머릿속에서 산책을 하고 방으로 돌아와 옷을 갈아입고 다시 밖으로 나갔다. 버스가 기다리고 있었다. 우리는 그 버스를 타고 홀멘콜멘 도로를 달렸다.

"여기서는 뭐가 보이나요?" 내가 물었다.

"깃발하고 사람들이요. 얼굴에 색을 칠한 사람들이 아주 많아요."

우리는 스키 점프 코스 맨 아래로 내려갔다가 다시 위로 올라갔다.

"이쪽으로 사람들이 계속 들어옵니다."

이제 스키 점프대 뒤로 갔다.

"여긴 기자들, 카메라, 사람들이 인산인해를 이루고 있군요. 지금 당신은 어떤 상탭니까?"

"여전히 차분하고 느긋합니다."

우린 다시 출발점으로 돌아갔다.

이 팀 선수들은 이 연습을 아주 많이 했기 때문에 대회 당일 많은 인파와 카메라에도 불구하고 자기가 선호하는 '태세'에서 벗어나지 않았다. 그들이 그렇게 할 수 있었던 것은 시각화를 수없이 해본 덕분이었다. 첫 번째 출발 신호 소리를 들었을 때 그들은 이미 정신적으로 출발점에 여러 번 서보았다. 세계 선수권 대회 전에 내가 그들과 했던 연습은 시각화하기를 보강한 것이었다. 우리는 마음의 눈으로 시각화할 모든 것을 머릿속에 그려보았다. 호텔에서 나와 버스를 타고 경기장까지 이동해보았고, 형형색색 색칠을 한 관중들의 얼굴을 떠올려보았고, 경기장에 울리는 함성 소리를 미리 들어보았다.

치밀하고 섬세하게 결전의 날을 시각화하라

나는 시각화하기의 효과를 대단히 신뢰한다. 경영인들 역시 최고 수준의 선수들과 마찬가지로 시각화를 효과적으로 활용할 수 있다. 나는 여기에 내가 한 고객과 나눈 대화를 대략적으로 제시하려고 한다. 대략적이라고는 해도 핵심은 놓치지 않았다. 이 고객이 이름을 밝히고 싶어하지 않기 때문에 여기서는 그냥 닐스라고 부르기로 한다. 신분 노출을 피하기 위해 출신지나 학력 같은 배경은 바꾸었다. 나는 멘탈 트레이닝 작업에 한 가지 방법만 사용하는 경우는 거의 없지만, 지금 소개하려고 하는 사례에서는 행동에 바람직한 변화를 가져오기 위해 시각화 위주로 작업을 진행했다.

지난 해 겨울, 덴마크의 한 유력 은행가가 베르트란 AS 사무실로 나를 찾아왔다. 그는 코펜하겐에 위치한 은행의 기업금융부에서 인수합병기업 관련 업무를 맡고 있었다. 그가 그 부서에서 일한 지는 13년이 넘었다. 그는 일정 기간 동안 자신을 괴롭혀온 문제에 대해 나와 상의하고 싶어했다. 그는 경험이 많았고, 일처리도 능숙했으며, 평판도 좋고, 성과도 나무랄 데 없이 좋았다. 하지만 소위 '피치 미팅' 시간이 코앞으로 닥치면 마음이 주체할 수 없이 불안해졌다. 피치 미팅이란 은행이 기업을 상대로 투자전략 솔루션을 제시하고 그 제안의 수익성과 그들 은행이 그 사업을 실현시킬 수 있는 우대 금융기관이라는 점을 설득하는 회의였다. 이 회의에서 은행 직원들은 설득력이 있어야 하고, 논쟁에 강해야 하며, 효과적인 해결책을 제시할 수 있어야 하고, 믿을 수 있고 의지할 수 있다는 인상을 남겨야 했다. 은행 직원들이 푸른색 정장을 즐겨 입는 것도 우연의 일치가 아니다. 하지만 그의 경우에는 푸른색 정장과 넥타이도 도움이 되지 않았다.

닐스는 꽤 괜찮은 사람처럼 보였다. 겸손하고 호감형이었는데 자기 외모에 약간 지나치게 신중했다. 그는 이런 피치 미팅이 그를 너무 지치게 한다고 설명했다. 회의 준비는 잘 했지만 세일즈 미팅 전날 밤에는 잠을 거의 못 잤다. 회의실에 들어가기 몇 시간 전부터 쉬지도 못하고, 마음은 초조하고 점점 불안해졌다. 거의 모든 피치 미팅에는 그들이 공략해야 하는 기업 임원들이 참석했기 때문에 그는 일을 제대로 해내지 못할까봐 노심초사했다. 자기 자신을 바보로 만들까봐 두려웠다. 말을 하고 있으면 목소리가 떨리고, 호흡이 가빠지고, 손에 땀이 찼다. 그에게 도움이 필요하다는 게 너무나 분명했다.

"이것 때문에 정말 진이 빠져요. 엄청난 에너지를 쏟아붓거든요. 그게 나는 물론이고 자식들, 아내, 직장 동료들한테까지 영향을 끼쳐요. 나는 실제로 내가 그런 회의 때 너무 불안해하는 인상을 줘서 우리 은행이 거래 몇 건을 놓쳤다고 생각해요. 긍정적인 측면은 그 초조함이 얼마 지나면 사라진다는 거예요. 문제는 처음 몇 분이에요. 날 도와줄 수 있어요, 에릭?"

나는 당연히 해결할 수 있다고 대답했다.

"문제 해결에 착수하기 전에 당신에 대해서 좀 더 잘 알아야 합니다. 하지만 그 전에 몇 가지 간단한 질문에 대답을 해주셔야 해요. 지금까지 살면서 당신이 제일 자랑스럽다고 생각하는 게 뭔가요? 아내나 자식들 빼고요." 내가 물었다.

"자랑스러운 거요?"

"네, 당신이 지금까지 살아오면서 가장 자랑스러운 업적이나 성취가 뭐예요?"

그는 미심쩍은 눈으로 나를 바라보며 잠깐 생각해보더니 이렇게 대답했다.

"한 번도 생각해본 적 없는 질문이네요. 아마도 지금 내 위치에 오게 된 게 아닐까 싶어요. 내 직업이요."

"그 얘길 조금 더 해주세요."

"난 스칸디나비아 반도에서 가장 큰 은행에서 일해요. 수 년 동안 엄청난 이익을 창출한 부서를 맡고 있고요. 경영대학 시절에 내 목표는 M&A 관련 일을 하는 거였어요. 지금 난 그 일을 하고 있고요."

"자랑스러워하실 만하네요."

나는 둘 사이에 신뢰를 조금 더 쌓기 위해 그의 몸짓을 따라하며 말했다. 상대방의 행동을 따라하는 미러링mirroring은 신뢰감을 낳는다. 나는 의자에 앉아 상체를 앞으로 조금 기울이고 책상 위에 두 손을 포개놓은 상태로 말을 계속했다.

나는 그에게 몇 가지 질문을 하고, 그의 성취를 인정하며 신뢰를 쌓았다. 어려운 문제를 해결하는 작업에 착수하기 전에는 긍정적인 감정을 느끼는 것이 중요하다. 자랑스러운 것에 대한 이야기는 언제나 좋은 출발이 된다.

"본격적으로 문제 해결에 들어가기 전에 제가 당신에 대해 좀 더 잘 알아야 합니다. 그래서 오늘 이 첫 번째 면담은 그 이야기만 할 겁니다. 당신이 말한 피치 미팅과 거기서 해결해야 할 문제들에 관한 이야기는 다음 면담 때 본격적으로 하기로 하지요. 당신에 대해서 좀 더 얘기해주세요. 고향이 어딥니까? 어디서 자랐나요? 학교는 어떤 곳을 다녔어요? 형제나 자매가 있나요? 부모님은 두 분 다 살아계세요? 이혼하셨나요? 부모님과의 관계는 어떤가요? 친구들하고 있을 때 당신은 어떤 편인가요? 조용하고 신중한 편인가요? 아니면 리더 타입인가요? 학창시절은 어땠는지, 어떤 결정들을 했고, 무엇 때문에 그런 결정을 했는지 얘기해주세요."

그는 단란하고 화목했던 어린 시절 이야기를 들려주었다. 그는 덴마크의 한 작은 마을에서 재기 발랄한 부모님의 사랑을 받으며 여동생과 함께 자랐다. 이따금 약간 따돌림 당하는 기분이 들 때도 있었지만 친구들도 있었다. 그는 대학을 졸업한 뒤 미국에서 석사학위를 땄다. 대학 풋볼 팀 선수였지만 전형적인 운동선수 타입은 아니어서 경기 때 벤치를 지키는 일이 많았다.

"당신은 어떤 사람인가요? 자신에 대해 어떻게 설명하나요? 이 질문을 당신 어머니한테 하면 어머니는 뭐라고 하실까요?"

그는 한참을 망설이고 머뭇거리다가 이야기를 시작하더니 자기가 야심만만하고, 목표 지향적이며, 일을 열심히 하고, 아주 사소한 것도 놓치지 않으며, 친절하고 내성적이라고 말했다.

"당신이 꿈꾸는 날은 어떤 날인가요? 그런 날 뭘 할 건가요?"

그는 아이들과 지낼 것이고 아침에 한두 시간 정도 같이 놀 거라고 대답했다. 그런 다음 운동을 하고, 운동이 끝나면 카페에 앉아 더블 에스프레소를 시켜놓고 그날 신문을 볼 거라고 말했다. 저녁은 근처에서 제일 좋은 식당에 가서 할 거라고 했다. 그러고 그는 직장 일이 너무 많아서 그렇게 보낸 날이 거의 없다고 덧붙였다. 그는 오전 7시에 출근해서 저녁 9시 전에 회사를 나서는 일이 거의 없었다.

"당신의 가치는 뭔가요, 닐스?"

"가치요? 그게 무슨 말입니까?"

"당신 삶에서 제일 중요한 게 뭐냐고 묻는 겁니다. 당신 인생에서 사소한 것들과 일상적인 과업을 모두 벗겨내고 삶을 크게 보는 거예요. 당신이 따르는 가이드라인은 어떤 겁니까? 당신 삶을 구축하고 있는 뼈대는 어떤 것들이에요?"

약간의 건설적인 논쟁을 거친 뒤에 그는 자신의 건강과 아내와의 사랑, 자식들, 가족, 친구들, 신뢰, 발전, 함께 나누는 것이 그의 가치라는 결론에 도달했다. 신뢰를 중요한 가치로 꼽는 그는, 다른 사람들에게 자기가 살아온 환경이 아무리 달라도 믿을 수 있는 사람, 정직하고 도덕적으로 선한 사람이라고 인식되는 것이 대단히 중요했다. 그는 다른 사람들에게 신뢰를 불어넣을 수 있기를 바라면서, 또 한편으로는 자기 자신에 대한 확신도 갖고 싶어했다. 끊임없는 발전도 그에게 중요한 가치였다. 언제나 더 배우고, 자기 자신에게 도전하고, 지식을 쌓고, 더 나은 사람이 되고, 호기심을 갖고 탐구하는 것이 중요했다. 그는 마지막으로 다른 사람들과 함께 나누고, 자기가 할 수 있는 일을 다하는 것을 그의 삶에서 중요한 가치로 꼽았다. 그리고 거기에는 그가 가진 것을 필요한 사람에게 나누어주는 일도 포함되었다. 이것이 그의 삶에 의미를 부여했다.

"살면서 언제가 최고였습니까? 모든 게 술술 풀리는 그런 시기 말입니다."

그가 부드럽게 싱긋 웃으며 말했다.

"지금 다니는 은행에 입사한 첫 2, 3년이 그랬죠. 내가 이 자리를 맡게 된 게 자랑스러웠어요. 내가 선택되었다는 사실이 뿌듯했어요. 마침내 내가 정말 하고 싶은 일을 하게 되었으니까요. 나는 흥미로운 몇 건의 케이스와 임무를 잘 처리해서 신임을 빨리 얻었죠. 지금 결혼한 내 아내를 만나 사랑에 빠졌고요. 그리고 정말 많은 걸 배웠습니다. 컨디션도 좋았고 운동할 시간도 있었죠. 맞아요. 그때가 최고였습니다."

"당신 가치에 따라 사셨군요." 내가 말했다.

"정말 그랬어요."

"꿈이 있습니까?"

닐스가 날 쳐다보며 대답했다.

"네, 있어요."

이 대답으로 우리 대화가 잘 풀리고 있다는 사실이 더 분명해졌다.

"행복이요. 나 스스로 행복해지는 게 꿈이에요. 그러면 난 더 좋은 남편, 더 좋은 아빠가 될 거예요. 내 가치에 따라 살 거예요. 피치도 멋지게 해낼 거예요."

그는 의자 등받이 뒤로 몸을 기대더니 코로 숨을 크게 내쉬었다.

"그게 무슨 뜻입니까?"

"나 스스로 더 행복해져야 된다는 말이에요. 여러 면에서 난 아주 잘 살고 있어요. 특권도 누리고 있고요. 근데 뭔가가 부족해요. 그 부족한 게 자존감인 것 같아요. 난 정말 나 자신이 안전하다고 느끼고 싶어요. 나에 대해서 다른 사람들이 뭐라고 말하든 전혀 신경쓰지 않으면 좋겠어요. 그냥 좀 편안해지면 좋겠어요. '그게 뭐 대수라고?' 그냥 이렇게 넘길 수 있으면 좋겠어요. 사는 게 힘들어요. 아마 피치 미팅은 이 문제를 단적으로 보여주는 예일 뿐일 거예요."

네 번의 면담을 하는 동안 우리는 그의 도전인 편하고 차분한 마음으로 자신감 있게 회의실로 걸어 들어가는 문제에 대해 구체적으로 작업을 했다. 나는 그와 함께 덴마크로 날아갔다. 우리는 삶을 넓은 관점으로 보는 것에 대해 많은 대화를 나눴다. 삶과 죽음, 가치와 욕구에 대해 이야기를 나누며 피치 미팅이 사실은 그렇게 대단하고 두려운 일이 아니라는 점을 부각시켰다. 나는 그에게 그가 중요하다고 생각하는 가치들을 상기시켰다. 회의에서 거두는 성공이 그의 삶에서 가장 중요한 게 아니라는 점을 강조했다. 그가 마음을 편안하게 갖길 바라서였다.

나는 그에게 우리 인간은 여러 맥락에서 남보다 자기를 더 의식하는데, 따라서 회의실 안에 그를 자기 자신만큼 의식하는 사람은 거의 없다는 사실을 명심하게 했다. 나는 헬스장에 가는 게 힘들다고 고백하는 고객들한테도 같은 조언을 한다. 그런 고객들은 다른 사람들이 자기를 보고 운동복이나 운동 방식에 대해 이러쿵저러쿵 말을 할까봐 두려워했다. 어쩌면 저렇게 뚱뚱하냐고 흉을 볼까봐 움츠러들었다. 나는 그런 고객들에게 헬스장에서 운동하는 사람들은 남보다 자기 외모에 훨씬 더 신경 쓴다는 연구 결과를 보여주며 안심시킨다. 그리고 이렇게 말한다.

"그 사람들도 당신하고 마찬가지예요. 그 사람들도 다른 사람들이 자기를 어떻게 볼까에 더 신경을 쓴다고요. 몸도 좋고, 그곳에 수없이 와보고, 운동기구를 어떻게 쓰는지 잘 아는 사람들도 누가 나를 보고 있지는 않은지 신경을 써요. '내가 이렇게 힘이 세다는 걸 누가 보고 있나? 이 우람한 이두박근을 쳐다보는 거 아니야?' 이런 식으로 다들 자기 자신에 대해서 생각을 한다고요. 그러니까 안심해요!"

나는 그에게 어렸을 때는 그가 약간 소심했고 지금도 갱단 리더가 될 만한 성격은 아니지만 사람을 관찰하고 읽어내는 데 얼마나 비상한 재주가 있는지 설명했다. 그는 과거에 이따금 불안을 느꼈는데, 그것이 지금까지 그에게 영향을 미치고 있었다. 이런 식의 작업을 통해 그는 점점 자기가 다른 사람들의 시선을 신경쓰는 이유를 이해하게 되었다. 이유를 알면 마음을 편하게 먹고 태도를 바꾸기가 쉬워진다. 나는 심리학자가 아니기 때문에 문제의 원인을 찾거나 과거의 경험을 살펴보고 문제를 해결하는 경우는 거의 없다. 대개는 고객의 관심을 분명한 인과관계로 이끄는 방법을 주로 사용한다.

나는 그에게 자신이 강하다고 느꼈던 일이 있으면 이야기해달라고 했다. 그는 용기를 내서 아내에게 프러포즈했을 때, 스물일곱 살 때

직장 상사에게 그가 팀을 이끄는 스타일이 마음에 들지 않는다고 말했을 때, 열아홉 살 때 학업을 계속하기 위해 미국으로 유학 갔을 때, 그리고 제일 친한 친구에게 운전 좀 천천히 하라고 말했을 때 그런 기분이었다고 대답했다.

한 번 강하다고 느낀 적이 있으면 다시 강하다고 느낄 수 있다. 한 가지 영역에 강하면 그 경험을 다른 영역으로 옮길 수 있다. 내가 더 강해지고 싶어하는 고객들에게 낙하산을 메고 뛰어내려보라거나 냉수로 목욕을 해보라거나 길에서 낯선 사람에게 그의 인생 이야기를 들려달라고 부탁해보라고 권하는 이유도 이것이다. 여러 사람 앞에서 말을 하거나 낯선 사람들과 어울리는 상황만 되면 마음이 불안해지는 사람들한테도 이 방법이 효과적이다. 전혀 다른 영역에서 자신의 한계를 밀어붙여 거기서 얻은 자신감을 자기가 가장 두려워하는 영역으로 옮기는 방법이다.

닐스와 나는 자신감의 대부분이 자기가 스스로에게 하는 말에서 온다는 사실을 놓고 많은 대화를 나눴다. 우리는 그가 매일 자기 자신한테 상기시킬 만한 뛰어난 능력을 여럿 발견했다. 나는 그에게 매일 자기 자신에게 이렇게 말하는 과제를 냈다.

"나는 끈질기다. 나는 M&A에 대해 잘 안다. 나는 유능한 사업가다. 나는 친절하다. 나는 착하다. 나는 좋은 아버지다. 나는 좋은 연인이다.(그의 아내가 그에게 수없이 했던 말이지만 그는 아내 말을 믿지 않았다.) 나는 너그럽다. 나는 말주변이 좋다. 나는 운동을 잘한다. 나는 좋은 동료다. 나는 좋은 친구다."

문자메시지를 통해서도 그에게 지속적으로 이런 것들을 상기시켰다. 그는 삶의 균형을 잘 잡지 못하고 있었는데, 개선의 여지가 있는 곳에 지나치게 집중하고 있어서였다. 나는 자신감이 언제나 어떤 행동이나 성취에서 오는 게 아니라 가끔은 자기가 스스로에 대해 하는 생각에서 온다는 사실을 의식하게 만들었다.

"당신이 자신한테 마음에 드는 점을 더 자주 생각하세요." 나는 그에게 이렇게 말한 뒤, 내가 보기에 그는 용감한데 눈을 어디다 둘지 결정하는 건 그의 몫이며, 나는 그가 용감하다는 칭찬을 들을 만한 자격이 충분하다고 덧붙였다.

"뭘 보고 그렇게 말하는 겁니까?" 그가 물었다.

"당신은 혼자 미국에 갔잖아요. 그렇게 외향적이지도 않은 사람이 말입니다. 나는 그렇게 어린 나이에 외국으로 떠난 것, 한 치의 망설임도 없이 그 도전을 받아들인 것이 용기 있는 행동이었다고 생각합니다. 당신은 모두를 행복하게 해주고 싶어하는 정말 좋은 사람이에요. 그리고 리더가 되는 거, 그건 누구한테나 힘든 일입니다. 게다가 당신은 발전을 위해서 나 같은 사람을 찾아오지 않았습니까? 나는 그것도 용기라고 생각합니다. 아주 많은 사람들이 멘탈 트레이너라고 하면 도움이 필요한 사람들을 떠올립니다. 당신은 성공을 숱하게 해본 엄연한 사업가예요. 그런데도 더 나은 사람이 되기 위해 행동을 취하고 나한테 당신의 약점을 이야기하잖아요. 그런 점은 존중해야지요! 게다가 당신은 큰 회사들, 수천 명의 직원들, 수많은 '주주'의 운명이 걸린 수십 억 가치의 거래를 책임지잖아요. 그리고 당신은 훌륭한 가치들을 가졌어요. 당신은 자화자찬하느라 바쁜 게 아니라 이 면담을 겸손하게 해내고 있어요. 당신은 좋은 사람이에요, 닐스."

"전에는 그런 식으로 생각해본 적이 한 번도 없었어요, 에릭. 하지만 당신이 말하는 동안 나도 거기에 공감했어요. 당신 칭찬은 근거 없이 그냥 하는 소리가 아니에요."

내가 그에게 한 칭찬은 그가 그 자신에 대해 했던 말을 바탕으로 한 것이었다. 이제야 그는 그걸 받아들인 것이다. 내 칭찬은 그가 납득할 만한 것이었고, 그것이 그에게 트레이닝 과정을 계속 진행할 용기와 자신감을 주었다. 그는 좋은 기분을 조금 맛보았다.

"피치를 하는 동안 당신에게 어떤 일이 일어나나요?" 내가 물었다.

"전날부터 불안해지기 시작해서 그 불안감이 회의실에 들어간 뒤에도 사라지질 않아요."

"생리적인 현상은 어때요? 회의실에 들어가기 전에 몸은 어떤 반응을 보이나요?"

"맥박이 빨라지고, 손에 땀이 차고, 배와 다리가 찌릿찌릿하고, 목소리가 떨려요."

"왜 그런 거죠, 닐스?"

"그야 내가 불안하니까 그렇죠."

"그렇죠. 근데 왜 우리 인간은 불안해하는 거냐고요? 왜 당신 몸에 이런 일이 일어날까요? 식은땀이 나고 맥박이 빨리 뛰는 이유가 있지 않겠어요?"

"음, 그건 생각해본 적이 없군요. 하지만 모든 동물이 불안함을 느낄 수 있으니까. 그렇다면 생존 메커니즘이 발동하는 거겠네요."

"바로 그거예요. 불안할 때는 우리 생존 본능이 발동한 거라고 생각하면 정확해요. 가젤이 사자를 만나도 같은 메커니즘이 작용할 거예요. 석기 시대 사람들이 사나운 매머드를 만났을 때도 마찬가지였겠지요. 지금 여기, 우리가 사는 이 시대에 맞게 우리 안전하고 관련한 다른 예를 들어보죠. 당신이 어떤 여성에게 춤을 청하러 갈 때나 면접을 보러 갈 때, 아니면 당신이 중요한 피치 미팅에 갈 때도 같은 메커니즘이 발동할 거예요. 당신이 느끼는 그 찌릿찌릿한 감각은 아드레날린 때문에 생기는 건데, 앞으로 다가올 고통을 완화하고 근육을 준비시키기 위해서예요. 땀은 이미 흐르기 시작했을 텐데, 그건 앞으로 있을 매머드와의 싸움에서 몸에 가해질 부담에 대비해 체온을 조절하는 거고요. 맥박도 이미 요동치고 있을 텐데, 그것도 역시 목전의 싸움을 준비하기 위한 거예요. '근육에 산소가 필요해!' 라고 외치면서요. 초조한 것도 역시 당신을 싸움에 준비시키는 거예요. 행동에 돌입할 준비를 시키는 거지요. 신경을 곤두세우고 상대에 집중하게 만드는 거예요!"

나는 그의 감정들을 이론적으로 설명하고 사실 그런 감정들에는 좋은 면이 있다고 말했다. 초조할 때는 그 초조함을 이용할 수 있다고 생각하면 어느 정도 가라앉힐 수 있다. 마음이 초조해지면 환영해야 한다. 포용해야 한다. 초조해지면 씨익 웃으며 이렇게 생각해야 한다. '그래, 좋았어. 난 최선을 다할 준비가 됐어.' 수많은 운동선수나 리더는 실제로 초조한 반응이 나타나기를 바란다. 그들은 초조함을 찾아다니는데, 그것을 긍정적으로 이용하는 방법을 알기 때문이다.

"지금까지 결과가 제일 좋았던 피치 미팅 세 개를 떠올려봐요, 닐스. 나한테 그 얘길 해줘요."

그는 활짝 웃으며 상체를 약간 앞으로 내밀고는 기분이 안 좋았음에도 멋진 성과를 거둔 경험에 대해 아주 열정적으로 이야기했다. 물론 이전의 성공에 대해 이야기하는 건 기분을 좋아지게 만든다. 게다가 닐스는 그 이야기를 하면서 자기가 과거에 꽤 좋은 성과를 냈었다는 사실을 새삼 깨달았다. 비록 완벽한 피치는 아니었지만 꽤 괜찮은 피치였다. 적어도 그가 평상시에 느끼는 것보다는 나았다. 부정적이거나 부족한 자기 특성에 지나치게 몰두하는 건 정말 쉽다.

얼마 후 그는 자기가 이 일을 해낼 수 있다는 걸 깨닫고 확신하게 되었다. 삶을 넓은 관점으로 바라본 덕분에 피치의 성공 여부가 삶과 죽음의 문제가 아니라는 사실을 깨달았다. 자기 자신에게 약간의 칭찬을 할 수 있게 되자 그는 마음에서 먹구름이 걷히는 것 같은 기분을 느꼈다. 그것이 그를 좀 더 적극적인 사람으로 변화시키고, 과거에 힘들었던 일이나 잘해낸 일을 떠올려도 크게 영향을 받지 않게 되었다. 그는 너무 지나치지만 않으면 초조함을 의미 있는 목적을 위해 활용할 수 있다는 사실을 깨달았다.

"다음 피치가 언제예요?" 내가 물었다.

"3주 안에 예정된 게 있어요. 무역업을 하는 독일 공기업과 중요한 회의가 있는데, 그 회의를 내가 주관할 거예요. 우리 은행에서 네 명이 참석하고, 그쪽에서는 CEO, CFO, 회사 경영진을 대표해서 두 사람이나 세 사람 정도가 참석할 거예요."

"아는 사람들인가요?" 내가 물었다.

"그럼요. CFO를 제외한 나머지 사람들은 여러 곳에서 자주 만났던 사람들이에요. CFO는 최근에 새로 왔고요."

"그쪽 사무실에는 가본 적 있어요?"

"여러 번 갔었죠. 몇 년 전에 우리 은행에서 그 회사 일을 한 적이 있거든요. 사실 회의 장소도 가본 곳이에요. 중역 회의실인데 멋진 전망에 아주 고급스럽게 꾸며 놓은 방이죠."

"교통수단은 뭘로 갈 거예요?"

"비행기를 탈 거예요. 그쪽 본사까지는 택시를 탈 거고요."

"좋아요." 내가 말했다. "그 회의 준비를 하고 있다고 했는데, 실제 회의하고 관련된 내용을 준비한다는 뜻이죠? 회의 때 당신이 어떤 식으로 회의를 끌어가길 바라는지, 어떻게 인식되기를 바라는지, 아니면 회의를 하는 동안 당신 스스로 어떤 기분을 느끼고 싶은지 같은 건 생각해봤어요?"

"난 회의 내용만 잘 알면 설명을 잘할 수 있을 거고, 그게 내가 할 수 있는 최선이라고 생각했는데요."

"당신이 한 건 전부 아주 좋아요. 하지만 시각화도 해둬야지요. 시각화할 수 있는 정보도 충분하잖아요. 지금까지 우리가 한 얘기들을 떠올려봐요. 그리고 독일에서 할 다음 피치가 어떨지 머릿속으로 떠올려봐요. 전날 밤 이곳에서 출발하는 이야기부터 시작하죠."

<u>곤두서는 감각은 아드레날린 때문에,
온 몸에 흐르는 땀은 체온을 조절하기 위해,</u>

요동치는 맥박은 싸움의 태세에 돌입하기 위한 것이다.
초조한 마음을 기꺼이 받아들여라.

"그러니까 우린 은행에서 프레젠테이션과 회의 내용에 대해서 의논을 할 거예요."

"그래요. 그런데 좀 더 자세하게 생각해보면 어떨까요? 거기까지 가는 방법, 회의 그 자체 그리고 회의의 목적에 대해서도 논의를 해야 하는 거 아닌가요? 누가 무슨 얘기를 할 건지, 어떤 순서로 어떻게 앉을 건지도요. 새로 온 CFO에 대해서는 누가 조사를 할 건가? 이런 회의에서 보통 그는 무엇을 평가하는가? 누가 제일 먼저 인사를 할 건가? 처음 몇 초 동안 누가 말을 할 것인가? 회의를 하는 동안 내용에 포함시키고 눈을 맞추고 이야기해야 할 중요한 사람은 누구인가? 이쪽 사람들끼리 눈이 마주칠 때는 어떤 식으로 반응할 것인가? 어떤 자세로 앉을 건가? 몸짓은 어떻게 할 건가? 어떤 어조로, 어떤 크기의 음성으로 이야기할 것인가? 말하는 속도나 리듬에 변화를 줄 건가? 프레젠테이션이 방해를 받거나 상황이 힘들어지면 어떻게 반응할 것인가? 어떤 분야의 질문을, 누가 대답할 것인가? 어떤 식으로 결정적인 질문을 던질 것인가? 그것을 어떻게 마무리 지을 것인가? 우리가 그 자리를 떠난 뒤에 그들이 어떤 기분을 느끼고, 어떤 태도로, 어떤 접근법으로 문제를 처리하기를 바라는가? 이런 모든 걸 미리 상의해둬야죠.

그리고 잊지 말아요. 사람들은 자기 얘기하는 걸 좋아해요. 기회가 생기면 그 사람들이 자기 얘기를 하고 자랑을 하게 내버려둬요. 좋은 질문을 던져서 그들이 다니는 회사 근무 환경이 얼마나 좋은지, 지난번에 어떤 성공을 거뒀는지를 이야기하게 만들어요. 그러면 자기들도 모르는 새에 당신들을 마음에 들어하기 시작할 거예요. 사람들은 자기 얘기를 하도록 자리를 펴주는 사람들을 좋아하죠. 그리고 사람들은 자기가 좋아하는 사람들과 비즈니스를 하고요.

또 당신은 이 작업을 개인적으로 더 해야 해요. 혼자 여러 번 연습을 해보는 거예요. 처음 몇 번은 부족하다고 느껴지는 부분을 바로잡으면서 해요. 거기다 예기치 못한 일이 벌어지는 상황에 대한 시나리오까지 몇 개 설정해서 연습해놓으면 당신이 예상하는 것처럼 정말 완벽한 준비가 되는 거죠. 의자에 앉아서 눈을 감고 여행이 어떨지 떠올려봐요. 체크인, 공항, 비행기, 동행하는 사람들, 택시를 타고 가는 길, 이 모든 걸 떠올리면서 당신이 바라는 기분을 느껴보는 거예요. 오늘 밤에 당신 머릿속에서는 이미 이 여행을 여러 번 끝내야 해요. 긍정적인 느낌을 가지고 당신이 회의를 잘 이끌어나가는 모습, 회의를 주도하는 당신 모습을 보고 느끼는 거예요.

자, 이제 이 얘기를 한 번 더 해봅시다. 그럼 내가 하는 말이 무슨 뜻인지 알게 될 거예요. 아침에 집을 나설 때 마음이 차분한 당신 모습을 그려봐요. 공항에서, 데스크 직원과 짧게 잡담을 주고받는 동안, 비행기 안에서 동료들과 마지막 준비를 하는 동안 당신 내면의 차분함을 느껴봐요. 택시 기사한테 말을 건네고, 최근 소식을 묻는 당신 모습을 상상해봐요. 이번 주에 그 지역 축구팀이 우승을 거뒀는지 묻는 거예요. 여행을 하는 동안 계속 자신한테 당신이 이 회의를 얼마나 학수고대했는지 말해요. 반드시 성공할 거라고 말해요. 어깨를 쫙 펴고, 숨을 크게 쉬고, 활짝 웃으면서 당신이 그 어느 때보다 최선을 다할 피치를 기대하는 거예요. 그 회사 정문을 통과하는 당신 모습을 그려봐요. 그 모습이 어떤지 저한테 말해주세요."

"커다란 유리문 안으로 들어가면, 탁 트인 널찍한 공간에 검은색 가죽 소파가 있어요. 프런트 데스크는 그 방 끝에 있는데 안내원이 서 있고, 그 뒤로 벽에 커다란 회사 로고가 붙어 있어요. 나는 허리를 곧게 펴고 자신감 넘치는 걸음걸이로 걸어갈 거예요."

"지금은 배에 어떤 느낌이 들면 좋겠어요?"

"조용해요."

"당신이 씩씩하고 자신감 넘치는 모습으로 걸어가는 게 보이나요?"

"네, 보여요."

"엘리베이터 안에서 동료들과 평범한 대화를 나누는 당신 모습을 떠올려봐요. 회의실은 몇 층이죠?"

"14층이요."

"엘리베이터 안은 어떻게 생겼어요?"

"사방이 거울이에요."

"엘리베이터 안에서 당신은 뭐라고 말할 건가요? 자, 크게 말해봐요. 이 단계에서는 당신의 외향적인 면을 일깨우는 게 중요해요."

"이봐, 우린 오늘 잘할 거야. 준비를 잘 했잖아."

"엘리베이터를 타면서 당신은 혼자 이렇게 말하는 거예요. '난 야성적이야!' 이제 회의실에 들어가는 모습을 상상해봐요. 누구한테 먼저 인사를 할 건가요? 호흡은 어떤가요?"

"CEO한테 먼저 인사를 할 거예요. 숨은 깊고 차분하게 쉬어요."

"힘 있게 악수를 하고요?"

"네."

"가볍게 목례를 하고 그의 눈을 똑바로 보나요?"

"그의 눈을 똑바로 봐요."

"그의 모습은 어떤가요?"

"그는 늘 짙은 색 정장을 입어요. 항상 넥타이를 매고요. 보통 붉은색 계열이에요. 머리가 벗겨졌고, 눈동자는 짙은 푸른색이에요. 표정은 약간 완고해요."

"가벼운 대화가 오고가나요?"

"네, 늘 잠깐은 그런 대화를 하지요."

"그가 뭐라고 말하나요?"

"여행이 어땠냐고 물어보고, 내가 좋았다고 대답하면, 택시 요금 인상 얘기를 시작할 거예요. 자기가 그 회사에서 일을 시작한 뒤로 요금이 세 배 올랐다고 말이에요. 그 사람들은 회의실 전망을 보여주면서 자랑을 하고 멀리 보이는 강 얘기 하는 걸 좋아해요."

"지금이 대화에 활기를 불어넣을 좋은 기회예요. 그 사람들한테 말해요. 질문을 던져요. 수다스러운 동료 뒤에 숨지 말아요. 얘기하는 건 당신이에요. 대화를 이끄는 건 당신이에요. 당신이 비공식적이고 안전한 환경으로 분위기를 바꾸는 거예요. 택시 기사와 나눴던 홈 팀 승리 얘기를 꺼내고 다음 시합 전에 골키퍼를 교체해야 할 것 같다고 말할 수 있겠어요? 이게 내가 연설이나 프레젠테이션에서 평정심을 유지하고 싶어하는 사람들하고 작업하는 방식이에요. 나는 그 사람들이 한 번에 한 발짝씩 내딛게 해요. 그리고 처음에는 누구든 안전한 사람에 대해 언급하라고 하죠. 성취와 긍정적인 피드백이 점진적으로 쌓이면 자의식도 높아질 거예요. 그리고 잊지 말아요. 당신이 당신 자신의 가장 열렬한 팬이라는 걸. 그러니까 그 허물없는 대화를 끝내고 나면 당신 자신한테 이렇게 칭찬해줘요. '잘 했어, 닐스.' 자, 이제 당신은 자리에 앉았나요?"

"네. 그 사람들이 앉은 다음에요. 앉고 나서 외투 첫 번째 단추를 풀어요."

"의자는 감촉이 어때요?"

"편해요. 가죽 의자예요. 등을 뒤로 기대면 등받이가 뒤로 살짝 젖혀져요."

"당신은 어떻게 앉을 건가요?"

"처음에는 손을 탁자 위에 올리고 살짝 걸터앉을 거예요."

"좋아요. 의자에 앉을 때 당신 내면의 목소리는 뭐라고 하나요?"

"난 이 일에 대해서 잘 알아. 내 전공이잖아. 난 M&A 석사야."

"좋아요. 살짝 마음을 안심시켜주는 미소를 지어요. 동작을 차분하게 해요. 몸을 차분하게 움직이면 마음도 차분해져요. 자리에 앉은 다음에 맨 먼저 큰 목소리로 말할 첫 문장이 뭐예요? 그리고 잊지 말아요. CEO를 보면서 그 문장을 말하고 그 다음에 눈으로 나머지 사람들을 차례로 훑는 거예요."

"우리 은행과 여기 참석한 동료들을 대신해서 이 만남을 수락해주신 것에 대해 감사하다는 인사를 드리고 싶습니다. 저희 소개부터 시작하지요."

"좋아요, 낮고 신중한 목소리, 아주 좋아요! 그런데 아직도 약간 불안하다면 어떻게 할 건가요?"

"나 자신한테 이 초조함은 유익한 거라고 말해요. 이 초조함은 정신의 날을 예리하게 세워준다고 말해요. 심장박동이 빨라지고 몸에 땀이 나고 찌릿찌릿한 느낌이 들면 더 집중하라고, 나는 이보다 더 한 상황도 많이 겪어봤다고 말해요. 혼자 미국행 비행기에 올라탄 상황을 떠올리면서 이렇게 말해요. 나는 야성적이야!"

"그의 눈을 똑바로 봐요. 그리고 계속해서 진행하는 겁니다. 회의를 끝내버리는 거예요. 당신이 원하는 방식으로 말예요. 잊지 말아요. 그 모든 걸 머릿속으로 떠올릴 때 소리나 냄새 같은 것도 포함시키는 걸. 그리고 무엇보다 중요한 건 회의 내내 당신이 원하는 최상의 기분을 당신 자신한테 상기시키는 거예요. 그리고 뜻밖의 상황이 벌어지는 경우도 여러 번 상상해봐야 해요. 모든 게 완벽하게 돌아가는 상황도 마찬가지고요. 마지막 연습은 아무것도 수정하지 않고 한 번에, 완벽하게, 쭉 이어서 하는 겁니다. 완전히 진심은 아니더라도 매일 스스로에게 이렇게 말하세요. '난 독일에서 할 이 피치가 정말 기대돼. 잘 될 거야. 언제나 그렇잖아!'

시각화하기를 열 번에서 열다섯 번 정도 하면 정신에 긍정적인 에너지가 넘칠 거예요. 한 번 하는 데 15분 정도 걸리면 준비를 잘한 거예요. 조용한 장소, 편안한 의자에 앉아서 눈을 감고 하는 겁니다. 커다란 스크린을 통해서 보는 것처럼 상상하세요. 카메라가 당신에게 초점을 맞추고 있다고 생각해요. 그러면 잠재 고객에게 당신이 어떻게 인식되기를 바라는지가 보일 거예요. 당신이 피치를 시작하는 모습을 떠올려봐요. 이 준비를 끝내고 나면 회의 내용 준비에 초점을 맞출 수 있어요. 무엇을 보여줄 것인가에 관한 것 말이에요. 나머지는 저절로 풀릴 거예요."

닐스는 독일에서 피치를 끝내고 난 뒤 나한테 전화를 걸어 일이 잘 끝났다고 자랑스럽게 말했다. 완벽하지는 않았고, 아직도 해결해야 할 문제가 많지만 상태가 눈에 띄게 좋아졌다고 말했다. 그 피치가 끝난 뒤에도 우리는 베르트란 AS에서 계속 작업을 했다. 특히 역할극을 통해 피치 상황을 연습했다. 수많은 회의를 통해 자신감을 심어주고 몇 가지 다른 영역에서 그의 한계를 끝까지 밀어붙이는 방법으로 자신감을 높였다. 특히 그는 배우들과 함께 역할극을 한 뒤 그 역할극을 녹화해서 여러 번 돌려보며 프레젠테이션 기술과 마무리하는 법을 집중적으로 훈련했다. 이와 동시에 우리는 그의 정신을 단련시켰다. 자기 인식과 자아 극복은 나란히 가기 때문이다.

자신에게 올바른 방식으로 이야기하는 그의 실력이 하루가 다르게 좋아졌다. 요즘 그는 피치를 하는 동안 기분이 훨씬 좋고 마음이 편안하다고 느낀다. 그는 실제로 몇몇 피치에 대해서는 기대감을 표하기도 했다. 여전히 발전 여지가 있고 지금도 피치 전날 밤 잠들지 못할 때가 있지만 이제 그는 만족할 만한 수준에 도달했다. 그가 다음 단계로 나아가길 원한다면 앞으로의 발전은 지금까지보다 좀 더 쉬울 것이다. 닐스의 다음 단계는 태세 돌입 훈련을 통해 바람직한 상태로 재빨리 들어가는 연습이 될 것이다. 자세한 내용은 뒤에서 다루기로 하자.

이미 언급했듯이 시각화는 과업을 최상의 상태로 해내기 위한 도구다. 하지만 반대로 시각화를 통해 일이 제대로 풀리지 않는 상황도 마음속에 그려봐야 한다. 가령 회의 시작 직전에 컴퓨터가 고장난다면? 중요한 고객이 당신 회사의 제안을 마음에 들어하지 않는다면? 이럴 때는 어떤 반응을 보일 것인가? 이 문제를 어떤 식으로 다룰 것인가?

시각화는 큰 시합이나 중요한 프레젠테이션을 준비할 때만 필요한 도구가 아니다. 일상의 중요한 문제를 최상으로 다룰 때에도 유용하게 쓰일 수 있다.

아침 식탁에 앉아 그날 하루를 떠올려보라. 그날 하루를 단편영화라고 상상해보라. 그날 하루를 어떻게 보내고 싶은지, 회의에서, 동료들과의 대화에서, 중요한 프레젠테이션에서 사람들에게 당신이 어떻게 인식되기를 바라는지 생각해보라. 모든 감각을 동원해서 영화 속으로 들어가는 거다. 아이들을 위해, 혹은 여자 친구를 위해 집으로 돌아가 건강한 식단으로 식사를 하고, 다음 날 가뿐한 기분으로 눈 뜰 수 있도록 충분한 휴식을 취해 일찍 잠자리에 드는 당신 모습을 상상해보라.

기간이 길게 걸쳐 있고, 예측불허의 여러 사건이 포함돼 있어서 그 일을 준비하려면 다양한 시나리오를 시각화해야 하는 과업도 있다. 클래식 노르딕 스키 50킬로미터 경기에서는 수많은 시나리오와 그 긴 코스를 어떻게 공략할 것인지를 시각화하는 것이 아주 중요하다. 노르딕 스키만큼 코스가 긴 경기는 작가 없이 전개되는 이야기나 마찬가지다. 미지의 화자를 따라 이야기에서 튀어나오는 크고 작은 우연이 이끄는 대로 전개되는 것이다. 그리고 최선을 다해 준비한 사람만이 이야기가 이끄는 길을 따라갈 수 있다. 이 특별한 기술의 달인은 군인이다. 군인은 항상 이 질문을 던진다. "만약 ~라면?"

스키인들의 축제 비르케베이네르 대회를 앞두고 이미지, 소리, 느낌으로 시각화 훈련을 한다면 이런 식이 될 것이다.

출발 전에는 어떤 느낌이 드는가? 당신이 원하는 느낌을 느껴보라. 무엇을 보고 있을 것인가? 무슨 소리를 들을 것인가? 어떻게 움직일 것인가? 주변 사람들과 어떻게 대화를 나눌 것인가? 스키를 점검할 것인가? 그 모습을 상상해보라. 어떻게 행동하고 싶은가? 어떻게 느끼고 싶은가? 어떤 옷을 입을 건가? 같은 방식으로 출발 직전의 모습, 출발 신호가 울리는 순간도 시각화한다. 몇 주 전부터 시각화하기를 시작해서 하루 30분, 세 번 내지 네 번 정도 반복하는 것이 가장 적당하다. 최악의 시나리오를 가정해서 시각화하는 훈련은 전체 훈련 시간의 20퍼센트를 할애한다.

출발 직후 스키폴이 부러지는 경우를 최악의 시나리오로 가정해보자. 기분이 어떤가? 어떻게 대처할 것인가? 흥분해서 미친 듯이 날뛸 것인가, 아니면 차분하게 있을 것인가? 폴을 가진 누군가를 찾거나 당신을 도와줄 사람을 부를 것인가? 포기하지 않고 경기를 계속해 가능한 한 빨리 앞서 나간 선수들을 쫓을 것인가? 아니면 좀 천천히 할 생각인가?

우리는 험난한 지형이 54킬로미터나 이어지는 비르케베이네르 경기 이야기를 하는 중이다. 당신은 경기 전체에 대해 철저히 생각해보고 마음의 눈으로 그 장면을 수없이 반복해서 봐둬야 한다. 선두 그룹에 들어가려고 애쓸 건가? 아니면 메인 그룹을 유지할 것인가? 그것도 아니면 선두에 서고 싶은가? 당신이 경기 속도를 주도할 것인가 아니면 뒤에서 기다릴 것인가? 5킬로미터, 10, 20, 30킬로미터 지점을 통과할 때 느낌이 어떨 것 같은가? 50킬로미터 지점을 통과할 땐 얼마나 피곤할 것 같은가? 53킬로미터를 지날 땐 어떤 느낌이 들 것 같은가?

시각화의 범위를 더 멀리까지 확장하고 싶다면 영화감독처럼 모든 이미지를 가능한 모든 각도에서 바라봐야 한다. 예를 들어 당신이 올림픽에서 금메달을 노리는 최고 수준의 운동선수라고 가정해보자. 그렇다면 당신은 자기 자신에게 동기를 부여하고 수많은 선택을 올바르게 하기 위해 실제로 당신이 금메달을 따는 모습을 그려봐야 한다. 그 장면을 충분히 자주 떠올리면, 막연히 금메달을 따면 얼마나 좋을까라고 생각할 때와 전혀 다른 방향으로 당신이 가진 일상의 에너지를 끌어낼 수 있을 것이다.

시각화는 최대한 많은 시나리오로, 최대한 치밀하게 준비할 수 있는 방법이다. 따라서 당신이 실전에 섰을 때 무엇을 해야 할지 훤히 들여다볼 수 있다. 당신에게는 전략이 있기 때문이다.

사업가들은 자기 목표를 정하고 전략을 짜는 데 아주 능숙하다. 하지만 자기가 정한 목표에 한 발짝 다가가기 위해 직원들에게 비전을 제시하고 그들 각자에게 동기를 부여하는 것은 힘겨운 도전이다. 이 점에 있어서는 목표가 훨씬 분명하고 자기에게만 집중하면 되는 운동선수가 훨씬 유리하다. 하지만 이런 식의 사고를 직원 개개인에게 적용하는 것도 충분히 가능하다. 그러니 반드시 주요 해결책을 마련하고, 그 전략을 따를 때 생길 수 있는 다양한 시나리오를 분석해야 한다.

돈을 많이 벌고 싶다면 엄청난 부자의 삶을 상상하라. 그런 삶을 사는 것이 당신에게 날아갈 듯한 기분을 선사한다면 그 기분 자체가 당신이 올바른 결정을 더 많이 내리도록 도울 것이다. 하루 일과, 회의, 시합 등도 시각화의 대상이지만 바라던 자리에 오르고, 바라던 힘을 갖고, 내 책이 베스트셀러 목록에 오른 상황도 시각화해야 한다. 꿈을 미리 경험하는 것이다.

미국 희극 배우 짐 캐리는 무명 시절 자기가 만든 백만 달러짜리 수표를 지갑에 넣고 다녔다. 이런 것도 시각화의 일종이다. 그는 언젠가 자기가 영화에 출연해 벌게 될 돈을 머릿속에 그렸다. 모두가 그를 비웃었고 너무 비현실적인 꿈이라고 놀랬다. 당시 희극 배우가 백만 달러를 버는 경우는 없었기 때문에 사람들의 생각이 그리 틀린 것도 아니었다. 하지만 짐 캐리는 그렇게 생각하지 않았다. 그는 자기가 백만 달러를 버는 날을 시각화했고 실제로 수표를 만들어 지갑 속에 넣었다. 그리고 어느 날 꿈이 이루어졌다. 그의 꿈이 이루어진 건 그가 그 꿈을 이루기 위해 올바른 선택을 수없이 한 덕분이었다. 그가 만든 백만 달러 수표는 목표를 향해 나아갈 동기를 부여했고, 그에게 그 목표를 끊임없이 상기시켰다.

내면의 대화를 다룬 장에서 체계적으로 목표를 달성해나가려면 자신에게 던지는 질문과 사용하는 단어를 바꿔야 한다고 이야기했다. 이것을 충분히 오랫동안 하면 결국 습관으로 굳어진다. 시각화하기도 마찬가지다. 시각화를 충분히 자주 해서 마음에 새기면 시각화하는 것이 일과가 되고 일부러 해야겠다고 생각하지 않아도 거의 자연스럽게 하게 될 것이다.

나 역시 시각화를 매일 활용한다. 회의 때 내가 바라는 나의 모습을 상상한다. 나는 내가 만나는 사람의 진정한 모습을 보고, 듣고, 알고, 질문하고 싶다. 나는 최상의 내 모습을 보고 듣고 느낀다.

자기가 먼 미래에 열릴 대회에서 우승하는 모습을 시각화하는 것은 대개 일상에서 동기를 찾기 위한 것이다. 하지만 경기 직전에 우승하는 모습을 시각화하는 건 그리 바람직하지 않다. 높이뛰기 선수가 몸을 허공에 띄우면서 메달을 목에 거는 자신의 모습을 떠올리진 않을 것이다. 이 단계에서는 출발 몇 초 전부터, 지금 서 있는 그 자리에서 자기가 바라는 자기 모습을 시각화해야 한다. 이것은 특정 태세에 돌입하는 것과 거의 비슷한 작업이다. 태세 돌입에 관해서는 뒤에서 다룰 것이다. 나는 오늘날 최고 수준의 운동선수 대부분이 시각화 방법을 사용한다고 확신한다. 물론 예술가, 중개인, 분석가 등 수많은 다른 분야의 개인들 역시 이 강력한 도구를 이용해 엄청난 이득을 볼 수 있다.

[멘탈 캠프]
"승리의 상황은 이미 너무 익숙했다"

니나 솔하임은 2008년 베이징 올림픽 태권도 종목에서 은메달을 땄다. 2004년 아테네 올림픽에도 출전했지만 부상으로 준준결승에서 경기를 그만둬야 했다. 그녀는 태권도 월드컵에서 금메달을 획득했을 뿐 아니라 유럽 선수권 대회와 세계 선수권 대회에서도 각각 동메달을 땄다. 그녀는 베이징 올림픽 이후 선수 생활을 접고 은퇴했다.

나는 13살 이후로 멘탈 트레이닝을 계속 해왔지만 내가 실제로 하고 있는 것이 무엇인지는 몰랐다. 라르센과 작업을 시작했다. 그는 내가 멘탈 트레이닝에 잘 적응할 거라는 사실을 금방 눈치챘다. 나는 멘탈 트레이닝 방법을 많이 알고 있어서 작업은 수월했다. 나는 라르센과 통하는 면이 있었다.

  베이징 올림픽 전 해는 힘든 한 해였다. 2004년 아테네 올림픽 때와 마찬가지로 일이 잘 풀리지 않는 느낌이었다. 내가 다시 시합에서 이길 수 있을지 의심스러웠고, 시합 도중에도 기분이 몹시 안 좋았다. 10월에 올림픽 출전을 결심했다. 어쨌든 한번 해보는 수밖에 없었다.

  라르센과의 작업은 1월부터 시작했지만 그가 정말 나한테 중요한 역할을 해준 건 올림픽 기간 중이었을 것이다. 나는 인지 훈련 관련 학위가 있기 때문에 다른 방법보다도 시각화를 특히 많이 했다. 라르센을 만나기 전에도 올림피아토펜에서 멘탈 트레이닝의 도움을 받았다. 하지만 그는 내가 시각화하는 방법에 상당한 도움을 주었다. 또한 그는 결과가 어떻든지 간에 내가 야성을 잃지 말아야 한다고 주장했다. 그는 내가 성공만 할 수는 없다고, 매트 위의 나는 야생의 나여야 한다고 말했다. 그는 '야성' '강인함' '투사' '전사' 같은 단어들을 자주 사용했다. 이 단어들은 나에게 중요한 의미를 가진다.

올림픽 준결승을 치르기 전, 이미 나는 그 시합을 정신적으로 여러 번 치렀다. 시합이 끝난 뒤 꿈인지 생시인지 구분하지 못한 채 승자로 매트 위에 섰다. 내가 아주 자세하게 수없이 그려본 그 장면이었다. 내면의 감정이나 외적인 요소들을 이미 여러 번 겪었기 때문에 그 상황이 너무나 익숙했다. 문득 정말 내가 이겼다는 사실, 내가 올림픽 결승에 진출했다는 사실을 깨달았다. 순간 나는 라르센이 있는 곳으로 뛰어가며 외쳤다.

"이겼어요! 그게 정말 실현됐어요!"

나약한 태도는 나약한 성격을 만든다.
알버트 아인슈타인

내면의 대화와 시각화하기는 둘 다 전형적인 지적 활동이다. 우리는 생각을 통해 몸에 영향을 줄 수 있다. 그 반대도 가능하다. 즉 몸과 얼굴 표정을 성과를 높이는 도구로 활용해 생각에 영향을 미칠 수 있다는 말이다. 그럴듯하게 들리지 않을지 몰라도 효과는 확실하다.

　별 볼일 없는 사람처럼 행동하면 기분도 별 볼일 없는 사람처럼 느껴진다. 이건 닭이 먼저냐 달걀이 먼저냐를 따지는 고전적인 딜레마다. 우리는 우리가 짓는 표정이 이미 마음에 있는 기분을 나타낸다고 믿는 경향이 있다. 고개를 푹 숙인 채 땅만 보고 걷는 건 그 사람이 슬프거나 우울하기 때문이라고 말이다. 아마도 이 해석이 맞겠지만 반대로 해석할 수도 있다. 고개를 푹 숙인 채 땅만 보고 걸으면 자연스럽게 약간 풀이 죽은 것 같은 기분이 든다. 춤을 추면서 출근하면 행복한 기분이 든다!

우리 삶에는 언제나 우리가 통제할 수 있는 것들이 있다. 통제할 수 있는 것의 대부분은 다양한 환경 또는 상황에 대해 우리가 보이는 반응과 우리의 생각이다. 회사에서 당신 기분을 나쁘게, 혹은 우울하게, 혹은 긴장하게 만드는 일이 있었을 때 다시 좋은 마음가짐을 되찾는 최선의 방법은 몸을 움직여 운동을 하는 거다. 달리기가 정신에 즉각적으로 영향을 미친다는 주장에 반대하는 사람은 거의 없을 것이다. 기분이 안 좋거나, 피곤하거나, 불안했을 때를 떠올려보라. 그럴 때 억지로라도 운동복을 입고, 운동화 끈을 졸라매보라. 아마 머릿속엔 이런 생각이 들 것이다. '지금은 정말 달릴 기분이 아니지만…….' 하지만 달리기 시작하고 몇 분만 지나면 생각이 점점 긍정적으로 바뀌고, 힘이 솟고, 머리가 맑아진다. 운동을 끝내고 샤워를 할 때쯤이면 운동하기 전과 기분이 완전히 달라져 있을 것이다. 미국 오바마 대통령은 한 시간 더 자는 것과 달리기 중에 하나만 택하라면 언제나 달리기를 택할 거라고 말했다. "저는 달릴 때 마음이 긍정적으로 바뀌고, 머리가 맑아지고, 해결책이 떠오릅니다."

이런 효과를 얻으려고 꼭 한참 달릴 필요는 없다. 몇 초씩 주기적으로 하는 것만으로도 마음가짐을 바꿀 수 있다. 의자에서 일어나 가슴을 치며 크게 외쳐라. "내가 최고다!" 커피를 뽑으러 가는 길에 춤추듯 몸을 살랑살랑 흔드는 것도 좋다. 다시 강조하겠다. 작은 것 하나를 조금만 바꿔도 커다란 보상이 돌아올 수 있다. 우리가 모든 걸 통제할 수는 없다. 그래서 우리는 때때로 우리에게 커다란 고통과 슬픔을 안겨주는 불행한 일들을 겪는다. 이 책은 우리가 직접 영향을 미칠 수 있는 요소에 관한 책이다. 그리고 우리의 외적인 모습이야 말로 우리가 통제할 수 있는 확실한 요소다.

여기서 중요한 것 역시 감정을 다스리고 거기에 영향을 미치는 것이다. 우리가 하는 행동의 대부분이 감정을 따라 움직이기 때문이다. 우리가 취하는 몸동작과 외모는 우리의 사고방식에 곧바로 영향을 미치기 때문에 대단히 효과적이면서도 쉽게 활용할 수 있는 도구다. 이 두 가지는 우리의 감정 패턴과도 직접적으로 연결돼 있다. 직접 실험을 통해 확인해봐도 좋다. 처음에는 고개를 푹 숙이고 얕은 숨을 쉬며 걸어보고, 다음엔 고개를 똑바로 들고 뱃속까지 깊이 호흡하며 걸어 봐라. 나는 어깨가 약간 굽었는데, 기분이 좀 우울한 것 같을 때는 언제나 허리를 곧게 펴고 어깨를 활짝 벌리려고 신경을 쓴다. 허리를 곧게 펴면 뇌가 용기와 자신감을 연상하기 때문이다. 말도 안 된다고? 날 믿어라. 효과는 확실하다.

연구 결과, 강의를 듣는 동안 의자에 구부정한 자세로 앉아 있으면 상체를 곧게 펴고 약간 앞으로 숙이고 있을 때보다 새로운 지식을 덜 받아들이는 것으로 나타났다. 곧은 자세로 펜을 쥔 손을 책상 위에 올려놓으면 훨씬 더 효과적이다. 당신도 이런 식으로 당신의 몸을 이용해 뇌에 신호를 전달할 수 있다. 몸이 긴장하고 있을 때 구부정한 자세로 축 늘어져 있는 건 불가능하다. 주의하라고 신호를 보내는 자세, 즉 허리를 곧게 펴고 상체를 약간 앞으로 기울이고 있으면, 몸이 뇌에 곧 중요한 일이 생길 테니까 주의하라는 신호를 보내는 것이다. 중요한 회의나 시합 전에 보폭을 작게 하고 발을 바삐 움직여 종종걸음을 치면 마음이 자연스럽게 점점 초조해진다. 불안하게 행동하면 마음도 불안해진다. 당신의 뇌가 오랜 시간 축적된 데이터로 이런 동작이 불안함을 나타낸다는 사실을 습득했기 때문이다. 그런데 당신은 불안하지 않았으면 좋겠다. 불안감을 다른 무언가로 바꿨으면 좋겠다. 그렇다면 몸으로 뇌에 신호를 보내는 것이 가장 현명한 선택이다.

앞에서 보았던 닐스의 사례를 기억하는가? 그는 독일에서 열릴 세일즈 연설을 앞두고 자신감을 키우고 자기 확신을 갖고 싶어했다. 그래서 회의 장소에 들어갈 때 허리를 곧게 펴고, 자신감 있는 걸음걸이로 걸어 들어갔다. 나는 지옥의 주간 마지막 날 죽을힘을 다해 버티는 동안 얼굴에 억지로 미소를 지었다. 뇌는 미소 지을 때 사용하는 근육이 움직이면 긍정적인 신호로 받아들인다. 같은 원리로, 윙크를 하면 기분이 한결 가벼워지는 걸 느낄 수 있다. 언제든 당신도 아침에 눈을 떴을 때 피곤한 느낌이 들면 윙크를 한 번 시도해보라.

가령 골프 선수나 경영인이 자기 행동에 따른 결과에 대해 불안하고 초조함을 느낀다면 의식적으로 몸동작을 조절해서 불안함과 초조함을 어느 정도 없앨 수 있다. 여기에 다른 방법을 보태면 더욱 효과적이다.

의식적으로 호흡을 차분하게 가다듬고 배에서 느껴지는 울렁거리는 느낌을 조금이라도 가라앉히려고 노력해보라. 당신의 뇌는 깊고 차분한 호흡을 휴식과 연관 지을 것이다. 축구선수 호날두가 프리킥을 차기 전에 바로 이 방법을 쓴다. 숨을 한 번 깊이 들이쉰 다음 천천히 내뱉는 방법이다. 미국의 해군 공수부대 네이비 실 군인들은 총격전 같은 통제되지 않은 상황에서 자제력을 잃지 않고 정해진 대로 행동하기 위해 특별한 호흡법을 사용한다. 호흡의 중요성은 무술이나 요가에도 익히 잘 알려져 있다. 호흡을 조절하면 감정 상태를 바꿀 수 있다. 네이비 실 호흡법은 들이쉬는 숨을 세 단계로 나눈다. 들이쉬는 숨을 4분의 1씩 나눠서 호흡하는데, 먼저 입으로 4분의 1씩 두 번 흡흡 들이마신다. 여기서 몇 초 동안 멈춘다. 그리고 다시 입으로 4분의 1을 들이마시되, 이번에는 폐까지 깊숙이 내려보낸다. 잠깐 멈췄다가 남은 4분의 1을 들이마신다. 그런 다음 코로 숨을 천천히 모두 내보낸다.

　이 호흡의 목적은 혼란에서 차분함으로, (총격전이 벌어지는) 외부에서 내면으로 초점을 이동시키는 것이다. 그들은 스트레스 양이 엄청난 훈련 상황에서 이 호흡법을 수없이 반복 훈련한다. 호흡 실시! 흡-흡-흡! 이렇게 호흡을 하고 얼마 있으면 마음이 차분해진다. 이 호흡법은 군인의 관심이 저 바깥의 위험과 위협에 쏠려 있을 때 그 군인이 그 상황에 맞는 최선의 행동을 할 수 있도록 그를 준비시킨다. 총에 맞으면 겁에 질리고 스트레스를 받는 게 당연하다. 호흡도 가빠진다. 불행하게도 총상을 입은 이 군인은 자기가 처한 상황에 대해서는 할 수 있는 게 아무것도 없다. 다만 자신의 태도는 바꿀 수 있다. 그래서 그는 호흡법을 떠올린다. 호흡법은 총상을 입은 위험한 상황에 쏠려 있던 그의 관심을 그동안 해온 훈련으로 자연스럽게 옮겨준다. 개머리판을 어깨에 견착하고 오른손으로 방아쇠를 당길 수 있게 해준다.

네이비 실이 이 호흡법을 통해 얻고자 하는 것은 혼란에 빠진 군인을 문제 상황을 해결할 수 있는 적절한 상태로 변화시키는 것이다. 이 상태가 바로 내가 '태세'라고 부르는 것이다. 태세란 그동안 했던 훈련을 믿고 훈련한 대로 행동하는 상태, 즉 직관적으로 행동할 준비가 된 상태를 말한다. 태세에 관해서는 다음 장에서 자세히 다룰 것이다.

위기에 몰리면 두렵고 심한 경우 공황 상태에 빠질 수도 있다. 그런 감정을 느끼는 게 당연하다. 하지만 그런 감정은 당신이 두려워하는 그 상황에서 당신을 안전하게 지켜주지 못한다. 자신의 안전을 지키려면 그 당연한 감정을 다스려 다른 무언가로 바꾸는 수밖에 없다.

나는 중요한 프레젠테이션을 앞둔 기업 관리자들이나 공연이 예정돼 있는 예술가들에게도 같은 조언을 한다.

"숨을 깊이 쉬고, 더 차분해지는 걸 느끼세요."

"어깨를 활짝 펴면 더 안전하다는 기분이 들 거예요."

"빠르고 당당한 걸음걸이로 걸어요. 좀 더 확신에 찬 기분이 들 거예요."

"웃어요. 그러면 더 행복하고 긍정적인 기분이 들 거예요."

"춤을 추면 더 행복한 기분이 들 거예요."

"앉아 있거나 서 있을 때 몸을 약간 앞으로 기울이세요. 정신이 약간 더 초롱초롱한 기분이 들 거예요."

"다리를 넓게 벌리고 서세요. 당신이 더 야성적이고 강하다고 느껴질 거예요."

사소한 행동의 차이가 성공을 가른다

감정은 어떻게 해서 생겨날까? 미국의 철학자이자 심리학자인 윌리엄 제임스는 일찍이 우리가 곰을 보고 도망가는 것이 곰이 무서워서가 아니라 그 반대라는 주장을 펼쳤다. 도망을 가기 때문에 무서워진다는 얘기다. 사실 이 말은 그렇게 터무니없는 주장이 아니다. 오늘날 신경과학 분야에서 그의 주장을 뒷받침하는 근거가 수없이 발견되고 있다. 윌리엄 제임스는 인간에게 감정이 생겨나는 원인과 결과의 관계가 궁금했다. 외부 요인(곰)이 감정(두려움)과 반응(도망)을 일으키는 것일까? 아니면 반응(도망)이 감정(두려움)을 일으키는 것일까?

그의 이론에 따르면, 감정은 우리의 의식이 그것을 기쁨, 화, 공포 등의 형태로 경험하기 이전에 이미 신경 자극으로 시작하는 일련의 사건으로 야기된다. 이 사실을 알게 된 제임스는 위의 질문을 던졌다. 감정은 거의 언제나 신체적 반응(가슴이 두근거리거나 손에 땀이 나는 현상 등)을 동반한다. 그렇다면 감정이 신체적 반응의 원인이 아니라, 신체적 반응이 감정의 원인이 될 수는 없을까? 우리는 우리가 우는 것이 슬퍼서라고 생각한다. 하지만 우리가 슬픈 건 우리가 울기 때문인 것은 아닐까? 아니면 적어도 이 두 가지가 함께 작용하는 것은 아닐까?

제임스의 이론은 아직도 수많은 연구에서 주제로 다뤄지고 있다. 이 맥락에서 흥미로운 점은 신체 반응이 감정을 유발할 수 있거나, 아니면 적어도 두 가지가 서로 상승 작용한다는 것이다. 이 점을 기억한다면 스스로 그 가능성을 실험해보고 자기가 느끼는 방식에 영향을 미칠 수 있을 것이다.

시선 회피는 열등감의 단적인 예다. 저음의 목소리는 고음의 목소리에 비해 더 믿음직스럽고 권위 있게 들린다. 연설이나 프레젠테이션을 할 때 좋은 자세와 강렬한 눈빛을 유지하고 첫 문장을 외워서 낮고 절제된 목소리로 말하면 처음에 느끼던 긴장감이 곧바로 줄어든다.

옷도 마찬가지다. 스스로 잘 갖춰 입었다고 느끼면 그것이 자세와 전반적인 태도에 영향을 미친다. 이 사실을 기억하면 자기가 느끼고 싶은 대로 옷을 입을 수 있다.

결정적인 성공의 열쇠는 작은 것까지 놓치지 않는 태도다. 공수부대 대원들은 사소한 것에 극도의 관심을 쏟는데, 그 사소한 것 때문에 자기 목숨이 왔다 갔다 한다는 걸 너무 잘 알기 때문이다. 스포츠나 비즈니스 분야에서도 마찬가지다. 사소한 차이가 1등과 2등을 가른다. 세계 곳곳의 대테러부대 대원들이 전부 검정색 옷을 입는 게 우연의 일치라고 생각하는가? 그들은 단순히 전략적 이유만으로 검은 옷을 입는 게 아니다. 검은색이 강해 보이기 때문이기도 하다. 머리부터 발끝까지 진분홍색 옷을 입은 사람이 다가올 때보다 온통 검은색으로 입은 사람이 다가올 때가 훨씬 섬뜩하다.

당신은 당신에게 용기를 북돋고 적극적인 태도를 갖게 하는 옷을 입어야 한다. 노르웨이 스키 영웅 악셀 룬 스빈달이 레드불, 프라다, 론진 같은 브랜드에서 스폰서를 받기로 한 결정이 우연이라고 생각하는가? 당연히 아니다. 프라다 선글라스를 끼거나, 아니면 손목에 론진 시계를 차고 레드불 음료를 마시면, 그는 자기가 좀 더 멋있고 나은 사람이라는 기분을 느낄 것이다. 그리고 그 기분이 그가 더 열심히 훈련해야 할 동기를 부여할 것이다.

성공을 위해 옷을 입어라. 나는 옷이나 스타일에 거의 신경쓰지 않지만 회사로 출근할 때는 거의 매일 정장을 입는다. 왜냐고? 정장을 입고 있으면 복도를 어슬렁거리며 돌아다니거나 한가로이 커피를 마시거나 동료들과 잡담을 하는 게 부자연스럽게 느껴지기 때문이다. 옷이 나에게 일을 하라고, 내가 거기 있는 이유가 그것이라고 말하기 때문이다.

나는 고객들에게 내가 작은 것들에 신경 쓰고, 일을 제대로 하려고 노력하며, 의지할 수 있는 사람이 되려고 애쓴다는 사실을 전달하려고 노력한다. 그리고 이런 메시지를 전달하는 수많은 방법 중 하나가 옷을 적절하게 입는 것이다. 나는 고객이 어떤 사람이냐에 따라 옷 입는 스타일을 달리한다. 금융업계 사람을 만날 때는 정장에 광이 나게 닦은 구두를 신고 넥타이를 더블노트 방식으로 맨다. 이렇게 복장을 갖추면 그 자체가 나 자신에게 하나의 메시지가 된다. 아침에 잠옷을 입고 눈을 뜰 때와 이렇게 정장을 갖춰 입었을 때 내 마음가짐이 어떻게 바뀌는지 관찰하는 것도 무척 흥미롭다. 말끔하게 면도를 하고, 빳빳하게 다림질한 셔츠를 입고, 넥타이 색이 보이지 않게 셔츠 깃을 확실하게 접어내리고, 바지 속으로 들어간 셔츠의 아랫단을 잘 편다. 여기까지 끝내면 마치 요술처럼 내 마음가짐이 달라져 있다.

내 할아버지는 정원을 손질할 때도 셔츠를 입었다. 나는 할아버지가 무슨 일을 하든 제대로 멋지게 할 거라는 걸 알고 있었다.

[멘탈 캠프]
"나 자신을 방패로 만들어야 하는 이유"

재즈 가수인 실예 네가드는 자신의 곡 거의 전부를 직접 작사, 작곡했다. 1990년 〈텔 미 웨어 유 아 고잉Tell me where you're going〉으로 데뷔한 이후 2012년 열세 번째 음반 〈언클라우디드Unclouded〉까지 발표했다. 2003년 노르웨이 올해의 뮤지션 상을 수상했으며, 그밖에도 노르웨이 안팎에서 다수의 상을 수상했다.

장례식에서 노래를 해달라는 부탁을 받았다. 내 대답은 "노."였다. 마지막으로 장례식에서 노래를 부른 게 벌써 10년 전 일이었다. 그때 나는 내가 노래를 부르는 곳의 상황과 적절한 거리를 유지하지 못한다는 사실을 깨달았다. 주위 사람들이 울음을 터트리기 시작하자 나도 눈물이 났다. 장례식에 온 사람들은 정서적으로 매우 상처받기 쉬운 상태여서 슬픈 노래만 들어도 눈물을 흘린다. 장례식에서 우는 건 자연스러운 일이지만 노래를 부를 때는 울면 안 된다.

　가수의 실력을 운동선수의 실력을 판단하듯 잘라 말할 수는 없을 것이다. 하지만 무대에 섰을 때 최선을 다하고 실력을 100퍼센트 발휘해야 하는 것은 가수도 마찬가지다. 가수가 노래에 집중하면 할수록 청중에게 더 깊은 울림을 줄 수 있다. 무언가 특별한 것을 목격하고 있다는 느낌, 지금 노래하고 있는 저 가수를 보고 있기 때문에 그 날이 여느 날과 같지 않다는 느낌을 줄 수 있다. 그들은 콘서트장까지 찾아와 돈을 내고 공연을 보는 사람들이다. 내가 집중력을 잃지 않고 최상의 공연을 해야 하는 이유가 바로 이 때문이다.

나는 장례식에서 참석자들을 위해 노래해 달라는 제안들을 거절해왔다. 하지만 문득 내 거절에 대해 라르센은 어떻게 생각하는지 물어봐야겠다는 생각이 들었다. 나는 그를 만나서 나 자신을 통제하는 것에 대해 많은 대화를 나눴다. 라르센은 시각화 작업을 많이 했다. 그는 나에게 장례식, 교회, 관, 사람들을 떠올려보라고 했다. 나는 구글에서 관 이미지를 검색했다. 그런 다음 그는 그 모든 걸 머릿속에 그리면서 노래를 불러보라고 했다.

그런 다음 우리는 그가 '방패'라고 부르는 것을 만들고 노래 그 자체에 집중하는 연습을 시작했다. 중요한 것은 노래뿐이다. 그 방패가 나를 외부의 공격, 이 경우 나한테 강렬한 감정을 전달하는 내 주위 사람들의 공격으로부터 나를 막아줄 것이다. 가수로서 내가 할 일은 나를 사로잡고 있는 감정과 소통하는 것이기 때문에 나는 감정을 차단할 수 없다. 내가 노래와 소통하려면 내 세계 안에서 평화롭게 존재해야 한다. 내가 나 자신을 방패로 만들어야 하는 이유가 바로 이 때문이다.

장례식에서 노래를 해달라는 요청이 다시 왔고, 난 그 요청을 수락했다. 라르센이 그 주 내내 용기를 북돋는 문자메시지를 보내왔다. 덕분에 난 잘해낼 거라고 생각했다. 마침내 장례식에 모인 사람들 앞에 섰을 때, 난 이미 머릿속으로 그 경험을 수없이 해본 뒤였다. 그래서인지 거기 서 있는 게 내 예상만큼 두렵지 않았다. 라르센은 사람들의 감정이 표출되는 눈을 보지 말고 이마를 보라고 조언했었다. 나는 사람들의 이마를, 문 위에 붙어 있는 초록색 비상구 표시를 보았다. 노래를 시작하자 몸에서 에너지가 넘쳤다. 노래를 할 수 있었다. 심지어 평소보다 더 열정적으로 부를 수 있었다. 마음도 편했다. 정말 멋진 경험이었다.

내게 승리는 중요하다.
그러나 내게 진정한 기쁨을 가져다주는 것은
무슨 일이든 완벽하게 열중하는 경험이다.

필 잭슨(NBA 뉴욕 닉스 사장)

이 장에서는 일상에서 최상의 상태를 유지하고, 올바른 선택을 더 많이 하고, 좋은 습관을 들이는 법을 다룬다. 이런 것들은 더디지만 꾸준히 당신의 성과 향상에 도움을 주는 것들이다. 우리는 2부에서 지금까지 시각화하기와 외모를 통해 성과를 향상시키는 법을 배웠다. 이 두 가지는 실전을 준비하는 과정에서 가장 중요한 것들이다.

내가 '태세modus'를 주제로 다룬다는 것은 이제 우리가 실전, 소위 태풍의 눈에 들어왔다는 의미다. 최적의 태세에 돌입하는 것은 이미 진행 단계에서 수많은 예행연습을 통해 발전시켜놓아야 하지만, 실전에서 무엇보다 중요한 것은 연습한 것을 가치 있게 써야 한다는 사실이다. 태세에 돌입하는 법을 완전히 터득하면 최적의 태세가 실전에 절대적인 필수조건이며 좋은 성과를 내는 데 얼마나 결정적인 역할을 하는지 금방 깨닫게 될 것이다.

나는 이미 앞에서 이 강력한 정신적 도구를 간접적으로 여러 번 언급했다. 태세를 가장 잘 표현한 정의는 '존재 방식'이나 '상태'다. 범죄수사에서 '범행 수법 modus operandi'은 범죄자가 행동하는 방식을 의미한다.

공격적인가?

체계적인가?

자발적인 범행인가? 아니면 누군가의 통제를 받고 있나?

계획적으로 저지른 범행인가 우발적으로 저지른 범행인가?

이 개념은 멘탈 트레이닝 분야에서도 거의 같은 의미로 쓰인다. 앞에서 네이비 실이 주어진 상황을 해결하기 위해 적절한 정신 상태로 들어갈 때 사용하는 호흡법을 설명했다. 이것이 여기서 말하는 '태세'의 정의에 정확히 들어맞는다. 간결하게 말하자면 이렇다.

태세는 당신이 실전에서 최고의 실력을 발휘할 수 있게 해주는 정신 상태다.

세계 정상급 실력을 갖춘 두 명의 테니스 선수 존 메켄로와 비외른 보리는 경기 방식이 완전히 달랐다. 메켄로가 다혈질에 충동적이었다면 보리는 내향적이고 차분하게 경기에 집중하는 선수였다. 메켄로는 사실 자신을 다스리려고 애썼다. 나중에 그는 자기가 여러 시합에서 보리처럼 차분하고 무덤덤하게 행동하려고 애썼다고 말했다. 하지만 그는 곧 자기가 그럴 수 없다는 사실을 깨달았다. 그런 행동이 자기와 맞지 않다는 사실을 알게 된 것이다. 결국 그의 경기력은 오히려 떨어졌다. 내성적이고, 차분하게 경기에 집중하는 것은 보리의 방식이지 매켄로의 방식이 아니었다. 그는 심판과 관중을 모욕하고, 라켓을 집어던지고, 자기 자신에게 소리 지를 때 가장 멋진 경기를 펼쳤다.

쉽지 않은 도전 앞에서 마음이 불안해지는 건 누구나 마찬가지다. 그건 대단히 확실한 감정이다. 불안하고, 초조하며, 가슴이 조마조마하고, 손에 땀이 차며, 호흡이 짧고 빨라지며, 목소리가 떨린다.

사실 대다수 사람들이 중요한 일을 하기 전에 이런 상태에 빠진다. 하지만 그건 단지 그 상황을 어떻게 통제해야 좋을지 몰라서 생기는 현상일 뿐이다. 그럼에도 불안감은 당신이 무슨 일을 앞두고 있든지 간에 당신이 생각할 수 있는 최악의 상태다. 사람들 앞에 나서서 말하기 싫어하는 사람들을 생각해보라. 그 사람들이 누군가의 도움으로 자기에게 맞는 최적의 태세를 알아내고 그 태세에 돌입하는 기술을 배운다면 걱정으로 허비할 시간이 얼마나 절약되겠는가! 게다가 실전에서는 최상의 결과까지 얻을 수 있다.

멘탈 트레이닝을 하면 어떤 상황에서도 자기가 원하는 사람이 될 수 있다.

누구에게나 자기가 최상의 성과를 내는 데 도움이 되는 영역, 기분, 시간대, 에너지 수위가 있다. 당신의 집중력이 최고일 때는 언제인가? 아침에 눈 뜬 직후인가? 그렇다면 가장 집중해서 해야 하는 일은 그 시간대에 해야 한다.

체스 월드 챔피언 매그너스 칼슨의 경우, 아침 8시에 일어나 경기가 시작할 때까지 일곱 시간을 기다리는 건 전혀 도움이 되지 않았다고 말했다. 그래서 그는 경기 시간에 맞춰 밤과 낮을 바꾸어 생활했다.

"나는 오후 네 시에 경기가 있으면 오후 한두 시쯤 일어난다. 나에게는 체스판 앞에 앉기 전에 생각을 많이 하지 않는 편이 훨씬 좋기 때문이다. 생각을 많이 하면 불안해질 뿐이다. 게다가 내 머리는 잠에서 깬 뒤 한두 시간 지났을 때가 제일 팽팽 돌아간다."

누구에게나 실전에 가장 적합한 상태가 있다. 단거리 주자 우사인 볼트가 무엇 때문에 경기 시작 전에 농담을 하고 춤을 추며 경기장을 돌아다닌다고 생각하는가? 2012년 런던 올림픽 때 그의 경기 장면을 본 사람이라면 내가 무슨 말을 하는지 잘 알 것이다. 시합 전에 그런 행동을 하는 선수는 많진 않지만 그에게는 그렇게 하는 것이 최상의 결과를 내기 위한 최적의 상태, 최적의 태세에 돌입하는 방식이다.

그렇다면 당신이 최상의 결과를 낼 수 있는 태세는 어떤 것인가? 물론 정답은 하나가 아니다. 당신이 어떤 사람인지, 당신이 하려고 하는 일이 어떤 유형인지에 따라 달라진다.

실전에서는 행위 자체를 신경쓰지 마라

노르웨이 운동선수들 사이에는 결정적인 순간에 가장 중요한 것이 바로 자기가 하려는 일에 집중하는 것이라는 관점이 오랫동안 지배적이었다.

하지만 나는 이 관점에 강력히 반대한다. 온갖 다양한 실전 상황에서, 정작 집중해야 하는 시간이 그리 길지 않은, 행위 자체에 집중하는 것은 그다지 소용없는 일이다. 더욱이 최고의 실력을 발휘해야 한다면 말이다. 그렇다면 과연 어디에 초점을 맞춰야 할까?

당신은 이미 오랜 시간 동안 훈련을 해서 실력을 탄탄히 닦아놓은 프로선수다. 고등교육을 받은 학생이다. 특정 부서에서 수년 간 경험을 쌓은 관리인이다. 나는 실전에서 과업 자체에 집중하라고 요구하는 것은 그동안 훈련하면서 흘린 피와 땀을 과소평가하는 것이라고 생각한다. 당신이 훈련을 하는 이유는 그 과업을 눈 감고도 할 정도로 숙달하기 위해서다. 그러니까 당연히 실전에서는 당신이 훈련했던 그대로만 하면 된다고 확신해야 한다. 실전에서 과업에 집중하라는 것은 운전 강사가 학생에게 주변의 교통 흐름은 상관 말고 기어 변환과 클러치 조작에 집중하라고 요구하는 것만큼 무의미한 일이다.

기술적으로 복잡한 일을 할 때는 고려해야 할 것이 한두 가지가 아니다. 게다가 스포츠는 거의 모든 종목이 실전에서 사용하는 기술로 특징지어진다. 선수는 자기가 써야 하는 기술들을 거의 반사적으로 쓸 수 있을 때까지 하루도 빠짐없이 연습해야 한다. 이게 바로 훈련의 핵심이다. 이런 기술들은 경기 중에 집중한다고 쓸 수 있는 것이 아니라 훈련을 통해 저절로 나오는 것이다.

그렇다면 경기 도중에는 무슨 생각을 해야 할까?

실전에서는 행위 자체에 신경쓰면 안 된다.
생각을 통해 최적의 태세에 돌입하는 게 우선이다.
최적의 태세란 실전에 임하는 최상의 정신 상태를 의미한다.

　스키 점프 선수는 언제 몸을 띄워 도약할지, 무릎의 각도는 어느 정도가 좋을지, 비행 중 어느 시점에 몸을 세울지 고민하면서 출발할 수는 없다. 그런 걸 고민하다가는 정신이 분산되어 최적의 태세를 갖출 정신적 여력이 부족해진다. 선수가 불안하다면 과업에 집중하는 것으로 그 불안을 누그러뜨리지는 못할 것이다. 아니, 오히려 혼란만 더해서 결과적으로 더 불안해질지도 모른다. 나는 당신이 실전에 섰을 때 그토록 스트레스가 심한 상황에도 불구하고 당신의 모든 정신 능력을 끌어 모아 최적의 태세에 돌입하는 데 쏟아야 한다고 생각한다. 최적의 태세를 갖추는 것이 실전에서 잠재력을 최대한 발휘하는 결정적인 열쇠이기 때문이다.
　사람들은 대부분 자기한테 그런 상태가 있다는 사실도 모르고, 거기에 대해 체계적으로 생각해보지도 않으며, 그것이 성과에 얼마나 중요한 영향을 미치는지 인식조차 못한다. 자기가 할 수 있는 일, 자신의 잠재력을 깨닫지 못한 사람이 그토록 많은 것도 이 때문이다.

　우리는 개성이 전부 다르고 '실행 공간'도 제각각이다. 실행 공간은 누군가 무언가를 최상으로 해내야 하는 물리적 장소를 지칭하기 위해 내가 생각해낸 개념이다.

예를 들어 레슬링 선수 스티그 안드레 베르게의 실행 공간은 레슬링 매트다. 마이크로소프트 디렉터 다그핀 링오스의 실행 공간은 회의실이다. 재즈 뮤지션 실예 네가드의 실행 공간은 무대다.

이제 당신은 당신의 실행 공간이 어디인지 알았고, 최적의 태세 돌입 스위치를 켜야 할 때와 꺼야 할 때도 알았다. 최적의 태세는 정답이 있는 게 아니라 사람과 실행 공간에 따라 달라진다. 단기 투자자라면 거래소에서 거래가 이루어지는 낮 시간 동안 일어나는 다양한 돌발 사태에 대처하기 위해 좀 더 정신을 바짝 차릴 수 있는 태세를 갖추기를 바랄 것이다. 리더라면 직원들에게 발표회를 개최하거나 영업회의나 협상 테이블에 참석한 자리에서 적절한 태세를 갖추고 있기 바랄 것이다. 대사관에서 일하거나, 꼭 그렇지는 않더라도 공식적인 자리에서 한담을 나누거나 연설을 할 일이 있는 사람은 최고의 컨디션으로 그 일을 해내고 싶을 것이다. 운동선수라면 실제 시합과 유사한 조건에서 이루어지는 고된 훈련장과 경기장이 명확한 실행 공간이다.

즉, 당신은 당신이 최상의 상태가 되는 때가 언제인지 알아야 한다. 그리고 여기서도 마찬가지로 당신에게 가장 효과적인 느낌을 명확하게 정의하고 그것을 의식하는 것이 가장 중요하다. 테니스 선수 비외른 보리는 중요한 시합 전, 그리고 경기 도중에 집중력을 유지하고 최적의 태세에 돌입하는 능력이 그 누구보다 뛰어났다.

그는 모든 면에서 극단적이었다. 9살 때 이미 매일 하루 7시간씩 테니스를 쳤다. 12살 때는 주말도 없이 매일 하루 9시간씩 테니스를 쳤다. 심지어 경기 중에도 몇 시간씩 유지되는 그의 집중력과 자기가 선호하는 태세에서 벗어나지 않는 능력은 경쟁자들 중에 누구도 따를 사람이 없었다.

당신은 어떨 때 최상의 컨디션으로 최고의 결과를 내는가? 마이크 타이슨은 상대가 누구든 자기가 최상의 컨디션으로 최상의 결과를 내려면 공격적인 태세를 갖춰야 한다는 사실을 일찍부터 깨닫고 있었다. 그럴 때 그는 가장 멋진 경기를 펼쳤다. 그럴 때 그는 가장 위험한 적으로 돌변했다. 상대 선수가 공격적인 타입이든, 즐기는 타입이든, 몸놀림이 재빠른 타입이든 상관없었다. 그는 언제든 자기가 공격적인 자세로 경기에 임해야 한다는 사실을 알고 있었다. 그것이 그에게 최적의 태세였다. 그가 링에 오르기 전에 자신의 인지능력의 대부분을 분노를 표출하고 공격적으로 돌변하는 데 쏟는 이유가 이 때문이었다. 실전에서 그는 권투를 생각하지 않았다. 권투는 그가 온몸으로 알고 있는 것이었다. 그리고 어떻든 권투에서 사용하는 기술도 잘 아는 것이었다.

무하마드 알리는 마이크 타이슨과 정반대였다. 일찍이 그는 자기가 즐겁고 느긋한 상태일 때 최고의 실력을 발휘한다는 걸 깨달았다. 링에 오르기 전에 그는 농담을 주고받으며 차분하게 집중했다. 알리의 이런 태도는 그의 모토인 "나비처럼 날아서 벌처럼 쏜다."는 한 마디로 요약된다.

단거리 주자 우사인 볼트에 대해서는 이미 언급한 바 있다. 그는 2011년 한국에서 열린 육상 세계 선수권 대회 100미터 달리기 남자

결승에서 실격을 당했다. 나는 그 일이 출발 전 그의 최적의 태세를 망쳐놓은 무언가와 관련이 있을 거라고 생각한다. 그는 보통 경기 시작 전에 활짝 웃으며 농담을 하고 카메라를 보고 포즈를 취했지만 그때는 그러지 않았다. 자기 레인 출발선에 서기 직전에 불쑥 소리를 지르기도 했다. 표정은 진지했고, 2초 정도 마음을 다잡고 몸에 아드레날린을 북돋았다. 그가 내지른 말은 많아야 세 단어 정도였을 것이다. 하지만 경기 전 최적의 태세를 망가뜨리기에는 충분했다. 그는 출발 신호가 떨어지기 전에 부정 출발했다. 2008년 베이징 올림픽 때 그는 좀 더 장난기 많고, 느긋하고, 침착했다. 그리고 남자 100미터와 200미터 모두 좋은 경기를 펼쳤고 금메달을 땄다. 2012년 런던 올림픽 때 역시 느긋하게 즐기듯 경기를 치렀고 우승을 거머쥐었다.

그런가 하면, 경기에 집중해서 불굴의 의지로 달려들거나 공격적일 때 최고의 실력을 발휘하는 선수들도 있다. 스티그 안드레 베르게 선수가 좋은 예다. 그는 자기가 공격적으로 경기를 끌어가면서도 기술적이고 전략적일 때 최고의 성과를 낸다는 사실을 깨달았다. 그래서 그는 실전은 제쳐두고 최적의 태세에 돌입하는 방법을 고민했다. 그에게 가장 적합한 태세는 자신감과 공격성, 그리고 '윙크'다. 그는 시합에 들어가기 한 시간 전에 긍정적인 내면의 대화로 자신감을 키운다. "난 야성적이야. 난 거칠어. 난 최고의 레슬링 선수야. 난 강해. 난 집요해!" 그는 여기에 한 가지 방법을 더 접목시킨다. 자기가 그 시합에서 승리하는 장면을 머릿속으로 그리는 것이다.

그는 많이 웃고, 시합이 기대된다고 말하고, 주변에 있는 사람들과 농담을 주고받는다. 그러다가 시합을 10분 앞두고 자기 자신에게 공격적으로 말하기 시작한다. 상대 선수를 눌러버리겠다고 맹세하고, 그를 저주하고, 욕을 퍼붓는다. 굳은 얼굴로 자기 얼굴을 몇 차례 때리기도 한다. 화라도 난 사람처럼 약간 으르렁거리고 씩씩거린다. 그리고 마지막으로 매트에 올라서기 직전 트레이너에게 윙크를 날린다. 흥분을 약간 가라앉히기 위한 제스처다. 결국 이 모든 게 즐겁다는 의미다.

그는 이 복잡한 감정을 매트 위로 가져간다. 시합에서 그에게 가장 중요한 것은 자신감이다. 어떤 선수를 만나든, 기록이 어떻든, 확실하게 적을 쓰러트리려면 자신감이 있어야 한다. 그는 자기가 공격적일 때 상대에게 가장 위협적인 적이 된다는 사실을 안다. 그가 공격적인 태세를 취하더라도 그의 기술과 전략은 전혀 영향을 받지 않는다. 아니, 오히려 그의 자신감에 녹아들어 그를 더 강하고 빠르게 만든다.

그가 매트로 향할 때 날리는 윙크는 그가 치러야 할 과업에 약간의 기쁨을 더해준다. 그가 심하게 긴장했을 때는 긴장을 누그러뜨리는 역할도 한다. 그가 최적의 태세에 돌입하는 데 집중하고 있을 때는 다른 생각이 그의 머릿속을 비집고 들어올 틈이 전혀 없다.

스티그 안드레는 이런 태세로 경기를 치를 때 최고의 실력을 발휘한다. 그는 런던 올림픽에 출전하기 전에 이미 '시나리오 트레이닝'이라는 훈련을 통해 이 연습을 했을 뿐 아니라 토너먼트 경기에서 실전 훈련까지 마쳤다. 우리는 오슬로 레슬링 클럽을 그가 금메달을 목표로 경기를 치를 런던 올림픽 레슬링 경기장으로 변신시켰다. 클럽 측에서 심판과 외국인 스파링 파트너를 구해주었다. 관중의 소음을 보태고 경기장 벽에 올림픽 오륜기를 내걸었다. 스티그 안드레는 머릿속에 관중의 모습을 그리며 8월 6일 런던에 있다고 상상했다.

결국 런던 올림픽에서 첫 번째 경기를 내주고 말았지만 그래도 그는 자기가 최선을 다했다고 느꼈다. 단지 한 수 위의 선수를 만났을 뿐이었다. 아제르바이잔 출신의 그 선수는 세계 챔피언 출신이었다. 경기에 지고 나서 몇 분 뒤 그는 나에게, 경기를 하는 동안 자기가 강하다는 느낌을 거의 받지 못했는데, 그럼에도 그의 생애 최고의 시합이었다고 말했다. 그리고 그날 저녁 6시에 문자메시지로 "우린 절대 포기하지 않을 거예요, 에릭. 난 리오에서 반드시 메달을 딸 거예요."라고 말했다. 나는 이 말에 감명을 받았다.

이것 역시 강인한 정신이다.

세계 최고의 수영 선수 마이클 펠프스도 최적의 태세를 갖추는 전략이 있다. 그는 경기 직전 아이팟으로 릴 웨인의 〈아임 미 I'm me〉를 듣는다. 이 노래 가사는 중요한 시합을 몇 분 그의 준비 태세를 잘 보여준다.

"태양 아래 제일 멋져/나와 있으면 그 누구도 아무것도 아니야/이런 게 바로 대박이지/(중략)/좆 까 내 꿈이야/오늘밤 누군가 죽을 거야/(중략)/아무것도 날 막지 못해, 그러니까 부러워나 하셔/이봐, 포기하겠다면 받아주지/난 나야/근데 넌 누구냐?/넌 내가 아니야/넌 내

실전에서는 행위 자체에 신경 쓰면 안 된다.
생각을 통해 최적의 태세에 돌입하는 게 우선이다.

최적의 태세란 실전에 임하는 최상의 정신 상태를 의미한다.

가 아니야/나도 알아, 그게 공정하지 않다는 거, 근데 그게 뭐 어떻다고?"

그는 이 가사를 들으며 경기장에 들어간다. 이 음악과 가사를 통해 최적의 태세에 돌입하는 것이다. 일단 물속에 들어가면 몸에 최대한 힘을 빼고 쭉쭉 앞으로 헤엄쳐나갈 것이다. 그러려면 반드시 차분하고 느긋해야 한다. 그는 풀을 향해 천천히 걷는다. 차분한 시선으로 레인을 바라보며 출발대를 만져본다. 수영 모자를 고쳐 쓴다. 모든 동작이 차분하고 절도 있다. 이 과정이 그에게 인식의 효과를 낳는다. 그리고 인식이 다시 자신감을 높이고 마음을 더 차분하게 가라앉힌다. 기술과 전략이 그의 몸 깊숙이 혈관을 타고 돈다. 그는 이 느긋한 상태에 온 신경을 집중한다. 지금 깊이 생각할 건 아무것도 없다. 지금은 그의 몸에 밴 실력을 보여줄 때다. 그게 전부다.

출발 전 그에게는 마음을 챙기고 느긋한 상태를 유지하는 것이 최적의 태세다. 그는 이런 태세를 갖췄을 때 기술적으로 최고의 실력을 발휘한다. 이제 출발 신호가 떨어지기까지 몇 초 밖에 남지 않았다. 그는 몸을 앞으로 숙이고 팔을 등 뒤로 쭉 뻗어 스트레칭을 한다. 그러다 불쑥 양팔을 가슴 앞으로 엇갈려 팔을 찰싹 때린다. 어깨가 유연해서 이런 자세로 세차게 두세 번 등까지 때린다. 찰싹, 찰싹, 찰싹.

펠프스는 자서전《나를 일으켜 세우는 힘, 노 리밋츠 No Limits》에서 출발 직전에 듣는 이 소리가 "죽도록 헤엄쳐!"라고 말하는 것처럼 들린다고 적었다. 그는 출발선에서 흥분하는 것을 피하기 위해 속으로만 이 말을 되뇌인다. 때가 되면 거친 본능과 차분함을 일깨우겠지만 지금은 냉정해야 할 때다. 그는 자기 살에서 나는 '찰싹' 소리를 들으며 이 모든 게 사실 별거 아니라는 점을 되새긴다. "난 그냥 미친 듯이 빨리 헤엄만 치면 되는 거야!" 이제 남은 건 출발 신호를 기다리는 일뿐이다. 그는 자기가 갖춘 태세를 믿는다. 훈련에서 하던 대로만 하면 되는데, 지금 그가 갖춘 태세가 그것을 촉발하는 방아쇠이기 때문이다.

펠프스가 자기 팔을 때리는 소리는 그의 경쟁자들에게도 영향을 미치지 않았을까? 찰싹! 찰싹! 찰싹!

"펠프스는 준비 완료다. 세계 최고의 선수가 준비를 마쳤다."

출발 신호가 떨어졌다. 펠프스의 태세 전환이 약간 늦는 것 같다. 조절이 필요하다. 그는 레이스 절반을 헤엄쳐 가는 동안 거품이 이는 입으로 난폭하고 공격적으로 계속 중얼거린다. "죽도록 헤엄쳐!" 출발 전에 그는 차분하고, 냉정하고, 느긋하기를 바란다. 하지만 레이스가 중반으로 치달으면 자기 안에서 야수가 깨어날 거라는 사실을 잘 알고 있다. 그는 자기가 어떤 상태일 때 최고의 실력을 발휘하는지 잘 안다. 올림픽 결승이라는 큰 경기에서도 위와 같은 생각과 행동, 제스처를 통해 그는 최적의 태세에 돌입한다.

당신만의 최적의 전투태세를 찾아라

이제 당신은 적절한 태세를 갖추는 것이 얼마나 중요한지 이해했다. 다음은 당신에게 꼭 맞는 최적의 태세를 찾을 차례다. 그러려면 먼저 당신이 어떤 사람인지, 언제 최상의 상태가 되는지를 알아야 한다. 그런 다음 그것을 두 단어 내지 세 단어로 묘사해야 한다. 기억을 되짚어 당신이 최고의 성과를 올렸던 때를 떠올려보라. 당신은 어떤 사람인가? 멋진 성과를 올렸던 때마다 조금씩 차이는 있겠지만 분명 공통분모를 찾을 수 있을 것이다.

공통분모는 공격적일 때일 수도 있고 집중했을 때일 수도 있다.
느긋할 때이거나 쾌활하고 익살맞게 굴 때일 수도 있다.
차분하고, 조용하고, 태연할 때일 수도 있다.
긍정적이고, 집중하고 있으며, 자존감이 충만할 때일 수도 있다.
아니면 이 모든 것의 조합일 수도 있다.

당신만의 특별한 태세를 알아냈다면 이제 기술적인 부분이 남았다.
당신이 기업의 중간 관리자인데 매주 잠재 고객들과 회의를 한다고 가정해보자. 당신이 그 회의를 하는 시간대는 제한적이다. 게다가 당신은 약간 저돌적이면서도 차분하고 느긋할 때 가장 좋은 성과를 낸다는 걸 알고 있다. 나 개인적으로는 일을 잘해내려면 차분하고 자신감에 차 있어야 하며 안전하다는 느낌이 들어야 한다. 몇 가지 접근전 훈련을 하면서 내가 알게 된 사실이다. 여기에 공격성만 조금 보태면 최고의 성과를 낼 수 있다. 그런데 한 가지 중요한 질문이 있다.
"어떻게 해야 내가 원할 때마다 그 태세에 돌입할 수 있을까?"
가령, 당신이 최적의 태세를 갖추기 위해 필요한 것이 '자신감, 차분함, 절제, 약간의 공격성'이라는 걸 알았다면, 다음 단계는 이 네 가지를 한 가지 감정, 하나의 상태로 통합하는 것이다. 이렇게 하나로 뭉쳐놓아야 나중에 당신이 필요할 때 언제든지 그 감정을 일깨울 수 있다. 먼저 회의, 시합, 훈련 등 당신이 최고의 실력을 발휘했던 상황을 최대한 생생하게 머릿속에 그려보라. 그 시간, 그 장소로 돌아가 마음의 눈으로 그곳을 관찰하라. 무엇이 보이는가? 무슨 소리가 들리는가? 어떤 경험을 하고 있나? 모든 감각을 동원해 그때를 다시 경험하라.

어떤 면에서 이 방법은 시각화와 정반대다. 시각화를 할 때는 당신이 아직 하지 못한 경험을 하려고 애쓴다. 하지만 이번에는 과거에 했던 경험을 가능한 한 생생하게 떠올려야 한다. 마치 그때로 돌아간 것처럼 그때의 기분이 생생하게 느껴진다면 성공한 것이다. 그 상태에서 다음 네 단어를 소리 내어 반복해서 말한다.

"자신감, 차분함, 절제, 공격성!"

어떤 말은 감정을 환기시킨다. 이건 분명하다. 나는 특정 단어들을 써서 당신을 행복하게도, 슬프게도, 화나게도 만들 수 있다. 말은 공기의 진동이고 당신은 이 진동이 특정 의미를 갖는다고 학습해왔다. 당신의 뇌에서 단어를 해석하고 처리하면 그 단어가 당신에게 감정을 불러일으킨다. 만약 최고의 실전 이미지를 여러 번 반복해서 충분히(50-100회) 머릿속에 그리고, 그때마다 위의 네 단어를 큰 소리로 외치면, 얼마 뒤 당신의 뇌가 네 단어를 정확히 그 느낌과 연결 짓기 시작할 것이다. 아이가 '뱀'이라는 단어가 '위험함'을 의미한다는 것을 배우고 나서 뱀이라는 단어만 읽어도 겁을 먹는 이치와 비슷하다.

다음 단계는 그 단어들을 그림으로 전환하는 것이다. 이것은 앞에서 했던 것과 같다. 최적의 태세를 갖추고 최고의 성과를 냈던 때를 떠올린 뒤 그 상황을 실제처럼 보고, 느끼고, 듣고, 냄새 맡고, 맛보며 네 단어를 소리 내어 말한다. 그리고 다시 그 이미지를 본다. 이것을 20~30회 반복하고, 다시 네 단어를 말하고, 이미지를 본다. 이제 네 단어를 한 단어로 치환한다.

이 연습을 많이 하면 상당히 놀라운 정신 수준을 경험하게 될 것이다. 당신이 할 일은 무엇이든 현실에 있는 것을 마음속에 그리기만 하면 되는데 단, 그 이미지가 그 느낌을 정확하게 환기시켜야 한다. 그러면 짜잔! 당신은 이제 최적의 태세에 돌입해 있을 것이다.

얼마 전 종종 법정에 서는 변호사와 멘탈 트레이닝을 했다. 그는 평상시에는 문제가 없었지만 법정에서 판사나 상대 측 변호사에게 질문을 받으면 마음이 불안하고 왠지 작아지는 느낌을 좀 심하게 느꼈다. 이 변호사와 작업할 때 나는 원하는 결과를 얻기 위해 문제에 다각도로 접근했는데 작업이 막바지로 접어든 뒤에는 운동선수들이 하는 것처럼 최적의 태세에 돌입하는 훈련에만 집중했다. 얼마 안 있어 그는 상태가 많이 양호해졌다. 약간의 손동작과 단어 몇 개를 말하는 것으로 단 몇 초 만에 자기가 원하는 변호사의 모습을 갖췄다.

특정 이미지를 떠올리며 단어 하나를 말하고 거기에 손동작까지 합하면 굉장히 효과적으로 자기가 원하는 태세에 돌입할 수 있다. 몸동작은 정신에도 영향을 미친다. 예를 들어 가슴을 탁 치면 강인한 느낌이 든다. 호흡을 하면 차분해지고, 미소를 지으면 자신감이 생긴다. 어깨를 쫙 펴면 당당해지고, 배로 그르렁거리는 소리를 내면 공격적인 마음가짐이 된다. 이런 식으로 몸 전체를 이용해 최적의 태세에 돌입하는 것이다.

나는 전투태세에 돌입할 때 "덤벼!"라고 외치며 가슴을 탁 친다. 동시에 전투 자세를 취하고 머릿속에 그림을 그린다. 컴퓨터 책상 앞에 앉아서 이 과정을 거치면 몇 초 만에 최적의 태세에 돌입한다. 나는 이걸 셀 수도 없이 많이 연습했다. 덕분에 이 방법이 효과적이라고 단언할 수 있다. 이건 누구에게나 가능한 일이다. 나는 불편한 내용으로 전화를 걸거나, 새 고객에게 예고 없이 불쑥 전화를 걸거나, 강연을 하려고 강단에 서기 전에도 이와 비슷한 기술을 사용한다. 이 세 가지는 일의 특성이 전부 다르고, 따라서 요구되는 태세의 유형도 다르지만, 방법과 기술은 모두 똑같다.

'태세'라는 개념의 전제는 감정이 실전에 영향을 미친다는 것이다. 따라서 당신은 당신이 어떤 감정을 느낄 때 최고의 성과를 내는지 알아내야 한다. 예를 들어 어떤 사람들은 공격성 수준이 높아지면 난이도 높은 기술을 사용하는 데 어려움을 겪기도 한다.

만약 페터 노르투그가 그의 진정한 자아의 특성과 정반대이기는 해도 자기가 겸손할 때 최고의 실력을 발휘한다는 사실을 깨달았다면 어쨌든 그는 그 태세에 돌입할 방법을 찾아서 발전시켰을 것이다. 노르투그의 맞수인 악셀 타이히만이 좀 더 공격적이고 될 대로 되라식의 태도를 키웠다면 훨씬 뛰어난 스프린터가 되었을지 모를 일이다. 공격적인 태도로 스키를 탈 때 언덕에서 속도가 빨라지는 경험을 하는 선수가 있는가 하면, 똑같이 공격적인 태도로 스키를 탔는데 기술력이 저하되고 실제로 그것 때문에 성적이 나빠지는 선수도 있다.

실전에서 단순히 자기가 최적의 태세를 갖추고 있다고 가정하는 리더나 운동선수가 너무 많다. 자기한테 맞는 최적의 태세가 어떤 상태든, 중요한 것은 그것을 실제로 찾아내는 것이다.

[멘탈 캠프]
"전투태세를 갖추면 아무 소리도 들리지 않는다"

다그핀 링오스는 마이크로소프트 노르웨이 지사 비즈니스솔루션 파트 책임자이자 회사의 공동 경영자다. 그는 오슬로 대학 미국정치학과를 졸업하고 시드니 경영대에서 경영학 석사를 받았다. 그는 노르웨이 플로어볼 팀 감독도 맡고 있다.

나는 내가 언제 최상의 컨디션이고, 언제 정말 잘하는지 안다. 라르센은 내가 최상의 상태일 때를 더 자주, 더 많이 의식하도록 도와주었다. 우리는 최상의 상태라는 것이 실제로 의미하는 바가 무엇인지에 대해 많은 대화를 나눴다. 당신이 미세하게 조정할 수 있는 것은 무엇인가? 나 자신을 향상시킬 수 있는 무대는 어디인가? 우리가 찾아낸 답은 준비와 습관이 1등과 2등을 가른다는 사실이었다.

라르센은 나를 위한 원대한 목표를 찾고, 되돌아가는 다리를 불태우고 목표 달성에 모든 걸 거는 것에 대해 자주 언급했다. 하지만 나는 한 기업의 대표이면서 동시에 아버지이자 남편이다. 그렇게 단순히 모든 걸 내걸 수 없다. 반드시 고려해야 할 것들이 너무 많다. 게다가 나는 지금 아주 잘 살고 있다. 지금으로서 나는 원대한 목표를 추구할 필요가 없다.

마침내 우리는 나에게 필요한 건 저 멀리 내가 향해 나아가야 할 원대한 목표가 아니라, 몇 가지 단기 목표라는 결론을 내렸다. 나를 움직이는 힘은 좋은 사람이 되고 싶은 욕구다. 나는 모든 것을 짜

증날 만큼 잘하고 싶다. 좋은 리더가 되고 싶고, 좋은 결과를 내고 싶고, 좋은 아빠, 좋은 남편이 되고 싶다. 우리는 내가 이런 사람이 될 수 있는 열쇠가 작고 사소한 것들이라는 사실을 알아냈다. 지금 내 상황에서 발전은 작은 것들을 향상시키는 것이다.

라르센은 내가 나만의 활동무대, 우리가 실행 공간이라고 부르는 곳을 찾도록 도와주었다. 내 실행 공간은 회의실이다. 내가 하는 일 대부분이 회의에 참석하는 것이라고 해도 과언이 아니다. 따라서 회의 준비를 얼마나 철저히 하느냐가 많은 것들을 결정한다. 나는 누구에게, 어떤 사람이 되어야 할지 알아야 한다. 나는 내가 만나는 사람들에게 어떤 사람으로 인식되기를 바랄까? 회의를 준비할 시간은 상당히 부족하지만 그래도 나는 최대한 많은 시간을 거기에 할애하려고 늘 신경쓴다. 내가 준비한 만큼 회의 결과가 좋아진다는 걸 잘 알기 때문이다.

라르센은 경영학 석사에 군인 출신이라는 배경이 나와 아주 잘 맞아떨어졌다. 나는 예전에 축구와 아이스하키 선수로 뛰었고, 국가대표팀 축구선수 출신이기도 하다. 그래서 비즈니스와 스포츠의 유사점을 잘 안다.

이 두 분야의 공통점은 평소에 훈련과 준비를 얼마나 잘하느냐에 따라 결과가 달라진다는 점이다. 팀 정신과 여러 사람 함께 무언가를 달성하는 기쁨 역시 두 분야의 공통점이다. 다른 사람들과 함께 해나가면서, 목표 달성을 위해 서로에게 영감을 불어넣고, 동기를 부여하고, 그들의 심장에 이야기하는 방식 역시 마찬가지다.

운동선수에게는 언제나 유럽 선수권 대회, 세계 선수권 대회, 올림픽 같이 그들이 목표로 하는 큰 대회가 있다. 반면에 매일 치러야 할 작은 경쟁과 해내야 할 작은 목표들이 산재한 비즈니스 세계에서는 꼭 그렇게 커다란 목표를 추구할 필요는 없다. 하지만 스포츠든 비즈니스든 목표를 정하는 건 어렵지 않다. 메달 획득이나 구체적인 목표 달성, 특정 지위 같은 것들 말이다. 다만 스포츠에 비해 비즈니스에서 훨씬 더 어려운 것은 목표를 달성하는 과정이다. 비즈니스 세계는 실행 공간이 훨씬 세분화되어 있고 성공하기 위해 무엇을 해야 할지도 불분명하다. 하지만 그건 단지 성공으로 가는 길이 여러 갈래여서 그렇다. 스포츠에서보다 비즈니스 세계에서 집중력을 유지하기가 더 어려운 것도 이 때문이다. 어쩌면 치러야 할 대가가 더 많은 것도 마찬가지일 것이다.

・・・

스티그 안드레 베르그는 오슬로 레슬링 클럽 선수다. 그는 국내에서는 66킬로그램 체급에서 활동하고 국제 대회에서는 60킬로그램 체급에 출전한다. 2007년 유럽 선수권 대회에서 은메달을 획득했고, 2007년 세계 선수권 대회에서는 금메달을 땄다. 2005년과 2008년에 노르웨이 챔피언 트로피를 수여했으며, 13

개의 국제 타이틀을 보유하고 있다. 2008년과 2012년 2회 연속 올림픽 출전 자격을 따냈지만 베이징과 런던 두 번 모두 첫 시합에서 패하고 말았다.

에릭이라는 멘탈 트레이너를 만나지 못했다면 현재의 나는 있지 못했을 것이다. 그는 내가 두 번 연속 올림픽 출전 자격을 따는 데 결정적인 역할을 한 사람이다. 에릭은 운동선수인 나로서 뿐만 아니라 평상시에도 이전과 전혀 다른 방식으로 생각하도록 이끌어주었다. 저 영화를 끝까지 다 봐야 할까 아니면 이쯤에서 자러 가는 게 좋을까? 콜라를 마실까 물을 마실까? 나는 일상에서 이런 단순하지만 중요한 결정들을 훨씬 의식적으로 내리게 되었다. 그리고 이것이 내 성과에 긍정적인 영향을 미쳤다. 그 영향이 내 성과를 전부 설명한다고 단언은 못 하겠지만, 중요한 사실은 에릭이 내가 그렇게 믿도록 만들었다는 점이다. 그런데 내가 그렇다고 믿으면, 그 믿음은 효과가 있다. 그런 게 멘탈 트레이닝 아니겠는가.

    에릭이 나에게 해준 중요한 일 중 하나는 내가 최적의 태세에 돌입하는 방법을 찾도록 도운 것이다. 이제 나는 레슬링을 하기 전에 나를 천하무적이라고 느끼게 해주는 태세에 돌입한다. 예전에 나는 생각이 너무 많았다. 내가 이기면 다음 시합에서 저 선수를 만나고, 내가 지면 여기가 끝이다. 그럼 가족들이 실망하고, 트레이너들이 실망하겠지. 하지만 지금 난 현재에만 집중할 뿐 결과는 거의 생각하지 않는다. 한편, 에릭은 마음이 불안한 것도 괜찮다고 느끼게 해주었다. 다만 올바른 방식으로 그 불안에 맞서야 한다고, 그것을 이용해 공격적인 태도로 경기에 임하고 성과를 향상시킬 수 있어야 한다고 믿게 만들었다.

　에릭과 작업하기 전에는 경기 초반부터 신경이 온통 상대 선수가 얼마나 강한지, 그가 어떤 식으로 경기를 풀어 갈지에만 쏠려 있었다. 나는 방어적이었다. 지금은 상대 선수에 대해서는 조금도 신경쓰지 않는다. 심지어 한 사람의 개인으로 여기지도 않는다. 나는 우리가 매트 위에서 결전을 벌이는 두 전사라고 생각한다. 마지막에 매트에 남는 사람이 최강자가 된다는 것, 그게 바로 나일 거라는 것만 생각한다.

　우리는 나한테 가장 효과적인 태세를 알아내는 작업을 하면서 내가 좀 더 공격적인 태도를 취해도 기술적인 수준은 여전히 양호하다는 사실을 발견했다. 우리는 적절한 균형을 유지하는 데 많은 시간을 쏟았다. 지금 내 태세는 이 세 단어로 압축된다. '공격성, 차분함, 윙크.' 에릭과 이 연습을 수없이 반복한 덕분에 이제는 이 세 단어만 크게 외치면 2초 만에 최적의 태세에 돌입한다. 이제 난 매트 위에서 내가 해야 할 것에만 집중한다. 아무 소리도 듣지 않는다. 주위의 모든 것을 차단한다. 내 귀에 들리는 건 오직 내 가슴에서 메아리치는 이 세 단어뿐이다.

　나는 올림픽을 앞두고 시각화 작업을 많이 한다. 2012년 런던에서 벌어질 일에 대비하는 것이다. 2008년 베이징 올림픽 전에도 에릭과 훈련을 했지만 그때는 우리 두 사람 다 시각화 작업을 충분히 진지하게 생각하지 못했다. 지금 나는 상상할 수 있는 모든 상황에 대비하고 싶다. 에릭이 나에게 과제를 내주는 이유도 이 때문이다. 런던은 어떤 모습인가? 공항은 어떻게 생겼나? 숙소는 얼마나 큰가? 누구와 같이 지낼 것인가? 기자들이 어떤 질문을 할까?

모든 준비가 끝나고 올림픽에 출전할 때쯤이면 나는 상당히 강해져서 나 자신에게 이렇게 말할 수 있을 것이다.

"난 할 수 있는 모든 걸 다 했어. 이제 아무도 날 꺾을 수 없어!"

용기 있는 자로 살아라.
운이 따라주지 않는다면 용기 있는 가슴으로 불행에 맞서라.

키케로

나는 종종 내가 벌어먹고 사는 세계에 대해 생각하곤 한다. 매일 하루도 빠짐없이 앉아서 이야기하고 듣는 게 내 일이다. 나는 아침부터 밤까지 대화를 한다. 한때는 멘탈 트레이너나 코치라고 말하는 게 조금 쑥스러웠다. 고등학교를 졸업할 때 내가 생각했던 것과 전혀 다른 길에 있어서였을 것이다. 간혹 목수와 대화할 일이 있을 때(좀처럼 그럴 일도 없고, 아는 목수도 별로 없고, 멘탈 트레이닝을 받으러 나를 찾아오는 목수도 없지만)는 혼자 속으로 그 사람이 부럽다는 생각을 한다. 그는 구체적인 일을 한다. 손으로 만지고 느낄 수 있는 것을 만들어낸다. 산업분야 회사 중역들과 이야기할 때도 같은 기분을 느낀다. 그 사람들은 무언가 구체적인 것, 손으로 만질 수 있는 제품을 판다. 나는 그냥 얘기만 하는데 말이다.

멘탈 트레이너가 심리학자나 정신과 의사 같은 거냐고 묻는 사람들이 많다. 그러면 보통 나는 심리학 요소들을 몇 가지 활용하기는 하지만 과거를 들여다보는 일은 거의 없고, 현재에서 출발해 미래를 향해 나아가는 게 내 일이라고 대답한다. 나는 더 나아지기 위해 당신이 과거를 파들어가야 한다고 생각하지 않는다. 나는 사람들이 현재 서 있는 위치와 미래에 서 있고 싶은 곳에 더 관심이 많다. 나는 사람들과 대화를 할 때 그들로부터 무언가를 이끌어낼 수 있도록 멋지고 중요한 대화를 하려고 애쓴다. 그리고 보통은 효과가 있다.

우리 인간은 자신에게 온전히 집중하고, 자신을 믿고, 자신을 이해하기 위해 모든 에너지를 쏟고, 자신을 위해 해결책을 찾아주는 사람과 대화를 나누면서 이득을 얻을 때가 많다. 누군가와 오로지 당신에 대해서만 대화할 기회가 얼마나 자주 있는가? 친구와 그런 대화를 할 수 있나? 남자친구나 여자친구, 아니면 남편이나 아내와 그렇게 얘기할 수 있나? 당신과 가장 가깝고 가장 소중한 사람과 대화를 나눌 때, 자기 얘기만 한참 하고 난 뒤에야 "그래, 넌 어때?"라고 물었던 경험이 있지 않은가?

누구든 자기 문제에만 사로잡힌 사람처럼 보이고 싶지는 않을 것이다. 게다가 솔직한 대화에는 고통이 따른다. 그래서 자기 자신에 대해 심사숙고할 만한 시간이 충분하지 않다. 생각을 끝까지 밀고나가 결론에 도달하는 경우는 극히 드물다. 무언가를 조정하거나 변화를 주겠다고 결심하는 단계까지 가는 경우도 거의 없다. 자기 인생에 대해, 그리고 현재 자기가 바라는 대로 살고 있는지에 대해, 올바른 곳에 서 있는지에 대해 마지막으로 생각해보았던 게 언제인가? 당신은 당신이 하는 일에 최선을 다하고 있나? 열차나 자동차 안에서, 혹은 잠들기 전에 이런 생각을 해보았을 수도 있다. 하지만 결론은? 달라질 거라고 생각하는가? 나는 내 일에 대해 이런 식으로 생각을 확장해 나갔다. 그러자 점점 흥미로워지면서 내가 하는 일이 꽤 멋지다는 생각이 들기 시작했다. 나는 사람들에게 질문을 하고, 사람들이 그 질문에 대답할 여유를 준다. 그리고 이따금 그들이 좋은 답을 얻도록 돕는다.

우리가 찾아낸 답은 단순할 때가 많다. 그리고 내 경험상, 내가 만난 거의 대부분의 사람들이 내가 무슨 말을 하는지 알고 있었다. 내가 이 책에서 하고자 하는 이야기는 로켓 과학처럼 어렵고 복잡한 건 아니지만 당신이 어떻게 하면 성공할 수 있을지에 대해 당신이 이미 잘 알고 있는 대답을 깨닫도록 동기를 부여할 수 있을 것이다.

성공은 간단하다. 숨겨놓은 성공의 비밀이나 너무 복잡해서 여기에 하지 않은 이야기는 없다. 나는 수많은 책을 조사하고, 뛰어난 능력을 갖춘 행복하고 성공한 사람들을 만나 대화하고 성공의 비결을 물었다. 강의를 듣고, 성공을 주제로 다룬 수많은 기사를 읽었다. 그렇게 내가 알게 된 것들을 한 데 모은 것이 바로 이 책이다. 맞다. 대답은 간단하다. 하지만 간단하다는 것이 쉽다는 의미는 아니다. 이 책이 제시하는 중요한 도전은 내가 이 책에서 한 말을 믿고 그것을 실제로 활용하기 시작하는 것이다. 그리고 반드시 여러 번 반복해서 연습해야 한다.

책은 두 번 읽기를 권한다. 실제로 그렇게 하는 사람이 많을 거라고 생각하지는 않는다. 많은 사람들이 다른 사람들과 똑같이 할 것이다. 읽고 난 후에는 읽은 내용에 대해서 자신의 생각을 정리해보라. 책을 덮고 생각해보라. 당신은 이미 여기까지 읽으면서 어느 정도는 생각을 정리했을 것이다. 다른 사람들처럼 되고 싶은가? 다른 사람들처럼 할 것인가? 아니면 생각하고, 행동하고, 달라지기를 바라는가? 다른 사람들과 똑같이 하면 결코 승자가 될 수 없다. 나를 믿어라. 충분히 최고로부터 배울 수 있는데도 대부분의 사람들은 그렇게 하지 않는다. 규칙에서 예외가 되고 싶다면, 이 책을 끝까지 읽고 기꺼이 내조언에 따르고 이 책을 두 번 읽는 사람 중 한 명이 되고 싶다면, 펜을 들고 종이에 적어라. 당신이 중요하게 생각하는 가치가 무엇인지, 당신에게 어떤 욕구가 있는지 적어라. 이 책에서 당신이 얻은 통찰을 적어라. 커다랗게 당신의 목표를 적고 그 밑에 사인을 해라. 비전을 공식으로 만들어라. 강력한 표현을 찾고, 당신의 실행 공간에 가장 적합한 태세를 정의해라. 이런 것들이 실제로 당신의 삶을 바꿀 것이다.

내가 발견한 이 사실이 내가 하는 일의 놀라운 점이다. 이런 단순한 기술 몇 가지와 내 뜨거운 열정만으로 사람들이 좋은 기분을 더 많이 느끼도록 도울 수 있으니까 말이다. 함께 나누는 것. 이건 내가 중요하게 생각하는 가치 중 하나다. 그리고 나는 나의 이 기묘한 직업을 통해 내가 그 가치에 따라 산다고 느낀다. 내가 누군가에게 무언가를 주고, 덕분에 그들은 스키를 더 빨리 타고, 노를 더 빨리 젓고, 더 뛰어난 리더가 되는 것이다. 내가 돕는 변호사들이 점점 더 능률적으로 일을 하면서 동시에 더 좋은 아빠가 되는 모습을 본다.

만약 이 책을 한 번 더 읽고, 자기 자신과의 대화나 메모, 생각, 성찰 같은 방식을 네다섯 번 활용하고, 당신을 잘 아는 누군가와 대화를 시작하는 출발점으로 삼는다면, 당신은 이 책을 도구로 삼아 승자가 될 수 있을 것이다. 당신의 경로를 수정하는 데 활용할 수 있을 것이다. 생각을 끝까지, 철저하게 할 수 있을 것이다. 그 과정을 마치고 결론에 도달할 수 있을 것이다. 이 모든 것의 핵심은 당신의 용기다.

당신의 느낌은 야성에서 자란다

야성은 당신이 살고자 하는 삶이다. 당신이 최고라고 생각하는 삶을 사는 건 커다란 용기를 필요로 하기 때문이다. 우리는 주위에서 원하는 삶을 사는 경향이 있다. 친구, 부모님 또는 직장 동료가 당신에게 기대하는 삶을 사는 것이다. 대부분의 사람들이 옳다고 생각하는 것과 다른 삶을 살고 싶다면 이따금 혼자가 되어야 한다. 어쩌면 결정적인 조언을 얻을 수도 있다. 그건 좋은 신호다. 누군가 당신에 대해 의견이 있다면, 무언가 다른 걸 할 용기가 생기기 때문이다.

야성은 다르게 생각하는 용기다. 삶에서 특별해지는 모든 것은 조금 더 크게, 조금 더 멀리 생각하는 용기에서 나온다. 애초에 생각을 할 거라면 왜 크게 생각하지 않는가? 훨씬 크게 생각하는 데 많은 것이 필요한 것도 아니다. 약간의 야성으로 족하다. 어쨌든 생각은 할 것 아닌가? 그렇다면 용기를 내서 좀 더 자주 당신의 안전지대 밖으로 나가라. 자기 자신의 한계에 도전하는 습관을 들여라.

야성은 고통스러워도 계속 가는 것이다. 매일 혹은 매주 불편함을 겪을 공간을 만들어라. 당신이 무언가를 배우는 건 바로 그런 때다. 그럴 때 빨리 발전한다. 하루만 일찍 일어나 보면 그날 밤 침대에 누웠을 때 평상시 베개에 머리를 파묻을 때보다 기분이 좋다는 걸 느낄 것이다. 그 좋은 기분은 당신이 조금 더 많은 걸 달성했고, 조금 더 자고 싶은 유혹을 뿌리친 보상이다. 한 주 동안 '조금 더'를 실천하라. 조금 더 열심히 일하고, 조금 더 똑똑해지고, 조금 더 능률적이 돼보는 거다. 조금 더 활기차게 행동하고, 조금 더 주변 사람들을 지지해주고, 가진 걸 조금 더 나누고, 조금 더 솔선수범해라. 금요일 밤에 맛있는, 하지만 건강에는 해로운 음식을 끼고 TV 앞에 앉아 있는 것은 당신을 망치는 지름길이다. 당신은 그런 태도에 맞서 싸워야 한다. 그래야 당신의 꿈과 목표에 한 발짝 다가갈 수 있다.

운동을 심하게 하거나 시합 도중에 고통스러워지기 시작하면 멈추지 말고 계속해라. 그 고통에 대해 호기심을 갖고 당신 자신에게 물어라. '내가 계속하면 어떻게 될까? 고통 속으로 더 깊이 들어가면 어떻게 될까?' 생리적으로 일어나는 현상에 대해 생각하라. 고통은 단지 당신의 몸이 당신한테 좀 살살 하라고 얘기하는 것일 뿐이다. 하지만 당신은 야성적이다. 그러니까 계속 가는 거다. 당신은 당신 몸에게 아직 그런 신호를 보내기에는 이르다는 것을 가르쳐주고 싶다. 젖산은 나를 멈추지 못한다. 난 더 크게 움직이고, 더 힘들게 할 테다. 나는 야성의 화신이다. 난 고통이 두렵지 않다. 난 고통을 사랑한다. 나는 고통에도 불구하고 기술에 집중한다. 난 이길 거다. 결승점만 지나면 쉴 수 있다. 나는 활짝 웃는다. 다음에 나오는 가파른 언덕도 끝장내버릴 테다. 다른 사람들은 여기서 포기한다. 하지만 나는 이제부터 시작이다. 나는 으르렁거리고, 포효하고, 씩씩거리고, 저주를 퍼붓는다. 고통만큼 내가 살아 있다는 확실한 증거는 없다. 고통은 잠깐이다. 그러니 멈추지 마라!

인생이 단순하다는 믿음은 커다란 오해다. 삶은 힘겹다. 이것은 삶이 당신을 얼마나 괴롭히는지에 대한 것이 아니라, 당신이 삶을 얼마나 받아들이고 어떻게 살아가느냐의 문제다. 나는 우리가 시련이나 고난 속에서도 무언가를 배울 수 있다고 생각한다. 당신의 느낌은 야성에서 자란다.

당신은 자신의 안전지대 밖으로 수시로 나오는 사람이다. 보통은 그렇게 하면 효과가 있다. 그리고 거기서 느끼는 좋은 기분은 당신이 상상하는 것보다 훨씬 크다. 당신은 당신이 생각하는 것보다 훨씬 많은 걸 할 수 있다.